Yishan Got

Die Durchsetzung Europäischer Patente und das geplante Einheitliche Patentgerichtsübereinkommen

Europäisches und internationales Integrationsrecht

herausgegeben von

Prof. Dr. Thomas Bruha

(Universität Hamburg)

und

Prof. Dr. Stefan Oeter

(Universität Hamburg)

Band 23

LIT

Yishan Got

Die Durchsetzung Europäischer Patente und das geplante Einheitliche Patentgerichtsübereinkommen

Instanzenzug und Zuständigkeiten
des Einheitlichen Patentgerichts

LIT

Gedruckt auf alterungsbeständigem Werkdruckpapier entsprechend
ANSI Z3948 DIN ISO 9706

Bibliografische Information der Deutschen Nationalbibliothek
Die Deutsche Nationalbibliothek verzeichnet diese Publikation in der
Deutschen Nationalbibliografie; detaillierte bibliografische Daten sind
im Internet über http://dnb.dnb.de abrufbar.

ISBN 978-3-643-14642-7 (br.)
ISBN 978-3-643-34642-1 (PDF)
Zugl.: Hagen, FernUniversität, Diss., 2020

© LIT VERLAG Dr. W. Hopf Berlin 2020
Verlagskontakt:
Fresnostr. 2   D-48159 Münster
Tel. +49 (0) 2 51-62 03 20
E-Mail: lit@lit-verlag.de   http://www.lit-verlag.de

Auslieferung:
Deutschland: LIT Verlag, Fresnostr. 2, D-48159 Münster
Tel. +49 (0) 2 51-620 32 22, E-Mail: vertrieb@lit-verlag.de

Vorwort

Die vorliegende Arbeit wurde von der Rechtswissenschaftlichen Fakultät der FernUniversität in Hagen im Wintersemester 2019/2020 als Dissertation angenommen.

Meinem Doktorvater, Herrn Prof. Dr. Sebastian Kubis, danke ich sehr herzlich für die Betreuung und Begleitung dieses Dissertationsvorhabens. Für die zügige Erstellung des Zweitgutachtens möchte ich Frau Prof. Dr. Barbara Völzmann-Stickelbrock danken.

Dank gilt außerdem all denjenigen, die mich auf meinem Weg zur Vollendung des Dissertationsvorhabens durch die Bereitschaft zu fachlichen Diskussionen begleitet, aber vor allem auch durch ihren Zuspruch und ihr Verständnis unterstützt haben. Der Dank gilt hierbei nicht zuletzt meinen Freunden sowie dem Team des Wilhelm Peter Radt Stiftungslehrstuhls der FernUniversität in Hagen.

Schließlich gilt mein größter Dank meiner Mutter und meiner Schwester für die liebevolle Unterstützung, das stete Verständnis, die unendliche Geduld und den felsenfesten Rückhalt, wann immer es vonnöten war.

Düsseldorf, im Juli 2020 *Yishan Got*

Inhaltsübersicht

Vorwort V
Inhaltsübersicht VII
Inhaltsverzeichnis IX
Abkürzungsverzeichnis XIX
§ 1 Einleitung 1
§ 2 Die Entwicklung eines grenzüberschreitenden Patentschutzes 5
    A. Territorialitätsprinzip 7
    B. Internationale Verträge zum Schutz Geistigen Eigentums 7
    C. Europäische Regelungen und Bestrebungen 12
    D. Bestehende unionsweite Schutzrechte und ihre Durchsetzung im Überblick 20
    E. Fazit 38
§ 3 Das Verfahren nach dem Europäischen Patentübereinkommen 39
    A. Begriff des Europäischen Patents 39
    B. Entstehung eines Europäischen Patents 40
    C. Gerichtliche Durchsetzung eines Europäischen Patents 46
    D. Fazit 94
§ 4 Ein einheitliches Patentgerichtssystem nach dem EPGÜ 97
    A. Europäische Patent mit einheitlicher Wirkung 99
    B. Erfordernis und Ziele eines einheitlichen Patentgerichtssystems ... 116
    C. Rechtsnatur des Einheitlichen Patentgerichts – supranational oder mitgliedstaatlich? 117
    D. Gerichtsaufbau 136
§ 5 Die internationale Zuständigkeit des Einheitlichen Patentgerichts nach Art. 31 EPGÜ 143

A. Verhältnis des EPGÜ zur EuGVVO (Art. 71 b ff. EuGVVO) 146
B. Parallele Zuständigkeit während der Übergangszeit (Art. 83 EPGÜ) 173
C. Doppelte Rechtshängigkeit 180
D. Zuständigkeitskonkurrenz mit einem Drittstaatengericht 185
E. Fazit 187

§ 6 Die sachliche und örtliche Zuständigkeit des Einheitlichen
Patentgerichts 189
A. Ausschließliche Zuständigkeit nach Art. 32 EPGÜ 189
B. Sachliche Zuständigkeit der Lokal- und Regionalkammern und der
Zentralkammer nach Art. 33 EPGÜ 192
C. Örtliche Zuständigkeit der sachlich zuständigen Lokal- und
Regionalkammern nach Art. 33 EPGÜ 204

§ 7 Schlussbetrachtung 207

Literaturverzeichnis 215

Inhaltsverzeichnis

Vorwort V
Inhaltsübersicht VII
Inhaltsverzeichnis IX
Abkürzungsverzeichnis XIX
§ 1 Einleitung 1
§ 2 Die Entwicklung eines grenzüberschreitenden Patentschutzes 5
   A. Territorialitätsprinzip 7
   B. Internationale Verträge zum Schutz Geistigen Eigentums 7
      I. Pariser Verbandsübereinkunft 7
      II. Vertrag über die internationale Zusammenarbeit auf dem Gebiet
      des Patentwesens 10
      III. Übereinkommen über handelsbezogene Aspekte der Rechte des
      Geistigen Eigentums 11
   C. Europäische Regelungen und Bestrebungen 12
   D. Bestehende unionsweite Schutzrechte und ihre Durchsetzung im
   Überblick 20
      I. Unionsmarke 21
         1. Instanzenzug 24
            a. Das isolierte Nichtigkeits- und Verfallsverfahren 25
            b. Das Verletzungsverfahren 26
         2. Internationale Zuständigkeit 27
         3. Kognitionsbefugnis des EuGH und der Unionsmarkengerichte 29
         4. Örtliche Zuständigkeit der Unionsmarkengerichte 30
         5. Anwendbares Recht 31
            a. Isoliertes Nichtigkeitsverfahren 31

aa. Anzuwendendes Verfahrensrecht 31
bb. Anzuwendendes materielles Recht 31
b. Unionsmarkenverletzungsverfahren 32
aa. Anzuwendendes Verfahrensrecht 32
bb. Anzuwendendes materielles Recht 32
c. Fazit 33
II. Gemeinschaftsgeschmacksmuster 33
III. Gemeinschaftlicher Sortenschutz 36
E. Fazit 38
§ 3 Das Verfahren nach dem Europäischen Patentübereinkommen 39
A. Begriff des Europäischen Patents 39
B. Entstehung eines Europäischen Patents 40
I. Verfahrensabschnitte 40
1. Erteilungsverfahren 40
2. Beschwerdeverfahren 42
3. Einspruchsverfahren 43
II. Vorteile eines einheitlichen Erteilungssystems 43
C. Gerichtliche Durchsetzung eines Europäischen Patents 46
I. Patentstreitsachen 46
1. Das Nichtigkeitsverfahren 46
2. Das Verletzungsverfahren 48
3. Weitere Patentstreitsachen 50
II. Das Streitregelungssystem des EPÜ 51
1. Nationale Streitregelungssysteme 52
a. Deutschland 52
aa. Trennungsprinzip 52
(1) Nichtigkeitsverfahren 52

(2) Patentverletzungsverfahren und weitere
Patentstreitsachen 55
bb. Konsequenzen 56
b. Frankreich 58
aa. Einheitsprinzip 58
bb. Instanzenzug 60
cc. Konsequenzen 61
c. England 62
aa. Einheitsprinzip 62
bb. Instanzenzug 62
(1) Die I. Instanz: Patents Court (PC) oder Intellectual
Property Enterprise Court (IPEC) 62
(2) Weitere Instanzen 63
(3) Besonderheit: Verfahren vor dem Comptroller 64
cc. Fazit 65
d. Schweiz 65
aa. Rechtslage bis zum 31.12.2011 65
bb. Rechtslage seit dem 01.01.2012 66
(1) Bundespatentgericht 69
(2) Kantonale Gerichte 70
(3) Instanzenzug 70
(4) Gerichtssprache 71
2. Fazit 72
III. Die internationale Zuständigkeit der nationalen Gerichte in
Patentstreitsachen betreffend Europäische Patente 72
1. Gerichte von EU-Mitgliedstaaten 73
a. Anwendungsbereich der EuGVVO 74

                aa. Sachlich 74
                bb. Örtlich 77
            b. Gerichtsstände im Patentverletzungsverfahren 78
                aa. Allgemeiner Gerichtsstand 78
                bb. Besondere Gerichtsstände 78
                    (1) Vertraglicher Erfüllungsort 78
                    (2) Ort der unerlaubten Handlung 79
                    (3) Gerichtsstand der Streitgenossenschaft 81
                    (4) Weitere Gerichtsstände 85
            c. Gerichtsstände im Nichtigkeitsverfahren 85
                aa. Patentnichtigkeitsklage 85
                bb. Nichtigkeitseinwand im Patentverletzungsverfahren 86
                    (1) Ausschließliche Zuständigkeit des Erteilungsstaats 86
                    (2) Klageabweisung oder Aussetzung? 89
        2. Gerichte von Nichtmitgliedstaaten der EU 91
    IV. Kritik 92
        1. Territorialität und fehlende Einheitlichkeit der Rechtsprechung 92
        2. Forum-Shopping und Torpedo-Taktik 92
    D. Fazit 94
§ 4 Ein einheitliches Patentgerichtssystem nach dem EPGÜ 97
    A. Europäische Patent mit einheitlicher Wirkung 99
        I. Begriffsbestimmung 99
        II. Wirkungen 101
            1. EU-PatVO 101
            2. EPGÜ 103
                a. Schutz des Patentinhabers gemäß Art. 25 ff. EPGÜ 103

  aa. Schutzumfang des Europäischen Patents mit einheitlicher Wirkung 103
  bb. Vergleich mit dem deutschen Patent 104
   (1) Art. 25 EPGÜ und § 9 PatG 104
   (2) Art. 26 EPGÜ und § 10 PatG 106
   (3) Art. 27 EPGÜ und § 11 PatG 107
   (4) Fazit 108
 b. Umwandlung der Art. 25 ff. EPGÜ in innerstaatlich anwendbares Recht 108
 c. Auswirkungen der Art. 25 ff. EPGÜ auf das Europäische Patent 113
III. Erteilungsverfahren 115
IV. Beschwerde- und Einspruchsverfahren 115
V. Fazit 116
B. Erfordernis und Ziele eines einheitlichen Patentgerichtssystems 116
C. Rechtsnatur des Einheitlichen Patentgerichts – supranational oder mitgliedstaatlich? 117
 I. Das Einheitliche Patentgericht aus europarechtlicher Sicht 119
  1. Das EuGH-Gutachten 1/09 119
  2. Umsetzung der EuGH-Vorgaben im EPGÜ 122
  3. Vorlagebefugnis und -pflicht im Vorabentscheidungsverfahren gemäß Art. 267 Abs. 2 AEUV 124
   a. Begriff des Gerichts i.S.d. Art. 267 AEUV 124
   b. „Gericht eines Mitgliedstaates" i.S.d. Art. 267 AEUV 125
   c. „Einzelstaatliches Gericht" i.S.d. Art. 267 AEUV 129
  4. Fazit 130
 II. Das Einheitliche Patentgericht aus Sicht des Grundgesetzes 130

  1. Gerichtsorganisation i.S.d. Art. 92 GG 130
  2. Hoheitsrechtsübertragung gemäß Art. 23 Abs. 1 GG 132
  3. Hoheitsrechtsübertragung gemäß Art. 24 Abs. 1 GG 132
  4. Zwischenergebnis 134
 III. Fazit 135
D. Gerichtsaufbau 136
 I. Richterpool 136
  1. Anforderungen für das Amt eines „EU-Patentrichters" 136
  2. Auswahlverfahren 136
 II. Instanzenzug 137
  1. Das Gericht erster Instanz 137
   a. Mitgliedstaatsbezogene Kammern 138
    aa. Lokalkammer 138
    bb. Regionalkammer 139
    cc. Zusätzliche technische Richter als Option 140
   b. Zentralkammer 140
   c. Einzelrichter nach Parteivereinbarung 141
  2. Berufungsgericht 141
  3. Fazit 142

§ 5 Die internationale Zuständigkeit des Einheitlichen Patentgerichts nach
Art. 31 EPGÜ 143
 A. Verhältnis des EPGÜ zur EuGVVO (Art. 71 b ff. EuGVVO) 146
  I. Abgeleitete Zuständigkeit gemäß Art. 71 b Nr. 1 EuGVVO 146
   1. EU-Mitgliedstaat als Vertragsstaat des EPGÜ 147
   2. „Rechtsgebiet" des EPGÜ 149
   3. Zuständigkeit eines mitgliedstaatlichen Gerichts nach dem
    2. Kapitel der EuGVVO 150

a. Allgemeiner Gerichtsstand 150
b. Besondere Gerichtsstände 150
  aa. Vertraglicher Erfüllungsort 150
  bb. Ort der unerlaubten Handlung 151
    (1) Handlungs- und Erfolgsort einer Patentverletzung 151
    (2) Kognitionsbefugnis des Einheitlichen Patentgerichts im Gerichtsstand der unerlaubten Handlung 152
  cc. Gerichtsstand der Streitgenossenschaft 153
c. Der ausschließliche Gerichtsstand des Art. 24 Nr. 4 EuGVVO ... 155
d. Privatautonome Bestimmung der Zuständigkeit 157
  aa. Gerichtsstandsvereinbarung gemäß Art. 25 EuGVVO 157
    (1) Prorogation des Einheitlichen Patentgerichts 158
    (2) Prorogation eines einzelstaatlichen Gerichts 160
    (3) Fazit 161
  bb. Rügelose Einlassung gemäß Art. 26 EuGVVO 161
    (1) Rügelose Einlassung vor dem Einheitlichen Patentgericht 161
    (2) Rügelose Einlassung vor einem einzelstaatlichen Gericht 162
  cc. Fazit 162
II. Drittstaatenzuständigkeit gemäß Art. 71 b Nr. 2 u. 3 EuGVVO 163
  1. Hauptsacheverfahren 163
    a. Fiktion des Wohnsitzes im Mitgliedstaat gemäß Art. 71 b Nr. 2 EuGVVO 163
    b. Zuständigkeit für Schäden in Drittstaaten gemäß Art. 71 b Nr. 3 EuGVVO 165
      aa. Vermögen in einem Vertragsmitgliedstaat 166

　　　　bb. Hinreichender Bezug zum Vertragsmitgliedstaat....................169
　　　c. Subsidiäre Zuständigkeit deutscher Gerichte gemäß
　　　§ 23 ZPO?..169
　　2. Einstweiliges Rechtsschutzverfahren 171
　B. Parallele Zuständigkeit während der Übergangszeit (Art. 83 EPGÜ).....173
　　I. Klägerwahl nach Art. 83 Abs. 1 EPGÜ 173
　　II. Vorbeugender Ausschluss der einheitlichen Patentgerichtsbarkeit
　　gemäß Art. 83 Abs. 3 EPGÜ („Opt-out")..178
　　III. Fazit..179
　C. Doppelte Rechtshängigkeit...180
　　I. Aussetzung von Amts wegen gemäß Art. 29 Abs. 1 EuGVVO............181
　　　1. Grundsatz...181
　　　2. Ausnahme des Art. 31 EuGVVO 181
　　II. Ermessensentscheidung gemäß Art. 30 Abs. 1 EuGVVO...................183
　D. Zuständigkeitskonkurrenz mit einem Drittstaatengericht........................185
　E. Fazit 187
§ 6 Die sachliche und örtliche Zuständigkeit des Einheitlichen
Patentgerichts 189
　A. Ausschließliche Zuständigkeit nach Art. 32 EPGÜ 189
　B. Sachliche Zuständigkeit der Lokal- und Regionalkammern und der
　Zentralkammer nach Art. 33 EPGÜ 192
　　I. Lokal- und Regionalkammern..192
　　II. Zentralkammer (Art. 33 Abs. 4 EPGÜ)..192
　　III. Subsidiäre Zuständigkeiten 193
　　　1. Fehlende Existenz einer örtlich zuständigen Lokal- oder
　　　Regionalkammer (Art. 33 Abs. 1 S. 4 EPGÜ).......................................193
　　　2. Nichtigkeitswiderklage (Art. 33 Abs. 3 EPGÜ)................................193

3. Klage auf Feststellung der Nichtverletzung und die
Patentnichtigkeitsklage (Art. 33 Abs. 4 EPGÜ).................................195
4. Sonderzuständigkeiten und Verweisungen
(Art. 33 Abs. 2 EPGÜ) 195
   a. Ausschließliche Zuständigkeit der Zentralkammer nach
   Art. 33 Abs. 2 S. 2 EPGÜ..195
   b. Verbindung von Verfahren (Art. 33 Abs. 2 S. 1, 3 EPGÜ).........196
      aa. Klageerhebung vor grundsätzlich zuständigen Kammern......197
      bb. Verweisung an Kammern derselben Gerichtsorganisation.....198
5. Prorogation (Art. 33 Abs. 7 EPGÜ) 200
IV. Konsequenzen der gerichtsinternen Zuständigkeitsverteilung...........200
1. Teilweise Aufgabe des Trennungsprinzips.......................................200
2. Ausschluss des Nichtigkeitseinwands 201
3. Kritik 202
C. Örtliche Zuständigkeit der sachlich zuständigen Lokal- und
Regionalkammern nach Art. 33 EPGÜ 204
I. Verletzungsgerichtsstand gemäß Art. 33 Abs. 1 a EPGÜ....................204
II. Wohnsitz-/Sitzgerichtsstand gemäß Art. 33 Abs. 1 b EPGÜ...............205
III. Fazit...206
§ 7 Schlussbetrachtung..207
Literaturverzeichnis...215

Abkürzungsverzeichnis

a.A.	andere Auffassung
AB	privata aktiebolag (Schweden)
ABl.	Amtsblatt
Abs.	Absatz
ÄndVO	Änderungsverordnung
AEUV	Vertrag über die Arbeitsweise der Europäischen Union
a.F.	alte Fassung
AG	Aktiengesellschaft
Alt.	Alternative
Anm.	Anmerkung
ArbErfG	Arbeitnehmererfindungsgesetz
Art.	Artikel
Aufl.	Auflage
Az.	Aktenzeichen
BeckEuRS	Beck-EU-Rechtsprechung (online)
BeckOGK	Beck'scher Online-Großkommentar
BeckOK	Beck'scher Online-Kommentar
BeckRS	Beck-Rechtsprechung (online)
BeneluxGH	Benelux-Gerichtshof
BGB	Bürgerliches Gesetzbuch
BGBl.	Bundesgesetzblatt
BGH	Bundesgerichtshof
BGHZ	Entscheidungen des Bundesgerichtshofes in Zivilsachen
BPatG	Bundespatentgericht
BPMZ	Blatt für Patent-, Muster- und Zeichenwesen
BSK	Basler Kommentar
bspw.	beispielsweise
BT-Drucks.	Drucksache des deutschen Bundestags
B.V.	Besloten vennootschap met beperkte aansprakelijkheid (Niederlande)
BVerfG	Bundesverfassungsgericht
bzgl.	bezüglich
bzw.	beziehungsweise
ca.	circa
CH-BGG	Gesetz über das Bundesgericht (Schweiz)
CH-BV	Bundesverfassung der Schweizerischen Eidgenossenschaft
CH-PatG	Patentgesetz (Schweiz)

CH-PatGG	Gesetz über das Bundespatentgericht (Schweiz)
CPI	Code de la Propriété Industrielle (Frankreich)
CPVO	Community Plant Variety Office
DesignG	Designgesetz
d.h.	das heißt
DPMA	Deutsches Patent- und Markenamt
ECLI	European Case Law Identifier
EFTA	European Free Trade Association (Europäische Freihandelsassoziation)
EG	Europäische Gemeinschaft
EGGVG	Einführungsgesetz zum Gerichtsverfassungsgesetz
EGV	Vertrag zur Gründung der Europäischen Gemeinschaft
ehem.	ehemals
endg.	Endgültig
EPA	Europäisches Patentamt
EPG	Einheitliches Patentgericht
EPGÜ	Übereinkommen über ein Einheitliches Patentgericht
EPLA	European Patent Litigation Agreement
EPO	Europäische Patentorganisation
EPÜ	Europäisches Patentübereinkommen
EPÜAO	Ausführungsordnung zum Europäischen Patentübereinkommen
EU	Europäische Union
EuBVO	Verordnung über die Zusammenarbeit zwischen den Gerichten der Mitgliedstaaten auf dem Gebiet der Beweisaufnahme in Zivil- oder Handelssachen
EuBagVO	Verordnung zur Einführung eines europäischen Verfahrens für geringfügige Forderungen
EuEheVO	Verordnung über die gerichtliche Zuständigkeit und die Anerkennung und Vollstreckung von Entscheidungen in Ehesachen und in Verfahren betreffend die elterliche Verantwortung
EuG	Gericht der Europäischen Union
EuGFVO	Verordnung zur Einführung eines europäischen Verfahrens für geringfügige Forderungen
EuGH	Gerichtshof der Europäischen Union
EuGVÜ	Übereinkommen vom 27. September 1968 über die gerichtliche Zuständigkeit und die Anerkennung und Vollstreckung von Entscheidungen in Zivil- und Handelssachen

EuGVVO	Verordnung über die gerichtliche Zuständigkeit und die Anerkennung und Vollstreckung von Entscheidungen in Zivil- und Handelssachen
EUIPO	Europäisches Amt für Geistiges Eigentum
EuKtPVO	Verordnung zur Einführung eines Verfahrens für einen Europäischen Beschluss zur vorläufigen Kontenpfändung im Hinblick auf die Erleichterung der grenzüberschreitenden Eintreibung von Forderungen in Zivil- und Handelssachen
EuMVVO	Verordnung zur Einführung eines Europ. Mahnverfahrens
EuMahnVO	Verordnung zur Einführung eines Europ. Mahnverfahrens
EU-PatÜVO	Einheitspatentübersetzungsverordnung
EU-PatVO	Einheitspatentverordnung
EuR	Europarecht
EUV	Vertrag der Europäischen Union
EuVTO	Verordnung zur Einführung eines Europ. Vollstreckungstitels für unbestrittene Forderungen
EuZPR	Europäisches Zivilprozessrecht
EuZustellungsVO	Verordnung über die Zustellung gerichtlicher und außergerichtlicher Schriftstücke in Zivil- und Handelssachen in den Mitgliedstaaten
EuZVO	Verordnung über die Zustellung gerichtlicher und außergerichtlicher Schriftstücke in Zivil- und Handelssachen in den Mitgliedstaaten
EuZVR	Europäisches Zivilverfahrensrecht
EuZW	Europäische Zeitschrift für Wirtschaftsrecht
EWG	Europäische Wirtschaftsgemeinschaft
f., ff.	folgende
FamFG	Familienverfahrensgesetz
Fn.	Fußnote
FS	Festschrift
GeschmG	Geschmacksmustergesetz
GG	Grundgesetz
ggf.	gegebenenfalls
GGV	Gemeinschaftsgeschmacksmusterverordnung
GMV	Gemeinschaftsmarkenverordnung
GPatVO	Verordnung des Rates über das Gemeinschaftspatent
GPR	Zeitschrift für das Privatrecht der Europäischen Union

GPÜ	Gemeinschaftspatentübereinkommen
grds.	grundsätzlich
GRUR	Gewerblicher Rechtsschutz und Urheberrecht
GRUR Int.	GRUR Internationaler Teil
GRUR-Prax	GRUR Praxis im Immaterialgüter und Wettbewerbsrecht
GRUR-RR	GRUR Rechtsprechungs-Report
GRUR-RS	GRUR Rechtsprechungssammlung (online)
GSA	Gemeinschaftliches Sortenamt
GSV	Verordnung über den gemeinschaftlichen Sortenschutz
GVG	Gerichtsverfassungsgesetz
HABM	Harmonisierungsamt für Binnenmarkt
HBÜ	Haager Beweisübereinkommen
h.M.	herrschende Meinung
Hs.	Halbsatz
HZÜ	Haager Zustellungsübereinkommen
i.d.R.	in der Regel
i.E.	im Ergebnis
IntPatÜbkG	Gesetz über internationale Patentübereinkommen
IPC	Intellectual Property Code
IPEC	Intellectual Property Enterprise Court
IPRax	Praxis des Internationalen Privat- und Verfahrensrechts
IPRG	Bundesgesetzes über das Internationale Privatrecht (Schweiz)
i.S.d.	im Sinne des/der
i.V.m.	in Verbindung mit
IZPR	Internationales Zivilprozessrecht
JuS	Juristische Schulung
KG	Kommanditgesellschaft
KuKomm	Kurzkommentar
LG	Landgericht
LÜ	Londoner Übereinkommen über die Anwendung des Art. 65 EPÜ
MarkenG	MarkenG
MarkenR	Markenrecht
Mitt.	Mitteilungen der deutschen Patentanwälte
MünchAnwH	Münchener Anwaltshandbuch
MünchKomm	Münchener Kommentar
m.w.N.	mit weiteren Nachweisen
NJW	Neue Juristische Wochenschrift

NJW-RR	NJW-Rechtsprechungs-Report Zivilrecht
NomosKomm	Nomos Handkommentar
Nr.	Nummer
OLG	Oberlandesgericht
OÜ	Osaühing (Estland)
PatentR	Patentrecht
PatG	Patentgesetz
PC	Patents Court
PCT	Patent Cooperation Treaty
PVÜ	Pariser Verbandsübereinkunft
RabelsZ	Rabels Zeitschrift für ausländisches und internationales Privatrecht
RIW	Recht der Internationalen Wirtschaft
Rn.	Randnummer
Rom I-VO	Verordnung über das auf vertragliche Schuldverhältnisse anzuwendende Recht
Rom II-VO	Verordnung über das auf außervertragliche Schuldverhältnisse anzuwendende Recht
Rs.	Rechtssache
S.	Seite
SA	Société Anonyme (Frankreich)
sog.	sogenannte
SZJ	Schriftenreihe zur Justizforschung
TGI	Tribunaux de Grande Instance
TRIPS	Agreement on Trade-Related Aspects of Intellectual Property Rights (Übereinkommen über handelsbezogene Aspekte der Rechte des geistigen Eigentums)
u.a.	unter anderem
UKlaG	Unterlassungsklagegesetz
UMV	Unionsmarkenverordnung
UPC	Unified Patent Court
v.	versus
VerfO	Verfahrensordnung
vgl.	vergleiche
VüG	Vereinbarung über Gemeinschaftspatente
VwGO	Verwaltungsgerichtsordnung
WRP	Wettbewerb in Recht und Praxis
z.B.	zum Beispiel
ZGE	Zeitschrift für Geistiges Eigentum
Ziff.	Ziffer

ZPO	Zivilprozessordnung
ZZZ	Schweizerische Zeitschrift für Zivilprozess- und Zwangsvollstreckungsrecht

§ 1 Einleitung

Mit der Schaffung eines Europäischen Patents mit einheitlicher Wirkung durch die Europäischen Verordnungen 1257/2012[1], 1260/2012[2] vom 17.12.2012 und der Konstituierung eines dazugehörigen einheitlichen Rechtsschutzsystems durch die Statuierung eines gemeinsamen Patentgerichts durch das Patentgerichtsübereinkommen vom 19.02.2013 (EPGÜ)[3] betreten die beteiligten Vertragsstaaten auf dem Gebiet des Patentrechts Neuland. Gleichzeitig begründen sie einen seit den Gründungstagen der Europäischen Union avisierten Meilenstein der europäischen Rechtsentwicklung. Erstmals auf dem Gebiet der Europäischen Union soll ein international besetztes Gericht erschaffen werden, an dem Privatpersonen nicht nur unmittelbar als Kläger auftreten, sondern vor diesem Gericht auch unmittelbar verklagt werden können, ohne dass zuvor ein genuin nationales Gericht angerufen werden muss[4]. Die Vertragsstaaten legen damit erstmals das Schicksal ihrer Staatsbürger und Bewohner nicht etwa nur in die Hände eines anderen nationalen ordentlichen Gerichts[5]. Dieses war bereits nach der EuGVVO a.F.[6] möglich. Die Vertragsstaaten vertrauen dieses Schicksal auf einem Teilgebiet des gewerblichen Rechtsschutzes einem „internationalen" Sondergericht an.

Dieser seit mehr als 60 Jahren von Vielen herbeigesehnte Meilenstein ist indes weder bereits endgültig gesetzt, noch ist – bei aller Einigkeit über die Notwendigkeit eines einheitlichen Patentgerichtssystems zur besseren Durchsetzung von Europäischen Patenten – endgültig abzusehen, ob die nun gefundene, konkrete Ausgestaltung des Patentgerichtssystems auch für „gut" befunden werden kann.

---

[1] Verordnung (EU) Nr. 1257/2012 des Europäischen Parlaments und des Rates vom 17.12.2012 über die Umsetzung der Verstärkten Zusammenarbeit im Bereich der Schaffung eines einheitlichen Patentschutzes, ABl. 2012 L 361/1.
[2] Verordnung (EU) Nr. 1260/2012 des Rates vom 17.12.2012 über die Umsetzung der Verstärkten Zusammenarbeit im Bereich der Schaffung eines einheitlichen Patentschutzes im Hinblick auf die anzuwendenden Übersetzungsregelungen, ABl. 2012 L 361/89.
[3] Übereinkommen über ein einheitliches Patentgericht (Dokument Nr. 16351/12 vom 11.1.2013 über ein Einheitliches Patentgericht; ABl. 2013 C 175/1).
[4] Vgl. *Augenstein/Haertel/Kiefer*, in: BeckOK PatentR, Art. 1 EPGÜ Rn. 1.
[5] *Augenstein/Haertel/Kiefer*, in: BeckOK PatentR, Art. 1 EPGÜ Rn. 1.
[6] Verordnung (EG) Nr. 44/2001 des Rates vom 22.12.2000 über die gerichtliche Zuständigkeit und die Anerkennung und Vollstreckung von Entscheidungen in Zivil- und Handelssachen, ABl. 2001 L 12/1; sog. Brüssel-I-VO.

Die Vergangenheit lehrt, dass in Bezug auf eine einheitliche Patentgerichtsbarkeit die Freude über das Geschaffene so lange zurückgehalten werden sollte, bis das Gesamtwerk tatsächlich in Kraft getreten ist. Dennoch sind die ersten Schritte zur Verwirklichung eines einheitlichen Patentsystems mit der Unterzeichnung des EPGÜ durch die beteiligten Vertragsstaaten bereits unternommen worden. Der Umstand, dass die Vertragsstaaten ebenfalls von der Umsetzung des Vertrags ausgehen, zeigt sich auch daran, dass beispielsweise zur Ausbildung der zukünftigen Richter des Einheitlichen Patentgerichts bereits ein Trainingscenter in Budapest eröffnet wurde[7]. Es werden Fakten geschaffen[8]. Insofern ist festzuhalten, dass man noch nie dem Ziel so nah war wie heute. Nichtsdestotrotz sind bis zur Verwirklichung der Vision noch einige Hürden zu nehmen. Zwar wurde Ende 2015 und Anfang 2016 eine Verfahrens- und Gebührenordnung nach umfangreichen Vorarbeiten beschlossen[9], indes fehlen noch die für das Inkrafttreten des Übereinkommens erforderlichen Ratifikationen der Vertragsstaaten. Genauer gesagt, fehlt es einzig und allein noch an der Ratifikation durch Deutschland. Das Vorhaben begegnet in Deutschland allerdings verfassungsrechtlichen Bedenken. Diese Bedenken sind derzeit Gegenstand einer vor dem BVerfG anhängigen Verfassungsbeschwerde[10] gegen das Zustimmungsgesetz zu dem Übereinkommen vom 19.02.2013 über ein Einheitliches Patentgericht[11]. Im Hinblick auf die anhängige Verfassungsbeschwerde hat das Bundesverfassungsgericht den Bundespräsidenten daher ersucht, die Ausfertigung des Gesetzes bis zu einer Entscheidung über die Verfassungsbeschwerde nicht vorzunehmen[12]. Die verfassungsrechtlichen Problematiken sollen im Rahmen dieser Dissertation aber unbetrachtet bleiben[13]. Dennoch kann nicht unerwähnt bleiben, dass nicht nur in Deutschland verfassungsrechtliche Bedenken bestehen. So hat auch das Verfassungsgericht Ungarns bereits im Juni 2018 das Vorhaben für nicht vereinbar mit der ungarischen Verfassung

---

[7] Pressemitteilung des Vorbereitungskomitees des Einheitlichen Patentgerichts vom 20.03.2014 abrufbar unter: http://www.unified-patent-court.org/news?start=15; zuletzt aufgerufen am 27.08.2019.
[8] *Eck*, GRUR Int. 2014, 114, 116.
[9] Pressemitteilungen des Vorbereitungskomitees des Einheitlichen Patentgerichts vom 26.02.2016 und 27.10.2015 abrufbar unter: https://www.unified-patent-court.org/news?start=15; zuletzt aufgerufen am 27.08.2019.
[10] BVerfG, Az. 2 BvR 739/17.
[11] Entwurf eines Gesetzes zu dem Übereinkommen vom 19. Februar 2013 über ein Einheitliches Patentgericht vom 13.02.2017, BT-Drucks. 18/1137.
[12] *Vissel*, GRUR Int. 2019, 25.
[13] Siehe zusammenfassend hierzu: *Tilmann*, GRUR 2017, 1177 ff.

gehalten[14]. Ungeklärt sind zudem auch die Auswirkungen des nach dem Referendum im Juni 2016 beschlossenen Ausscheidens des Vereinigten Königreichs und damit auch Englands aus der EU[15].

Ungeachtet dieser Unwägbarkeiten gibt es schon jetzt hinreichenden Anlass, die geplanten tiefgreifenden Veränderungen in der europäischen Gerichtsstruktur in Bezug auf Europäische Patente sowohl klassischer als auch neuer Art einer näheren Betrachtung zu unterziehen. Mit der Schaffung dieses ersten „internationalen" zivilen Sondergerichts auf dem Gebiet der EU wachsen die Mitgliedstaaten der EU auf der Ebene der Judikative weiter zusammen. Von dem Erfolg dieses Gerichtssystems können weitere Impulse für die Ausgestaltung des Zusammenwirkens der Mitgliedstaaten in Europa ausgehen. Diese Untersuchung beleuchtet daher auf Grundlage der im August 2019 vorliegenden Regelungen die zukünftige Durchsetzung Europäischer Patente im Hinblick auf den Instanzenzug und die Zuständigkeiten des Einheitlichen Patentgerichts. Um zu beurteilen, ob die beabsichtigte Umsetzung eines einheitlichen Patentgerichtssystems zur Durchsetzung Europäischer Patente im Vergleich zur bislang geltenden Rechtslage einen Fortschritt darstellt, sind zunächst die historischen Grundlagen dieser Entwicklung zu betrachten (§ 2). Sodann sind die bislang geltenden materiellen wie auch prozessualen Rahmenbedingungen aufzuzeigen (§ 3). Die neue Rechtslage wird anschließend untersucht, um einen Vergleich der Durchsetzung eines Europäischen Patents im alten und im neuen Patentgerichtssystem zu ermöglichen (§ 4-6). Schließlich werden die rechtlichen und praktischen Auswirkungen des neuen Patentgerichtssystems auf die bisherige Rechtslage in Bezug auf den Instanzenzug sowie in Bezug auf die Zuständigkeiten hinsichtlich Patentstreitigkeiten und die dadurch bedingten „neuen" Vor- und Nachteile aufgezeigt und bewertet (§ 7).

---

[14] Urteil des Verfassungsgerichts vom 26.06.2018, Rs. X/01514/2017; *Broß/Lamping*, GRUR Int. 2018, 907, 910.
[15] *Leistner/Simon*, GRUR Int. 2017, 825, 827 ff; *Haberl/Schallmoser*, GRUR-Prax 2018, 341; *Völzmann-Stickelbrock*, S. 241 f.

§ 2 Die Entwicklung eines grenzüberschreitenden Patentschutzes

Der Schutz von Erfindungen findet seinen Ursprung in dem im 14. Jahrhundert entwickelten Privilegienwesen. Der jeweilige Landesherr oder Mäzen räumte bestimmten Personen Privilegien ein, indem er ihnen eine befristete Nutzungsoption einer Erfindung unter Ausschluss anderer Personen zusprach[16]. Die Erteilung eines Erfinderprivilegs konnte sowohl vom Erfinder selbst als auch von jeder anderen Person beantragt werden. Wurde dieses vom Herrscher erteilt, dann erging eine landesherrliche Urkunde in Form eines offenen Briefes („litterae patentes"), in dem der Erfindungsgegenstand allgemein umschrieben wurde[17]. Auch heute noch gibt dieser offene Brief dem Patentrecht seinen Namen.

Im Gegensatz zum Patent im heutigen Sinne kannte das Privilegienwesen indes noch keinen Rechtsanspruch auf die Erteilung eines Patentes. Es war lediglich ein Privileg. Ob der jeweilige Territorialherr seinem Untertan ein solches Privileg auf dessen Wunsch hin einräumte, war nicht sicher, sondern stand in seinem Ermessen und war somit lediglich Gnadensache[18]. Die Erteilung der Privilegien war dabei aber auch noch nicht lediglich auf das Gebiet von Erfindungen beschränkt. Neben den Erfinderprivilegien wurden vor allem auch Gewerbe- oder auch Einführungsprivilegien gewährt. Diese versetzten einen Unternehmer, welcher eine Neuerung in ein Territorium einführte, in die Lage, das auf die Neuerung beruhende Gewerbe auch allein auszuüben[19]. Das Privileg verschaffte dem Begünstigten damit eine lukrative Monopolstellung[20]. Das wohl bedeutendste – und auch oft als „das Erste" bezeichnete – Patent im Sinne des Privilegienwesens ist jenes, welches von der Signoria[21] Venedigs 1469 einem Drucker namens Johann von Speyer erteilt wurde, um diesem für einen Zeitraum von fünf Jahren das Recht einzuräumen, alleiniger Buchdrucker der Stadt

---

[16] *Ahrens*, S. 5.
[17] *Götting*, § 2 Rn. 14.
[18] *Otto*, S. 5; *Götting*, § 2 Rn. 13.
[19] *Kraßer/Ann*, § 4 Rn. 5 f.; *Götting*, § 2 Rn. 12.
[20] *Götting*, § 2 Rn. 12.
[21] „Ratsversammlung".

Venedig zu sein[22]. So ist es auch nicht verwunderlich, dass auch die erste gesetzliche Kodifizierung der Patenterteilung, die bis dahin ohne gesetzliche Grundlage im Einzelfall erfolgte, kurze Zeit später ebenfalls in Venedig stattfand[23]. Im Jahr 1474 fasste der Senat der Stadt Venedig in einem Statut einen Beschluss mit folgendem Wortlaut:

> "(...) Daher wird aufgrund der Befugnisse dieses Rates beschlossen, dass jedermann, der in dieser Stadt eine neue und erfinderische Sache herstellen sollte, die in unserem Herrschaftsgebiet bisher nicht ausgeführt wurde, diese unseren städtischen Provveditoren melden soll, sobald sie soweit vervollkommnet ist, dass sie benutzt und ausgeführt werden kann. In allen unseren Gebieten und Orten wird jedem anderen untersagt, ohne die Zustimmung und die Lizenz des Urhebers irgendeine andere Sache auszuführen, die jener entspricht und ähnlich ist"[24].

Trotz dieser ersten Kodifizierung bereits im 15. Jahrhundert setzte sich das Bewusstsein, dass jeder der alleinige Inhaber der von ihm geschaffenen Leistung ist, und damit auch die Idee vom Geistigen Eigentum erst im Zuge der Aufklärungsbewegung im 18. Jahrhundert durch[25]. Während sich damit schließlich auch das Verständnis eines Rechtsanspruchs auf die Erteilung eines Patents entwickelte und die Patenterteilung den Charakter eines Gnadenaktes überwand, ist das Patentrecht auch nach weiteren knapp zweihundert Jahren – als Resultat der bereits im venezianischen Statut festgehaltenen, durch staatlichen Hoheitsakt nur auf das jeweilige Herrschaftsgebiet beschränkte Patent – weiterhin durch einen stark territorialen Bezug gekennzeichnet[26].

---

[22] *Kurz*, S. 49; *Vogel*, in: Schricker/Loewenheim, Einleitung Rn. 112; Das venezianische Privileg für Johannes von Speyer betreffend die Einführung der Buchdruckerkunst (1469) abgedruckt in *Kurz*, S. 50 f.
[23] *Götting*, § 12 Rn. 16; *Kurz*, S. 52.
[24] Das venezianische Patentgesetz, abgedruckt in: *Kurz*, S. 54.
[25] *Ahrens*, S. 6; *Vogel*, in: Schricker/Loewenheim, Einleitung Rn. 120.
[26] *Adolphsen*, Rn. 48.

A. Territorialitätsprinzip

Im Patentrecht herrscht nach wie vor das sogenannte Territorialitätsprinzip. Jeder Staat kann für sein Herrschaftsgebiet nach seiner eigenen Rechtsordnung Patente erteilen. Damit kann grundsätzlich für ein und dieselbe Erfindung in jedem Staat der Welt ein Patent auch zugunsten unterschiedlicher Patentrechtsinhaber bestehen. Dies hat zur Folge, dass auch der Schutz der Erfindungen und die Voraussetzungen des Erwerbes eines Patents aufgrund der unterschiedlichen Rechtsordnungen in jedem Land unterschiedlich ausgestaltet sein können[27] und die Schutzwirkungen an den jeweiligen Landesgrenzen enden. Es gilt für den Schutz der Patente das Schutzlandprinzip. Ein Patent kann nur im jeweiligen Erteilungsstaat verletzt werden[28]. Bei einer Verletzung ist das Recht des Staates anzuwenden, für den der Schutz beansprucht wird (lex loci protectionis)[29]. Patente für ein- und dieselbe Erfindung können in ihrer Wirksamkeit vollkommen unabhängig voneinander in den verschiedenen Staaten bestehen, so dass etwa eine Nichtigerklärung in einem Staat grundsätzlich keine Auswirkungen auf den Bestand eines in einem anderen Staat für dieselbe Erfindung erteilten Patents hat[30]. Diese territorialen Grenzen eines Patents versucht sowohl die Weltgemeinschaft als auch insbesondere eine Gemeinschaft europäischer Staaten seit dem Ende des 19. Jahrhunderts zu überwinden.

B. Internationale Verträge zum Schutz Geistigen Eigentums
I. Pariser Verbandsübereinkunft

Die erste und damit älteste internationale Errungenschaft auf dem Gebiet des gewerblichen Rechtsschutzes, welche auch heute noch von grundlegender Bedeutung ist[31] und gleichsam das internationale „Grundgesetz" des Patentrechts verkörpert[32], ist der Abschluss der Pariser Verbandsübereinkunft zum Schutz des gewerblichen Rechtsschutzes vom 20.03.1883. Dem auch als „Pariser Kon-

---

[27] *Adam/Grabinski*, in: Benkard EPÜ, Vor Präambel Rn. 1.
[28] *Kubis*, S. 222.
[29] *McGuire*, in: BeckOGK Rom II-VO, Art. 8 Rn. 29, 31.
[30] *Adolphsen*, Rn. 47.
[31] *Pierson*, in: Pierson/Ahrens/Fischer, S. 57.
[32] *Dybdahl-Müller*, S. 6.

vention"[33] bezeichneten Vertragswerk gehören derzeit neben den elf ursprünglichen Unterzeichnerstaaten[34] weitere 164 Staaten[35] an, womit eine nahezu weltweite Geltung erreicht wird. Allerdings gilt die Pariser Verbandsübereinkunft nach den bereits in Art. 14 des Vertragswerks vorgesehenen Revisionen und den damit einhergehenden Vertragsänderungen, zuletzt in Stockholm am 14.07.1967, für die beteiligten Staaten teilweise in unterschiedlichen Fassungen[36]. Materiell schafft die Pariser Verbandsübereinkunft auch weder einheitliches, gleichlautendes Recht noch ein transnationales Immaterialgüterrecht[37]. Durch die Pariser Verbandsübereinkunft werden also die nationalen materiellen Regelungen des Patentrechts nicht harmonisiert. Auch wird durch sie kein in den Vertragsstaaten unmittelbar geltendes materielles Patentrecht geschaffen. Ihre herausragende Bedeutung erlangt die Pariser Verbandsübereinkunft vielmehr vor allem durch die Normierung des Grundsatzes der Inländerbehandlung (Assimilationsprinzip) in Art. 2 PVÜ und des Prioritätsrechts in Art. 4 PVÜ[38].

Art. 2 Abs. 1 PVÜ bestimmt, dass die Angehörigen eines jeden Verbandslandes in allen übrigen Ländern des Verbandes in Bezug auf den Schutz des gewerblichen Eigentums die Vorteile genießen sollen, welche die betreffenden Gesetze den eigenen Staatsangehörigen gegenwärtig gewähren oder in Zukunft gewähren werden. Demgemäß haben sie den gleichen Schutz wie diese und die gleichen Rechtsbehelfe gegen jeden Eingriff in ihre Rechte, vorbehaltlich der Erfüllung der Bedingungen und Förmlichkeiten, die den eigenen Staatsangehörigen auferlegt werden. Damit wurde eine Bevorzugung der eigenen Staatsangehörigen gegenüber den ausländischen Mitbürgern im Hinblick auf den Schutz des Geistigen Eigentums untersagt.

Hingegen verbietet die Pariser Verbandsübereinkunft im Umkehrschluss nicht die Inländerdiskriminierung. Sie ermöglicht also eine Besserstellung der Angehörigen der übrigen Verbandsländer hinsichtlich der Mindestrechte, die die Pariser Verbandsübereinkunft einräumt, die aber der jeweilige Verbandsstaat nicht zwangsweise auch den eigenen Staatsangehörigen gewähren muss. Hiervon betroffen sind im Patentrecht vor allem die Fragen nach der Beschränkung eines Patents durch die Erteilung von Zwangslizenzen und die Voraussetzungen

---

[33] *Kurz*, S. 469.
[34] Belgien, Brasilien, Frankreich, Guatemala, Italien, Niederlande, Portugal, Salvador, Serbien, Spanien, Schweiz.
[35] Übersicht über die derzeitigen Vertragspartner siehe BGBl. Fundstellennachweis B, abgeschlossen am 31. Dezember jedes Jahres.
[36] *Adam/Grabinski*, in: Benkard EPÜ, Vor Präambel Rn. 7.
[37] *Pierson*, in: Person/Ahrens/Fischer, S. 58.
[38] *Kurz*, S. 473.

des Patentverfalls (Art. 5 PVÜ)[39]. Art. 5 Abs. 4 PVÜ bestimmt beispielsweise als zeitliche Mindestvoraussetzung für die Erteilung einer Zwangslizenz wegen unterlassener oder ungenügender Ausübung, dass diese nicht vor Ablauf einer Frist von vier Jahren nach der Hinterlegung der Patentanmeldung oder von drei Jahren nach der Patenterteilung – wobei die Frist, die zuletzt abläuft, maßgeblich ist – verlangt und damit auch erteilt werden kann. Ein verbandsangehöriger Inhaber eines Patents in einem anderen Verbandsland kann also innerhalb der genannten Fristen nicht in seinem aus dem Patent resultierenden Rechten durch die Erteilung einer Zwangslizenz in jenem Verbandsland beschränkt werden. Soweit in dem betroffenen Verbandsland andere, für den Patentinhaber gegenüber der Regelung im PVÜ nachteilige Fristen bestehen, etwa eine Frist von lediglich zwei Jahren nach der Patenterteilung, könnte der Patentinhaber sich auf die Mindestrechte aus der PVÜ berufen. Diese Möglichkeit steht dem staatsangehörigen Patentinhaber des betreffenden Verbandslandes nicht ohne Weiteres offen. Für ihn würde die Zwei-Jahresfrist weiterhin gelten[40]. Ein Verstoß gegen das Gleichbehandlungsgebot des Art. 3 GG oder das Diskriminierungsverbot des Art. 18 AEUV durch diese Ungleichbehandlung ist nach der Rechtsprechung des BGH in Deutschland nicht unbedingt gegeben[41].

Art. 4 PVÜ bestimmt, dass derjenige, welcher in einem der vertragsschließenden Staaten ein Gesuch um ein Erfindungspatent, ein gewerbliches Muster oder Modell, eine Fabrik- oder Handelsmarke vorschriftsmäßig hinterlegt, zum Zwecke der Hinterlegung in den anderen Staaten während bestimmter Fristen und vorbehaltlich der Rechte Dritter ein Prioritätsrecht genießen soll. Dies bedeutet, dass derjenige, der als erster die schutzwürdige Leistung erbracht und die Schutzvoraussetzungen in einem Verbandsland erfüllt hat, gegenüber späteren Anmeldungen in anderen Verbandsländern absoluten Vorrang genießen soll[42]. Vereinfacht dargestellt: Derjenige, der als erster eine ordnungsgemäße Anmeldung in einem Verbandsland vorgenommen hat, wird in den anderen Verbandsländern, wenn er später auch dort eine Anmeldung vornimmt, so behandelt, als ob diese Anmeldung bereits zum Zeitpunkt der Erstanmeldung erfolgt sei. Hinsichtlich des Zeitpunkts der Anmeldung wird quasi fingiert, dass es keine Ländergrenzen gibt. Der Verband wird hinsichtlich des Anmeldezeitpunkts als ein Staat (Unionspriorität) betrachtet[43]. Sobald demnach in einem Verbandsland

---

[39] *Liedl*, S. 17.
[40] Vgl. *Fezer*, Art. 2 PVÜ Rn. 2; *Liedl*, S. 17.
[41] Vgl. BGH, Beschluss vom 14.11.1975, Az.: I ZB 9/74 „P-tronics", GRUR 1976, 355, 356; *Fezer*, Art. 2 PVÜ Rn. 2.
[42] *Pierson*, in: Pierson/Ahrens/Fischer, S. 58 f.
[43] *Fezer*, Art. 4 PVÜ Rn. 1.

eine Erfindung zum Patent angemeldet ist, genießen die Erfindung und der dazugehörige Anmelder innerhalb einer bestimmten Frist auch in anderen Verbandsländern das Prioritätsrecht. Dies kommt insbesondere dann zum Tragen, wenn in dem betreffenden Verbandsland zwischenzeitlich eine Anmeldung einer anderen Person vorausgegangen ist. Für Erfindungspatente kann nach Art. 4 c Abs. 1 PVÜ bis zu zwölf Monate mit einer Anmeldung in einem anderen Verbandsland gewartet werden, ohne dass diese bezüglich der Priorität und damit auch der Patentierbarkeitskriterien, insbesondere der Frage nach der Neuheit der angemeldeten Erfindung, gefährdet wäre[44].

II. Vertrag über die internationale Zusammenarbeit auf dem Gebiet des Patentwesens

Bereits die Regelung der Unionspriorität zeigt, dass auch die Pariser Verbandsübereinkunft an dem Erfordernis einer Patentanmeldung in jedem einzelnen Verbandsstaat zur Erteilung eines Patents in diesen Staaten festhält. Jeder Verbandsstaat kann also eigene nationale Regelungen hinsichtlich des Patentanmeldeverfahrens aufstellen. Erst der Vertrag über die internationale Zusammenarbeit auf dem Gebiet des Patentwesens (Patent Cooperation Treaty – PCT) vom 19.06.1970 ermöglichte es einem Erfinder in einem nächsten Schritt, durch eine einzige internationale Anmeldung bei einem PCT-Anmeldeamt auf einen Schlag einen multinationalen Schutz für seine Erfindung zu erlangen. Art. 3 Abs. 1 PCT legt fest, dass Anmeldungen zum Schutz von Erfindungen in jedem der Vertragsstaaten als internationale Anmeldungen im Sinne des PCT eingereicht werden können. Dieses hat nach Art. 11 Abs. 3 PCT zur Folge, dass eine ordnungsgemäße Anmeldung nach den Bestimmungen des PCT die Wirkung einer vorschriftsmäßigen nationalen Anmeldung hat[45]. Der PCT führt damit aber auch nur zu einer Vereinfachung des Anmeldeverfahrens für den Erfinder. Statt in jedem Land, in dem der Erfinder die Erteilung eines Patents begehrt, einen gesonderten an den nationalen Antragserfordernissen orientierten Antrag stellen zu müssen, wie es in der Pariser Verbandsübereinkunft noch vorgesehen ist, kann der Erfinder mit einer Anmeldung nach den Bestimmungen des PCT in verschiedenen Vertragsstaaten gleichzeitig das Anmelde- und Erteilungsverfahren in Gang setzen[46]. Auch der PCT führt aber nicht zu einheitlichen Erteilungsvoraussetzungen für ein Patent. Ob ein Patent in dem jeweiligen Vertragsstaat erteilt wird, hängt auch nach dem PCT weiterhin von den

---

[44] *Liedl*, S. 16.
[45] *Pierson*, in: Pierson/Ahrens/Fischer, S. 59 f.
[46] *Adam/Grabinski*, in: Benkard EPÜ, Vor Präambel Rn. 9.

national geltenden Erteilungsvoraussetzungen ab, so dass die Patenterteilung in nationalen Händen verbleibt. Die nationale Souveränität der Vertragsstaaten und damit auch das Territorialitätsprinzip bleiben im Hinblick auf die Entscheidung über die Patenterteilung vollständig gewahrt[47].

III. Übereinkommen über handelsbezogene Aspekte der Rechte des Geistigen Eigentums

Auch das Übereinkommen über handelsbezogene Aspekte der Rechte des Geistigen Eigentums (Agreement on Trade-Related Aspects of Intellectual Property Rights – TRIPs) vom 15.04.1994 führte nicht zu dem gewünschten Durchbruch, sondern auf internationaler Ebene durch die Einführung weiterer, weltweit gültiger Mindeststandards patentrechtlichen Schutzes zu „lediglich" einer weiteren Vereinheitlichung des Patentrechts. So enthält das TRIPs neben dem bereits in der Pariser Verbandsübereinkunft festgehaltenen Grundsatz der Inländerbehandlung unter anderem Bestimmungen betreffend die Voraussetzungen der Patenterteilung, der Schutzdauer, des Umfangs des Patentschutzes und dessen Einschränkungen[48]. Durch die Aufnahme dieser materiellen Regelungen waren die Vertragsstaaten erstmals gezwungen, ihre nationalen Regelungen in materieller, aber auch in verfahrensrechtlicher Hinsicht zu verändern und an die Anforderungen des TRIPs anzupassen, was eine Angleichung bzw. Harmonisierung des materiellen Patentrechts zur Folge haben musste[49]. Nicht zu verkennen ist auch, dass das TRIPs diese materiellen Regelungen in Art. 50 TRIPs zur Durchsetzung des Patentschutzes durch Regelungen bezüglich eines einstweiligen Rechtsschutzes ergänzt. Eine unmittelbare Anwendbarkeit des Art. 50 TRIPs zur Durchsetzung des Patentschutzes im Wege des einstweiligen Rechtsschutzes wird indes grundsätzlich abgelehnt[50].

Folglich überwandt auch das TRIPs nicht die territorialen Grenzen des immer noch nationalen Patents, welches eben lediglich in seinen Voraussetzungen und seiner Durchsetzbarkeit an den Standards des TRIPs gemessen werden sollte. Einen international einheitlichen patentrechtlichen Schutz eröffnet auch das TRIPs nicht[51].

---

[47] *Kraßer/Ann*, § 7 Rn. 17 ff.
[48] *Kraßer/Ann*, § 7 Rn. 44 ff.
[49] *Adolphsen*, Rn. 60.
[50] *Drexl*, in: MünchKomm BGB, Band 12, Teil 8 Rn. 105 m.w.N.
[51] *Adam/Grabinski*, in: Benkard EPÜ, Vor Präambel Rn. 12.

C. Europäische Regelungen und Bestrebungen

Mit der Gründung der Europäischen Wirtschaftsgemeinschaft 1957 und dem in Art. 3 EWG-Vertrag a. F. festgehaltenen Ziel der Realisierung eines freien Warenverkehrs zwischen den Vertragsstaaten bekam das Bestreben der Staaten nach einer Vereinheitlichung des Patentschutzes einen neuen Impuls[52]. Am 05.10.1973 kam es zur Unterzeichnung des Übereinkommens über die Erteilung europäischer Patente, des sogenannten Europäischen Patentübereinkommen (EPÜ), welches am 07.10.1977 in Kraft trat[53]. Der durch das EPÜ geschaffenen Europäischen Patentorganisation (EPO) gehören derzeit neben den ursprünglichen sieben Unterzeichnerstaaten weitere 31 Staaten an, wobei sich der Geltungsbereich des Vertragswerks mittels diverser Erstreckungsabkommen auf weitere zehn ost- und südeuropäische Staaten erstreckt[54] und sich damit insgesamt nicht nur auf die Mitgliedstaaten der EU beschränkt.

Inhaltlich geht das EPÜ im Vergleich zum PCT noch einen Schritt weiter und regelt nicht nur ein einheitliches Anmeldeverfahren, sondern vereinheitlicht nun auch das Patenterteilungsverfahren. Auf den ersten Blick wurde mit dem EPÜ ein vollkommen neues Rechtsobjekt in den Rechtsverkehr eingeführt: das „Europäische Patent"[55]. Mit einer europäischen Patentanmeldung kann bei Vorliegen der Voraussetzungen das mit dem EPÜ gegründete Europäische Patentamt mit unmittelbarer Wirkung für die vom Patentanmelder benannten Vertragsstaaten Europäische Patente erteilen[56]. Erstmals hat man sich damit nicht darauf beschränkt, festzulegen, dass unabhängig von der Staatszugehörigkeit die gleichen nationalen Patenterteilungsvoraussetzungen gelten oder die nationalen Regelungen bestimmte Mindestvoraussetzungen bei der Anmeldung und der Erteilung eines Patents vorsehen müssen.

Die Vertragsstaaten des EPÜ haben sich im Grundsatz darauf geeinigt, dass Patente unter den Voraussetzungen eines einzigen Vertragswerks durch eine supranationale und unabhängige Behörde erteilt werden sollen. Bei einem Europäischen Patent handelt es sich aber nicht etwa – wie der Name es vermuten lässt – um ein einheitliches Patent für alle Vertragsstaaten. Mit ihrer Erteilung

---

[52] *Kraßer/Ann*, § 7 Rn. 58.
[53] Übereinkommen über die Erteilung europäischer Patente, BGBl 1976 II S. 649, 826.
[54] Übersicht über die derzeitigen Vertrags- und Erstreckungsstaaten abrufbar unter: http://www.epo.org/about-us/organisation/member-states_de.html, zuletzt aufgerufen am 27.08.2019.
[55] *Telg*, S. 11.
[56] *Kraßer/Ann*, § 7 Rn. 60.

als Europäische Patente zerfallen diese nämlich wieder in Patente mit nur nationaler Schutzwirkung[57]. Ihre Existenz ist erneut vollkommen abstrakt und unabhängig voneinander, da sie vor allem nicht einheitlich vor einem allen Vertragsstaaten übergeordneten Gericht durchgesetzt werden, sondern wie nationale Patente vor den nationalen Gerichten des jeweiligen Landes angegriffen[58] und lediglich bezüglich des jeweiligen Staates für nichtig erklärt werden können. Demgegenüber ist man als Inhaber eines Europäischen Patents gezwungen, sein Patent bezogen auf jeden einzelnen Bestimmungsstaat in einem Patentnichtigkeitsverfahren oder auch durch ein Patentverletzungsverfahren vor den nationalen Gerichten zu verteidigen. Aus dem Zerfall des Europäischen Patents nach dem Erteilungsverfahren leitet sich somit auch die Bezeichnung des Europäischen Patents als „Bündelpatent" ab: Im Ergebnis handelt es sich bei einem Europäischen Patent lediglich um ein Bündel nationaler Patente[59].

Die Idee eines einheitlichen europäischen Patents, also eines Patents, dass nicht nur hinsichtlich des Anmelde- und des Erteilungsverfahrens vereinheitlicht ist, sondern auch in seinen Wirkungen, war aber zum Zeitpunkt der Unterzeichnung des Europäischen Patentübereinkommens keineswegs unbekannt. Bereits bei der Gründung der Europäischen Wirtschaftsgemeinschaft herrschte Klarheit der Vertragsstaaten darüber, dass es zur Schaffung eines gemeinsamen Binnenmarktes nicht genügt, nur das Patenterteilungsverfahren zu vereinheitlichen. Vielmehr hielt man es schon zu diesem Zeitpunkt für notwendig, ein einheitliches Patent für den gemeinsamen Markt zu schaffen[60], um die Ziele der Europäischen Wirtschaftsgemeinschaft zu verwirklichen und einen freien Warenverkehr patentgeschützter Waren im gemeinsamen Binnenmarkt zu erreichen[61]. Denn wie sollten andernfalls Waren ohne die Gefahr einer Patentverletzung innerhalb der EU verkehren, wenn sie in den verschiedenen Mitgliedstaaten nur teilweise oder auch zugunsten unterschiedlicher Personen patentrechtlich geschützt wären? Daher sah der erste Entwurf eines Übereinkommens über ein europäisches Gemeinschaftspatent von 1962 nicht nur ein einheitliches Patenterteilungsverfahren, sondern zunächst noch ein einheitliches Patent für den gesamten Binnenmarkt vor. Nachdem dieses aus politischen Gründen nicht durchsetzbar war, entschloss man sich, den ursprünglichen Übereinkom-

---

[57] *Krieger*, GRUR 1998, 256, 259.
[58] *Adolphsen*, Rn. 67.
[59] *Kolle*, in: Benkard EPÜ, Art. 2 Rn. 2.
[60] *Telg*, S. 9.
[61] *Dybdahl-Müller*, S. 4.

mensentwurf in zwei Übereinkommen aufzuteilen und damit die europäische Vereinheitlichung des Patentrechts in zwei Schritten vorzunehmen[62].

Aus dem ersten Teil, der sich ausschließlich mit der Vereinheitlichung des europäischen Patenterteilungsverfahrens beschäftigte und allen europäischen Staaten unabhängig von ihrer Mitgliedschaft in der Europäischen Wirtschaftsgemeinschaft offenstehen sollte[63], entstand das bereits erwähnte EPÜ. Der darauf aufbauende zweite Teil, der die Integration des Patentrechts in den europäischen Binnenmarkt durch ein einheitliches, die nationalen Schutzrechtsgrenzen überwindendes supranationales Patent für den europäischen Binnenmarkt vorsah, mündete in das Übereinkommen über das Europäische Patent für den Gemeinsamen Markt[64], das sog. Gemeinschaftspatentübereinkommen (GPÜ) vom 15.12.1975[65]. Zu einer Ratifikation dieses Übereinkommens durch alle zu diesem Zeitpunkt an dem Vorhaben beteiligten Mitgliedstaaten[66] kam es jedoch nie. Vor allem Dänemark und Irland sahen sich angesichts der mit der Unterzeichnung einhergehenden Übertragung von Hoheitsrechten massiven verfassungsrechtlichen Problemen gegenüber. Das GPÜ trat im Gegensatz zum EPÜ daher niemals in Kraft. Das ursprüngliche Ziel, den zeitlichen Abstand zwischen dem Inkrafttreten des EPÜ und des GPÜ möglichst gering zu halten, wurde damit verfehlt[67]. Auch der Versuch einer Reduzierung der Anzahl der notwendigen Ratifikationen im Rahmen einer Revision des Gemeinschaftspatentübereinkommens[68], welches zu der Vereinbarung über Gemeinschaftspatente (VüG) vom 15.12.1989 führte, schlug fehl. Trotz zwischenzeitlich erzielter Einigung über das gemeinsame Gerichtssystem zur Durchsetzung des Gemeinschaftspatents in dem das VüG ergänzenden Streitregelungsprotokoll[69], trat auch dieses mangels ausreichender Ratifikationen nicht in Kraft[70]. Die Anstrengungen zur Schaffung eines einheitlichen europäischen Patents waren vorerst gescheitert.

Erst im Jahr 1997 wurde auf Initiative der Europäischen Kommission mit der Vorlage des Grünbuchs über das Gemeinschaftspatent und das Patentschutzsys-

---

[62] *Dybdahl-Müller*, S. 9.
[63] *Hamann*, S. 41 f.
[64] *Krieger*, GRUR 1998, 256, 259.
[65] Vertragstext abgedruckt in GRUR Int. 76, 231 ff.
[66] Belgien, Dänemark, Deutschland, Frankreich, Irland, Italien, Luxemburg, Niederlande, Vereinigte Königreich.
[67] *Hamann*, S. 42 f.
[68] *Hamann*, S. 42 f.
[69] Text des VüG und des Streitregelungsprotokolls abgedruckt in BPMZ 1992, 56 ff.
[70] *Krieger*, GRUR 1998, 256, 261 f.

tem Europa am 24.06.1997[71] ein neuer Versuch zur Verwirklichung eines einheitlichen europäischen Patentschutzsystems unternommen. Um das Erfordernis einer Ratifikation durch alle Mitgliedstaaten des – sich zwischenzeitlich von der Europäischen Wirtschaftsgemeinschaft in die Europäische Gemeinschaft gewandelten – Staatenbündnisses[72] für die Umsetzung eines Gemeinschaftspatents in einem völkerrechtlichen Vertrag zu umgehen, regte die Kommission die Verwirklichung des Projektes durch den Erlass einer Europäischen Verordnung an[73]. Die daraufhin von der Kommission vorgelegten Vorschläge für eine Verordnung des Rates über das Gemeinschaftspatent (GPatVO) im Zeitraum August 2000[74] bis Dezember 2010 führten aber ebenso wenig zum angestrebten Durchbruch[75] wie der Versuch, im Rahmen einer Revision des EPÜ zumindest bereits eine einheitliche Europäische Patentgerichtsbarkeit[76] zu schaffen. Eine politische Einigung im Rat der Europäischen Union über eine Umsetzung durch eine oder auch mehrere Europäische Verordnungen für alle Mitgliedstaaten scheiterte insbesondere an den unterschiedlichen politischen Standpunkten hinsichtlich der Sprachenregelung in einem einheitlichen Europäischen Patentsystem. Spanien und Italien lehnten die von den übrigen (inzwischen: 25) EU-Mitgliedstaaten favorisierte Sprachenregelung ab. Die gemäß Art. 118 Abs. 2 AEUV erforderliche Einstimmigkeit im Europäischen Rat konnte nicht erreicht werden[77]. Die Verwirklichung des Projektes „Gemeinschaftspatent", welches infolge der Umbenennung der Europäischen Gemeinschaft mit dem Vertrag von Lissabon in die „Europäische Union" nunmehr als „EU-Patent" zu bezeichnen ist[78], scheiterte mithin nach einem halben Jahrhundert der Verhandlungen erneut an der fehlenden Einigkeit der beteiligten Mitgliedstaaten.

---

[71] Grünbuch über das Gemeinschaftspatent und das Patentschutzsystem Europa, KOM (1997) 314 endg. vom 24.06.1997.
[72] Art. 1 EGV.
[73] *Hamann*, S. 45.
[74] Vorschlag für eine Verordnung des Rates über das Gemeinschaftspatent und das Patentschutzsystem in Europa, KOM (2000) 412 endg. vom 01.08.2000.
[75] Eingehend zu der Entwicklung der Verordnungsvorschläge siehe *Liedl*, S. 214 ff.
[76] Draft Agreement on the establishment of a European Litigation System (EPLA) vom 16.02.2004, abrufbar unter: https://web.archive.org/web/20070929140614/http://www.european-patent-office.org/epo/epla/pdf/agreement_draft.pdf, zuletzt aufgerufen am 27.08.2019.
[77] Vorschlag für einen Beschluss des Rates über die Ermächtigung zu einer Verstärkten Zusammenarbeit im Bereich der Schaffung eines einheitlichen Patenschutzes, KOM (2010) 790 endg. vom 14.12.2010.
[78] Vorschlag 16113/09 des Rates vom 27.11.2009 für eine Verordnung des Rates über das Gemeinschaftspatent – Allgemeine Ausrichtung.

Am 14.12.2010 legte die Europäische Kommission daher einen Vorschlag für die Einleitung einer Verstärkten Zusammenarbeit betreffend die Verwirklichung eines einheitlichen europäischen Patentsystems[79] vor, welche es den dies beantragenden 25 Mitgliedstaaten der EU[80] erlauben sollte, unverzüglich allein voranzuschreiten, und Spanien und Italien die Möglichkeit eröffnen sollte, sich später noch anzuschließen[81]. Nachdem das Europäische Parlament seine Zustimmung am 15.02.2011 erteilte, folgte am 10.03.2011 eine entsprechende Ermächtigung der 25 Mitgliedstaaten durch den Rat, eine auf Art. 20, 326, 329 AEUV gestützte Verstärkte Zusammenarbeit im Bereich der Schaffung eines einheitlichen Patentschutzes zu begründen[82]. Sowohl Spanien als auch Italien haben gegen den Ermächtigungsbeschluss des Rates vom 10.03.2011 Klage vor dem EuGH erhoben. Beide Klagen wurden mit Urteil vom 16.04.2013 abgewiesen[83].

Die Arbeiten an der Verwirklichung eines Einheitspatents gingen auch in der Zwischenzeit unvermindert weiter. Dem Rat und dem Europäischen Parlament wurden bereits im April 2011 zwei Verordnungsvorschläge der europäischen Kommission über die Umsetzung der Verstärkten Zusammenarbeit im Bereich der Schaffung eines einheitlichen Patentschutzes vorgelegt, welche Bestimmungen zu den Voraussetzungen für den Erhalt eines einheitlichen Patentschutzes, zu seiner Rechtswirkung und zu den anzuwendenden Übersetzungsregelun-

---

[79] Vorschlag für den Beschluss des Rates über die Ermächtigung zu einer Verstärkten Zusammenarbeit im Bereich der Schaffung eines einheitlichen Patentschutzes, KOM (2010) 790 endg. vom 14.12.2010.
[80] Belgien, Bulgarien, Tschechische Republik, Dänemark, Deutschland, Estland, Irland, Griechenland, Frankreich, Zypern, Lettland, Litauen, Luxemburg, Ungarn, Malte, Niederlande, Österreich, Polen, Portugal, Rumänien, Slowenien, Slowakei, Finnland, Schweden, Vereinigtes Königreich.
[81] Pressemitteilung IP/10/1714 der Europäischen Kommission vom 14.12.2010, abrufbar unter: http://europa.eu/rapid/press-release_IP-10-1714_de.htm, zuletzt aufgerufen am 27.08.2019.
[82] Beschluss (EU) 2011/167/EU des Rates vom 10.03.2011 über die Ermächtigung zu einer Verstärkten Zusammenarbeit im Bereich der Schaffung eines einheitlichen Patentschutzes, ABl. 2011 L 76/53.
[83] EuGH, Urteil vom 16.04.2013, verb. RS. C-274/11 (Spanien und Italien v. Rat der Europäischen Union) und C-295/11 (Italien v. Rat der Europäischen Union), ECLI:EU:C:2013:240 = GRUR 2013, 708.

gen enthalten[84]. Am 11.12.2012 hat das Europäische Parlament die beiden Verordnungen in ihrer jeweils letzten Fassung verabschiedet[85]. Am 17.12.2012 folgte auch der Rat der Europäischen Union[86]. Es entstand zum einen die Verordnung (EU) 1257/2012 des Europäischen Parlaments und des Rates vom 17.12.2012 über die Umsetzung der Verstärkten Zusammenarbeit im Bereich der Schaffung eines einheitlichen Patentschutzes[87]. Zum anderen erließ der Rat die Verordnung (EU) 1260/2012 über die Umsetzung der Verstärkten Zusammenarbeit im Bereich der Schaffung eines einheitlichen Patentschutzes im Hinblick auf die anzuwendenden Übersetzungsregelungen[88].

Auch die gegen diese beiden Verordnungen gerichteten weiteren Klagen Spaniens vor dem EuGH, mit welchen Spanien eine fehlende Vereinbarkeit dieser Verordnungen mit EU-Recht rügte, blieben erfolglos[89].

Nicht in diesen beiden Verordnungen enthalten sind allerdings Regeln über ein einheitliches Rechtsschutzsystem. Dieses einheitliche Rechtsschutzsystem soll nicht durch eine Verordnung, sondern durch ein Übereinkommen, also einen völkerrechtlichen, multinationalen Vertrag, umgesetzt werden. Nachdem der EuGH am 08.03.2011 in einem Gutachten, auf das an anderer Stelle noch im

---

[84] Vorschlag für eine Verordnung des europäischen Parlaments und des Rates über die Umsetzung der Verstärkten Zusammenarbeit im Bereich der Schaffung eines einheitlichen Patentschutzes, KOM (2011) 215 endg. vom 13.04.2011; Pressemitteilung IP/11/470 der Europäischen Kommission vom 13.04.2011, abrufbar unter: https://europa.eu/rapid/press-release_IP-11-470_de.htm, zuletzt aufgerufen am 27.08.2019.
[85] Pressemitteilung 20121210IPR04506 des Europäischen Parlaments vom 11.12.2012 abrufbar unter: http://www.europarl.europa.eu/news/de/pressroom/20121210IPR04506/parlament-verabschiedet-einheitlichen-eu-patentschutz, zuletzt aufgerufen am 27.08.2019.
[86] Pressemitteilung des Rates der Europäischen Union vom 17.12.2012, Presse 534 Dokument-Nr. 17824/12 abrufbar unter: https://www.consilium.europa.eu/uedocs/cms_data/docs/pressdata/en/intm/134394.pdf, zuletzt aufgerufen am 27.08.2019.
[87] Verordnung (EU) 1257/2012 des Europäischen Parlaments und des Rates vom 17.12.2012 über die Umsetzung der Verstärkten Zusammenarbeit im Bereich der Schaffung eines einheitlichen Patentschutzes, ABl. 2012 L 361/1.
[88] Verordnung (EU) 1260/2012 des Rates vom 17.12.2012 über die Umstezung der Verstärkten Zusammenarbeit im Bereich der Schaffung eines einheitlichen Patentschutzes im Hinblick auf die anzuwendenden Übersetzungsregelungen, ABl. 2012 L 361/89.
[89] EuGH, Urteil vom 05.05.2015, Rs. C-146/13, ECLI:EU:C:2015:298 = GRUR 2015, 562 – Spanien vom Europäisches Parlament und Rat der Europäischen Union; EuGH, Urteil vom 05.05.2015, Rs. C-147/13, ECLI:EU:C:2015:299 = GRUR 2015, 562 – Spanien v. Rat der Eurpäischen Union.

Einzelnen einzugehen sein wird[90], den bis dahin vorliegenden Vorschlag eines Patentgerichtsübereinkommens vom 23.03.2009[91] für europarechtswidrig hielt[92], waren die Überlegungen zur Ausgestaltung eines einheitlichen Rechtsschutzsystem für ein EU-Patent mit einheitlicher Wirkung neu anzustellen. Ein solcher Anlauf wurde mit der Vorlage eines neuen Übereinkommensentwurfes am 11.11.2011 durch den Rat der Europäischen Union unternommen[93]. Dieser Entwurf wurde in einzelnen Punkten bereits am 22.11.2011 und 24.11.2011 nochmals abgeändert[94]. Die letzte Version des Übereinkommens über ein einheitliches Patentgericht datiert vom 11.01.2013[95] und wurde am 19.02.2013 durch 25 EU-Staaten (inklusive Italien) unterzeichnet[96]. Das Inkrafttreten des EPGÜ hängt erneut noch von der Ratifizierung und damit in vielen teilnehmenden EU-Staaten noch von der Zustimmung der jeweiligen Landesparlamente ab. Eine Bindung der jeweiligen Unterzeichnerstaaten als Vertragsstaaten des EPGÜ tritt für diese erst mit der eigenen Ratifikation i.S.d. Art. 2 Abs. 1 b WVRÜ ein[97]. Das Übereinkommen setzt für sein Inkrafttreten voraus, dass mindestens 13 Ratifikations- oder Beitrittsurkunden hinterlegt werden. Zwingend ist gemäß Art. 89 Abs. 1 EPGÜ die Hinterlegung der Ratifikationsurkunden der Staaten, in denen es im Jahr vor dem Jahr der Unterzeichnung des Übereinkommens die meisten geltenden Europäischen Patente gab. Im Jahr 2011 wiesen Deutschland, das Vereinigte Königreich und Frankreich die meis-

---

[90] Siehe unten, S. 119 ff.
[91] Entwurf eines Übereinkommens über das Gericht für Europäische Patente und Gemeinschaftspatente und Entwurf der Satzung – Rat der Europäischen Union, Dokument-Nr. 7928/09 vom 23.03.2009.
[92] EuGH, Gutachten vom 08.03.2011 – C-1/09, ECLI:EU:C:2011:123 = BeckEuRS 2011, 561012.
[93] Draft Agreement of a Unified Patent Court and Draft Statute – Revised Presidency text – Counsil of the European Union, Dokument-Nr. 16741/11 vom 11.11.2011.
[94] Draft Agreement of a Unified Patent Court an Draft Statute – Draft Declaration for an operational UPC – Revised Articles 18,19, 58, 58a, 58 d and 59 – Counsil oft he European Union 17317/11; Draft Agreement on the creation of a Unified Patent Court – Guidance for future work – Counsil of the European Union , Dokument-Nr. 17539/11 vom 24.11.2011.
[95] Übereinkommen über ein einheitliches Patentgericht (Dokument Nr. 16351/12 vom 11.01.2013 über ein Einheitliches Patentgericht; ABl. 2013 C 175/1).
[96] Pressemitteilung des Rates der Europäischen Union vom 19.02.2013, Presse 61 Dokument-Nr. 6590/13, abrufbar unter: http://register.consilium.europa.eu/doc/srv?l=EN&f=ST%206590%202013%20INIT, zuletzt aufgerufen am 27.08.2019.
[97] Vgl. *Nettesheim*, in: Maunz/Dürig, Art. 59 Rn. 71, 76.

ten gültigen Europäischen Patente auf[98]; deren Ratifizierung ist somit für das Inkrafttreten des EPGÜ zwingend. Eine Ratifizierung ist bis August 2019 bereits von mehr als zwölf Staaten vorgenommen worden. Es fehlt jedoch die zwingend erforderliche Ratifikation durch Deutschland. Von dem Inkrafttreten des EPGÜ ist gemäß Art. 18 Abs. 2 EU-PatVO auch die Geltung der Verordnung zur Schaffung des Europäischen Patents mit einheitlicher Wirkung abhängig, so dass es ohne eine einheitliche Patentgerichtsbarkeit auch kein Einheitspatent geben wird.

Das EPGÜ soll durch eine Verfahrensordnung für das zu schaffende Gericht flankiert werden, Art. 41 EPGÜ. Dieses wird von einer Arbeitsgruppe bestehend aus drei Richtern und vier Anwälten ausgearbeitet. Gemäß Art. 41 Abs. 2 EPGÜ i.V.m. Art. 12 Abs. 3 EPGÜ soll das dort gefundene Arbeitsergebnis zuletzt von einer Dreiviertelmehrheit des sogenannten Verwaltungsausschusses des zu schaffenden Patentgerichts beschlossen werden. In diesem Verwaltungsausschuss werden die Vertragsmitgliedstaaten durch je einen Abgesandten vertreten, Art. 12 Abs. 1 EPGÜ, so dass zur Verabschiedung der Verfahrensordnung 18 Stimmen im Verwaltungsausschuss ausreichen werden. Das Vorbereitungskomitee, welches vor dem Inkrafttreten des EPGÜ auch die Vorbereitung zur Schaffung der Verfahrensordnung übernommen hatte, hat im Oktober 2015 den 18. Entwurf der Verfahrensordnung angenommen. Auch dieser Entwurf wird indes im Hinblick auf die derzeit noch nicht feststehende Regelung der Gerichtsgebühren noch weiteren Änderungen unterliegen[99]. Zuletzt wurde der 18. Entwurf der Verfahrensordnung am 15.03.2017 geändert[100].

Bereits dem EPGÜ beigefügt ist die Satzung des Patentgerichts, in der die Einzelheiten der Organisation und die Arbeitsweise des Gerichts geregelt werden, Art. 40 Abs. 1 EPGÜ. Insbesondere an den Vorgaben der Satzung und des EPGÜ wird sich die Verfahrensordnung messen lassen müssen, Art. 41 Abs. 1 EPGÜ.

Das EPGÜ betrifft in seinem Regelungsumfang schließlich nicht nur die Schaffung eines Rechtsschutzsystems für das mit den Verordnungen umzusetzende

---

[98] Statistik abrubar unter: https://www.epo.org/about-us/annual-reports-statistics/annual-report/2011/statistics-trends/granted-patents_de.html#tab3, zuletzt aufgerufen am 27.08.2019.
[99] Pressemitttleilung des Einheitlichen Patentgerichts vom 27.10.2015, abrufbar unter: https://www.unified-patent-court.org/news/unified-patent-court-rules-procedure, zuletzt aufgerufen am 27.08.2019.
[100] 18. Entwurf der Verfahrensordnung des Einheitlichen Patentgerichts, abrufbar unter: https://www.unified-patent-court.org/sites/default/files/upc_rules_of_procedure_18th_draft_15_march_2017_final_clear.pdf, zuletzt aufgerufen am 27.08.2019.

europäische Einheitspatent, sondern auch das bereits bestehende, mit dem EPÜ geschaffene „klassische" Europäische Patent. Es bleibt festzuhalten, dass eine Überwindung der territorialen Grenzen eines Patents in Europa durch ein Patent mit einheitlicher Schutzwirkung im gesamten Binnenmarkt und ein einheitliches Rechtsschutzsystem für den gesamten Binnenmarkt auch nach rund 70 Jahren zumindest vordergründig dem Willen aller Mitgliedstaaten entspricht. Die Verwirklichung des Großprojektes scheint durch den nun beschrittenen Weg der Verstärkten Zusammenarbeit wieder näher zu rücken. Gleichzeitig werden diese Entwicklungen ein neues Rechtsdurchsetzungssystem hinsichtlich des bisherigen, fortbestehenden Europäischen Patents zur Folge haben. Aus diesem Grund ist im Folgenden das Europäische Patent in seiner bereits bestehenden Form sowie das für dieses geltende Rechtsschutzsystem näher zu betrachten.

Zunächst soll jedoch der Blick über das Patentrecht hinaus gerichtet und die bereits bestehenden Gemeinschaftsgüter des gewerblichen Rechtsschutzes betrachtet werden. Diese haben insoweit bereits das Territorialitätsprinzip überwunden, als dass kein Bündel nationaler Schutzrechte mehr besteht, sondern ein einheitliches unionsweites Immaterialgut[101]. Der Mechanismus ihrer Durchsetzung soll vor dem Hintergrund der fundamentalen Frage nach der Notwendigkeit und der Ausgestaltung einer einheitlichen Patentgerichtsbarkeit betrachtet werden. Die Schwächen der bezüglich dieser gemeinschaftsweiten Schutzrechte bestehenden Durchsetzungssysteme sollten im neuen Durchsetzungssystem für das Europäische Patent vermieden werden.

D. Bestehende unionsweite Schutzrechte und ihre Durchsetzung im Überblick

Die Bestrebungen, die in Bezug auf das Patentrecht nunmehr umgesetzt werden sollen, sind in Bezug auf das Markenrecht, das Geschmacksmusterrecht und das Sortenschutzrecht in Europa bereits die Wirklichkeit. Im Rahmen dieser drei Rechtsgebiete wurden bereits zum Ende des letzten bzw. zu Beginn dieses Jahrtausends durch EU-Verordnungen unionsweite Rechtsgüter geschaffen.

---

[101] *Schack*, in: FS für Stürner, S. 1337, 1338.

I. Unionsmarke

Durch die Verordnung (EG) Nr. 40/94 des Rates vom 20.12.1993 über die Gemeinschaftsmarke[102] – die sogenannte Gemeinschaftsmarkenverordnung (GMV) – wurde im Hinblick auf das Markenrecht ein für das Gebiet der Europäischen Union einheitliches Rechtsgut des Geistigen Eigentums geschaffen: die Gemeinschaftsmarke[103].

Durch Art. 1 Nr. 2 der Verordnung (EU) 2015/2424 des Europäischen Parlaments und des Rates vom 16.12.2015 zur Änderung der Verordnung (EG) Nr. 207/2009 des Rates über die Gemeinschaftsmarke und der Verordnung (EG) Nr. 2868/95 der Kommission zur Durchführung der Verordnung (EG) Nr. 40/94 des Rates über die Gemeinschaftsmarke und zur Aufhebung der Verordnung (EG) Nr. 2869/95 der Kommission über die an das Harmonisierungsamt für den Binnenmarkt (Marken, Muster und Modelle) zu entrichtenden Gebühren[104] wurde der Begriff der Gemeinschaftsmarke durch den Begriff der Unionsmarke ersetzt. Dementsprechend finden sich die Regelungen nunmehr in der sogenannten Unionsmarkenverordnung (UMV) wieder[105].

Der Begriff der Unionsmarke wird in Art. 1 Abs. 1 UMV schlicht als die Bezeichnung von Marken für Waren oder Dienstleistungen definiert, die entsprechend den Voraussetzungen und Einzelheiten der UMV eingetragen werden. Eine Unionsmarke kann folglich gemäß Art. 6 UMV nur durch Eintragung erworben werden. Darunter ist die Eintragung in das Register für Unionsmarken

---

[102] Verordnung (EG) 40/94 des Rates vom 20.12.1993 über die Gemeinschaftsmarke, ABl. 1994 L 11/1; zuletzt geändert durch die Änderungsverordnung (EU) 207/2009 vom 26.2.2009, ABl. 2009 L 78/1.

[103] Mit der Verordnung (EG) 2100/94 des Rates vom 27.07.1994 über den gemeinschaftlichen Sortenschutz der gemeinschaftliche Sortenschutz, dessen Erteilung durch das CPVO – das Gemeinschaftliche Sortenamt – Angers/Frankreich erfolgt, ABl. 1994 L 227/1; Mit der Verordnung (EG) 6/2002 des Rates vom 12.12.2001 das Gemeinschaftsgeschmacksmuster, dessen Erteilung – wie bei der Gemeinschaftsmarke – durch das EUIPO in Alicante/Spanien erfolgt, ABl. 2002 L 3/1.

[104] Verordnung (EU) 2015/2424 des euroäischen Parlaments und des Rates vom 16.12.2015 zur Änderung der Verordnung (EG) Nr. 207/2009 des Rates über die Gemeinschaftsmarke und der Verordnung (EG) Nr. 2868/95 der Kommission zur Durchführung der Verordnung (EG) Nr. 40/94 des Rates über die Gemeinschaftsmarke und zur Aufhebung der Verordnung (EG) Nr. 2869/95 der Kommission über die an das Harmonisierungsamt für den Binnenmarkt (Marken, Muster und Modelle) zu entrichtenden Gebühren, ABl. 2015 L 341/21.

[105] Letzte Fassung: Verordnung (EU) 2017/1001 des Europäischen Parlaments und des Rates vom 14.6.2017 über die Unionsmarke, ABl. 2017 L 154/1.

zu verstehen, welches beim neufirmierten Europäischen Amt für Geistiges Eigentum (EUIPO), ehemals Harmonisierungsamt für den Binnenmarkt (HABM) in Alicante, Spanien[106] geführt wird. Das EUIPO wurde eigens für die Verwaltung der Unionsmarke errichtet, Art. 2 UMV. Dieses als „Einrichtung der Gemeinschaft"[107], also der EU als Rechtssubjekt, errichtete Amt entscheidet nach Durchführung des Anmeldeverfahrens (Art. 30 ff. UMV), des Prüfungsverfahrens- bzw. Eintragungsverfahrens (Art. 41 ff. UMV) und gegebenenfalls des Widerspruchsverfahrens (Art. 46 ff. UMV) über die Eintragung der Marke (Art. 51 UMV). Das Amt beurteilt dabei, ob die in Frage stehende Unionsmarkenanmeldung die sich ausschließlich aus der UMV ergebenden materiellen und formellen Voraussetzungen für die Eintragung einer Unionsmarke erfüllt. Das EUIPO nimmt damit, vergleichbar mit dem EPA hinsichtlich des Europäischen Patents, seine Aufgabe als alleinige Erteilungsbehörde einer Unionsmarke wahr. Auch entscheidet das EUIPO nach Eintragung einer Unionsmarke über etwaige Anträge auf Erklärung des Verfalls oder auf Erklärung der Nichtigkeit einer Unionsmarke (Art. 58 ff. UMV). Die Anmeldung selbst kann gemäß Art. 30 UMV nur noch beim EUIPO erfolgen. Art. 25 GMV sah noch die Anmeldung bei einer Zentralbehörde für den gewerblichen Rechtsschutz eines Mitgliedstaats oder beim BENELUX-Amt für Geistiges Eigentum, und damit einer nationalen Behörde, vor.

Im Unterschied zu einem klassischen Europäischen Patent nach dem EPÜ hat die vormalige GMV keine „Bündelmarke" geschaffen. Art. 1 Abs. 2 S. 1 UMV legt entsprechend den Grundsatz der Einheitlichkeit für die Unionsmarke fest. Die Unionsmarke hat gemäß Art. 1 Abs. 2 S. 2 UMV einheitliche Wirkung für die gesamte Europäische Union. Sie kann demnach nur für deren gesamtes Gebiet eingetragen oder übertragen werden oder Gegenstand eines Verzichts oder einer Entscheidung über den Verfall der Rechte des Inhabers oder der Nichtigkeit sein; ihre Benutzung kann nur für die gesamte Gemeinschaft untersagt werden. Auch wenn einer Unionsmarke Einwendungen aufgrund von Umständen in nur einem Mitgliedstaat entgegenstehen, kann sie nicht erteilt werden bzw. bestehen bleiben[108]. Insofern gleicht die Unionsmarke in ihrer Wirkung dem künftigen Europäischen Patent mit einheitlicher Wirkung[109] und kann als supranationales i.S. eines über die nationalen Ländergrenzen hinausgehendes Schutzrecht bezeichnet werden[110].

---

[106] Art. 2 UMV.
[107] *Schennen*, in: Eisenführ/Schennen, Art. 2 Rn. 9 f.
[108] *Micsunescu*, S. 1.
[109] Siehe unten, S. 99 f.
[110] *Micsunescu*, S.1.

Allerdings lässt Art. 1 Abs. 2 S. 3 UMV von dem Grundsatz der Einheitlichkeit Ausnahmen zu. Dabei handelt es sich indes nur um solche, die in der Verordnung selbst explizit geregelt sind. So gestattet etwa Art. 25 Abs. 1 UMV, dass für die Benutzung einer Unionsmarke Lizenzen nur für einen Teil der Union erteilt werden[111].

Welche konkreten Befugnisse das ausschließliche Recht an einer Unionsmarke seinem Inhaber verleiht, wird in Teil II Abschnitt 2 der UMV bestimmt. Art. 17 Abs. 1 UMV regelt dabei abschließend, dass sich die Wirkungen einer Unionsmarke ausschließlich nach der UMV richten, und verankert damit den Grundsatz der Autonomie für das Unionsmarkenrecht; Vorschriften des nationalen Markenrechts sollen nur in den in der UMV ausdrücklich geregelten, wenigen Ausnahmen Anwendung finden[112]. Die UMV soll grundsätzlich also ein in sich abgeschlossenes System des Markenschutzes sein. Gleichzeitig soll die Unionsmarke nicht die nationalen Marken und Kennzeichenrechte ersetzen, sondern als gleichwertiges Schutzrecht neben die nationalen Markensysteme treten (Grundsatz der Koexistenz)[113].

Streitigkeiten über eine Unionsmarke können in unterschiedlichen Phasen ihres Entstehens auftreten. Daher ist es einem Beschwerten möglich, gegen alle Entscheidungen des EUIPO – unabhängig davon, ob sie im Prüfverfahren zur Anmeldung, im Widerspruchsverfahren nach der Veröffentlichung einer Anmeldung oder im Verfalls- oder Nichtigkeitsverfahren nach der erfolgten Eintragung einer Unionsmarke in das Register erfolgt – Beschwerde einzulegen, Art. 66 UMV. Über die Beschwerden entscheiden die beim EUIPO selbst gebildeten Beschwerdekammern. Die Beschwerde ist folglich lediglich ein Rechtsbehelf des Beschwerten im Rahmen eines Verwaltungsverfahrens und noch kein gerichtliches Verfahren[114]. Erst die Entscheidungen der Beschwerdekammern des EUIPO sind mittels Klagen beim EuGH anfechtbar, Art 72 UMV. Nachdem eine Unionsmarke eingetragen ist, kann jedoch – wie bei einem Patent – auch über die Verletzung dieser Unionsmarke gestritten werden.

Die UMV benennt in Art. 134 Abs. 1 UMV auch noch eine dritte Gruppe von Unionsmarkenstreitigkeiten. Von der UMV wird diese Gruppe lediglich als „andere als die in Art. 124 genannten Klagen" bezeichnet und meint damit insbesondere Vertragsverletzungsklagen bei Lizenzverträgen hinsichtlich einer Unionsmarke. Ebenso wie bei einem Patent existieren also auch hinsichtlich der

---

[111] Für weitere Ausnahmen vom Grundsatz der Einheitlichkeit siehe *Schennen*, in: Eisenführ/Schennen, Art. 1 Rn. 37 ff.
[112] *Knaak*, GRUR 2001, 21, 21; *Knaak*, GRUR Int. 2001, 665, 666 f.
[113] Vgl. *Berlit*, S. 242, *Micsunescu*, S. 1.
[114] Vgl. *Micsunescu*, S. 198 m.w.N.

Unionsmarke über die Nichtigkeitsklagen und Verletzungsklagen hinaus weitere bzw. sonstige Streitigkeiten[115]. Im Folgenden soll die gerichtliche Durchsetzung der Unionsmarke lediglich im Hinblick auf Streitigkeiten bezüglich des Bestehens der Unionsmarke nach Eintragung ins Register sowie im Hinblick auf Streitigkeiten hinsichtlich einer Verletzung näher betrachtet werden[116].

1. Instanzenzug

Während Art. 72 Abs. 1 UMV bestimmt, dass die Entscheidungen der Beschwerdekammern des EUIPO, durch die über eine Beschwerde entschieden wird, mit Klagen vor dem Gericht der Europäischen Union angefochten werden können, schafft Art. 124 UMV für die nach Art. 123 UMV zu benennenden Gemeinschaftsmarkengerichte eine ausschließliche Zuständigkeit für bestimmte Klagearten. Gemäß Art. 123 Abs. 1 UMV haben die Mitgliedstaaten für ihr Gebiet eine möglichst geringe Anzahl nationaler Gerichte erster und zweiter Instanz zu benennen, die in der Verordnung als Unionsmarkengerichte bezeichnet werden und welche die ihnen durch die UMV zugewiesenen Aufgaben wahrzunehmen haben. Die UMV verweist damit auf bereits bestehende nationale Gerichte der Mitgliedstaaten und verlangt nicht die Bildung neuer, gemeinschaftseigener Gerichte. Es soll sich bei den benannten Unionsmarkengerichten folglich nicht um weitere Rechtsprechungsorgane der EU handeln[117].

Diese Unionsmarkengerichte sollen ausschließlich zuständig sein für Klagen wegen Verletzung oder drohender Verletzung einer Unionsmarke und für Klagen auf Feststellung der Nichtverletzung. Ebenfalls sind die Unionsmarkengerichte ausschließlich zuständig für Klagen auf eine angemessene Entschädigung auf Grund von Benutzungshandlungen nach Veröffentlichung einer Unionsmarke, die nach ihrer Eintragung Verletzungshandlungen wären (Art. 11 Abs. 2 UMV) und für Widerklagen des Verletzungsbeklagten auf Erklärung des Verfalls oder der Nichtigkeit der anspruchsbegründenden Unionsmarke[118].

---

[115] Vgl. S. 50 ff.; *Schennen*, in: Eisenführ/Schennen, Art. 106 Rn. 5 f.
[116] Im Hinblick auf Streitigkeiten vor Eintragung der Unionsmarke in den übrigen Verfahrensstadien ergeben sich im Vergleich zum Nichtigkeitsverfahren keine Besonderheiten im Instanzenzug; die weiteren Unionsmarkenschtreitigkeiten sind gemäß Art. 134 Abs. 1 UMV den nationalen Gerichten zugewiesen, die örtlich und sachlich zuständig wären, wenn es sich um Klagen handeln würde, die eine in diesem Staat eingetragene nationale Marke betreffen würden.
[117] *Eisenführ/Overhage*, in: Eisenführ/Schennen, Art. 95 Rn. 6; *Bumiller*, S. 7.
[118] Vgl. *Eisenführ/Overhage*, in: Eisenführ/Schennen, Art. 96 Rn. 4.

Bei der Unionsmarke ist demnach aufgrund der ausschließlichen Zuweisung sachlicher Zuständigkeiten zwischen zwei Instanzenzügen zu unterscheiden. Die Trennung verläuft aber anders als beim Trennungsprinzip im deutschen Patentrecht, welches im Folgenden noch einer ausführlichen Betrachtung zu unterziehen ist[119], nicht streng zwischen Verletzungs- und Nichtigkeitsverfahren. Die Unionsmarkengerichte können anders als die Landgerichte in Patentstreitigkeiten im Verletzungsverfahren im Falle der Widerklage auf die Nichtigkeit einer Unionsmarke erkennen. Der Nichtigkeitseinwand kann allerdings vor den Unionsmarkengerichten ohne Erhebung einer Klage grundsätzlich nicht rechtserheblich geltend gemacht werden[120], da das Unionsmarkengericht gemäß Art. 127 Abs. 1 UMV ohne Klageerhebung immer von der Rechtsgültigkeit der Unionsmarke auszugehen hat[121]. Hieraus ergibt sich, dass bei der Unionsmarke nur zwischen isolierten Nichtigkeits- bzw. Verfallsverfahren vor dem Gerichtshof der Europäischen Union und den Verletzungsverfahren, zu denen auch eine Klage nach Art. 11 Abs. 2 UMV zu zählen ist, vor den Unionsmarkengerichten nach Art. 123 UMV unterschieden werden kann.

a. Das isolierte Nichtigkeits- und Verfallsverfahren

Hat ein Antrag gemäß Art. 63 UMV auf Erklärung der Nichtigkeit einer Unionsmarke oder ein Antrag auf Verfallserklärung auch nach Ansicht der mit dem Antrag im Beschwerdeverfahren befassten Beschwerdekammer des EUIPO keinen Erfolg, so kann der Beschwerte innerhalb von zwei Monaten nach Zustellung der Entscheidung der Beschwerdekammer gegen diese Klage beim Gerichtshof der Europäischen Union einlegen (Art. 72 Abs. 5 UMV). Gemäß Art. 256 Abs. 1 AEUV i.V.m. Art. 263 Abs. 1 S. 2 AEUV ist dort das EuG in erster Instanz zur Entscheidung über Klagen über die Nichtigkeit und den Verfall von Unionsmarken berufen. Gegen die Entscheidungen des EuG ist gemäß Art. 56 der Satzung des Gerichtshofs der Europäischen Union ein Rechtsmittel zum EuGH gegeben, der damit in zweiter und letzter Instanz über den Antrag auf Erklärung der Nichtigkeit oder des Verfalls einer Unionsmarke entscheidet. Der EuGH befasst sich gemäß Art. 58 der Satzung nur mit Rechts-

---

[119] Siehe unten, S. 52.
[120] *Schneider*, S. 123.
[121] Gemäß Art. 127 Abs. 3 UMV kann im Falle einer Verletzungsklage oder einer Entschädigungsklage i.S.d. Art. 11 Abs. 2 UMV der Einwand des Verfalls ohne Widerklage nur insoweit erhoben werden, als sich der Beklagte darauf beruft, dass die Unionsmarke wegen mangelnder ernsthafter Benutzung zum Zeitpunkt der Verletzungsklage für verfallen erklärt werden könnte. Die in einem solchen Verfahren gefundene Entscheidung wirkt jedoch lediglich inter partes.

fragen. Er ist damit lediglich Revisions- und nicht eine zweite Tatsacheninstanz[122].

b. Das Verletzungsverfahren

Für Verletzungsverfahren hinsichtlich Unionsmarken sind gemäß Art. 124 UMV ausschließlich die Unionsmarkengerichte zuständig. In Deutschland werden die Aufgaben der Unionsmarkengerichte gemäß § 125 e Abs. 1 MarkenG in der ersten Instanz von den Landgerichten wahrgenommen. Nachdem bislang eine Anpassung des MarkenG an die UMV und die dortige Umbenennung noch nicht stattgefunden hat, werden die Unionsmarkengerichte im MarkenG weiterhin als Gemeinschaftsmarkengerichte bezeichnet. Diese sind ohne Rücksicht auf den Streitwert in der ersten Instanz ausschließlich zuständig[123]. § 125 e Abs. 3 und 4 MarkenG erlaubt es den Bundesländern, Unionsmarkensachen in einem Land einem bestimmten Landgericht zuzuweisen oder auch ein Landgericht eines anderen Bundeslandes mit der Wahrnehmung der Aufgaben eines Unionsgerichts für ihr Land zu betrauen. Alle Bundesländer haben von der Befugnis in § 125 e Abs. 3 bzw. 4 MarkenG Gebrauch gemacht und Unionsmarkenstreitsachen an bestimmten Landgerichten konzentriert, so dass in der Bundesrepublik derzeit „lediglich" neunzehn Landgerichte als Unionsmarkengerichte fungieren[124].

Die Entscheidungen der Unionsmarkengerichte erster Instanz sind gemäß Art. 133 Abs. 1 UMV mit dem Rechtsmittel der Berufung vor den Unionsmarkengerichten zweiter Instanz anfechtbar. Als Berufungsinstanz sind gemäß § 125e Abs. 2 MarkenG in Deutschland diejenigen Oberlandesgerichte als Gemeinschaftsmarkengerichte zuständig, in deren Bezirke die Gemeinschaftsmarkengerichte erster Instanz ihren Sitz haben.

Art. 133 Abs. 3 UMV überlässt es im Übrigen den nationalen Vorschriften und damit den einzelnen EU-Mitgliedstaaten, ob auch gegen die Entscheidungen der zweiten Instanz weitere Rechtsmittel den beteiligten Parteien eröffnet werden.

---

[122] *Schennen*, in: Eisenführ/Schennen, Art. 65 Rn. 2; Bemerkenswert ist, dass der Prüfungsumfang des EuG in tatsächlicher Hinsicht gemäß Art. 135 § 4 VerfO EuG ebenfalls nur äußerst eingeschränkt erfolgt und so der erstmalige Tatsachenvortrag oder die erstmalige Vorlage von Unterlagen in der ersten Instanz bereits keine Berücksichtigung mehr finden; vgl. *Micsunescu*, S. 236 Rn. 105.
[123] Die daneben stehende Regelung des § 140 MarkenG führt damit in Deutschland zu einer Konzentration der Gemeinschaftsverletzungsverfahren vor den auch für nationale Markenstreitigkeiten zuständigen Landgerichten; vgl. *Schaper*, S. 8.
[124] *Ingerl/Rohnke*, in: Ingerl/Rohnke, § 125 e Rn. 7 ff.

Obligatorisch in Unionsmarkenverletzungsverfahren sind also lediglich zwei Instanzen. In Deutschland wird über das Rechtsmittel der Revision zum BGH gegen Berufungsentscheidungen eines Oberlandesgerichts nach §§ 542 Abs. 1 ZPO, 133 GVG damit überobligatorisch eine dritte Instanz in Gemeinschaftsmarkenverletzungsverfahren eröffnet[125].

2. Internationale Zuständigkeit

Die Frage nach der internationalen Zuständigkeit stellt sich nach der vorbeschriebenen ausschließlichen Zuständigkeit des Gerichtshofs der Europäischen Union für Klagen auf Feststellung der Nichtigkeit oder des Verfalls einer Unionsmarke nur für die verbleibenden Unionsmarkensachen und damit insbesondere für die Unionsmarkenverletzungsverfahren. Die Vorschriften der internationalen Zuständigkeit regeln folglich lediglich die Verteilung dieser Unionsmarkenstreitsachen auf die nationalen Unionsmarkengerichte und die weiteren Gerichte der einzelnen EU-Mitgliedstaaten. Art. 122 UMV erklärt in Bezug auf die internationale Zuständigkeit der nationalen Gerichte hinsichtlich der Unionsmarken streitsachen i.S.d. Art. 124 UMV grundsätzlich die EuGVVO für anwendbar. Die Anwendbarkeit wird jedoch in Art. 122 Abs. 2 UMV für die sachliche Zuständigkeit der Unionsmarkengerichte und damit insbesondere die Unionsmarkenverletzungsverfahren eingeschränkt[126]. Die entsprechende Regelung für Unionsmarkenverletzungsverfahren und die in diesen Verfahren möglichen Widerklagen auf Feststellung der Nichtigkeit oder des Verfalls findet sich in Art. 125 UMV und verdrängt die Regelungen der EuGVVO, die damit diesbezüglich nur noch subsidiär zur Anwendung gelangen können[127]. Art. 4, 6, 7 Nr. 1, 2, 3, 5, 25 f., 35 EuGVVO kommen daher nicht oder nur eingeschränkt zur Anwendung[128].

Art. 125 UMV geht in Abs. 1 vom Gerichtsstand des Beklagtenwohnsitzes oder (in Ermangelung eines Wohnsitzes in einem Mitgliedstaat der EU) vom Gerichtsstand der Niederlassung des Beklagten in einem EU-Mitgliedstaat aus. Sollte ein solcher Gerichtsstand nicht gegeben sein, greift Art. 125 Abs. 2 UMV auf den Klägerwohnsitz bzw. seine Niederlassung zurück. Sollte weder ein/e Wohnsitz/Niederlassung des Klägers noch des Beklagten in der EU existieren,

---

[125] *Hartmann*, S. 27.
[126] Vgl. *Kubis*, ZGE 2017, 471, 475; *Bumiller*, S. 14; *Tilmann*, GRUR Int. 2001, 673, 674; siehe im Einzelnen auch *Fayaz*, GRUR Int. 2009, 459, 467 ff.
[127] Hinsichtlich der sonstigen Unionsmarkenstreitsachen bleibt es bei der Anwendbarkeit der EuGVVO; *Bumiller*, S. 24; *Hartmann*, S. 45.
[128] *Kubis*, ZGE 2017, 471, 475.

so ist – weil Spanien bislang lediglich ein Unionsmarkengericht benannt hat – das Unionsmarkengericht am Sitz des EUIPO in Alicante international zur Entscheidung des Verletzungsverfahrens berufen (Art. 125 Abs. 3 UMV)[129]. Art. 125 Abs. 4 UMV eröffnet den Parteien daneben die Möglichkeit einer Gerichtsstandsvereinbarung oder der rügelosen Einlassung, soweit dadurch die Zuständigkeit eines anderen Unionsmarkengerichts begründet wird. Zuletzt kann ein Unionsmarkenverletzungsverfahren mit Ausnahme der Klage auf Feststellung der Nichtverletzung gemäß Art. 125 Abs. 5 UMV auch vor einem Unionsmarkengericht eines Landes anhängig gemacht werden, in dessen Grenzen die Verletzungshandlungen begangen worden ist oder droht[130].

Der Gerichtsstand der „Verletzungshandlung" ist nicht mit dem Gerichtsstand der unerlaubten Handlung des Art. 7 EuGVVO gleichzusetzen. Im Gegensatz zu Art. 7 EuGVVO ist in Art. 125 Abs. 5 UMV nicht der Ort entscheidend, an dem ein „schädigendes Ereignis" eingetreten ist oder einzutreten droht. Dem Wortlaut nach ist allein der Ort zu bestimmen, an dem eine „Handlung" begangen worden ist oder droht. Der Erfolgsort einer verletzenden Handlung ist folglich für die Bestimmung der Zuständigkeit irrelevant. Allein der Handlungsort ist zuständigkeitsbegründend[131].

Die subsidiäre Anwendbarkeit der EuGVVO eröffnet dem Kläger neben den Gerichtsständen des Art. 125 UMV noch einen weiteren Gerichtsstand in Art. 8 Nr. 1 EuGVVO.[132]: den Gerichtsstand der Streitgenossenschaft. Demnach kann der Kläger den Wohnsitzgerichtsstand eines Beklagten wählen und dort auch weitere Beklagte in Anspruch nehmen, sofern zwischen den Klagen eine so enge Beziehung gegeben ist, dass eine gemeinsame Verhandlung und Entscheidung geboten erscheint, um zu vermeiden, dass in getrennten Verfahren einander widersprechende Entscheidungen ergehen könnten[133].

---

[129] *Eisenführ/Overhage*, in: Eisenführ/Schennen, Art. 97 Rn. 3; *Gillert*, in: BeckOK MarkenR, Art. 125 UMV Rn. 21.
[130] Zur jeweiligen Kognisitionsbefugnis der Unionsmarkengerichte siehe oben, S. 29 f.
[131] EuGH, Urteil vom 05.06.2014, Rs. C-360/12, ECLI:EU:C:2014:1318 = GRUR 2014, 806, Rn. 37 f. – Coty Germany GmbH v. First Note Perfumes NV; *Eisenführ/Overhage*, in: Eisenführ/Schennen, Art. 97 Rn. 11.
[132] Verordnung (EU) 1215/2012 des Europäischen Parlaments und des Rates vom 12.12.2012 über die gerichtliche Zuständigkeit und die Anerkennung und Vollstreckung von Entscheidungen in Zivil- und Handelssachen, ABl. 2012 L 351/1, sog. Brüssel-Ia-VO.
[133] *Schaper*, S. 138.

3. Kognitionsbefugnis des EuGH und der Unionsmarkengerichte

Die Entscheidungen im Instanzenzug des Gerichtshofs der Europäischen Union über die Nichtigkeit oder den Verfall einer Unionsmarke haben unionsweite Wirkung. Dies folgt bereits aus dem in Art. 1 Abs. 2 S. 2 UMV verankerten Grundsatz der Einheitlichkeit der Unionsmarke. Hinsichtlich der vor den Unionsmarkengerichten geführten Unionsmarkenverletzungsverfahren differenziert Art. 126 UMV bezüglich der Reichweite der von den Unionsmarkengerichten zu treffenden Entscheidungen. Über eine tatsächlich unionsweite Entscheidungsbefugnis in Unionsmarkenverletzungsverfahren verfügen gemäß Art. 126 Abs. 1 UMV nur Unionsmarkengerichte, deren Zuständigkeit wie folgt begründet werden kann: Durch den Sitz oder die Niederlassung des Klägers oder des Beklagten (Art. 125 Abs. 1, 2 UMV), durch den subsidiären Gerichtsstand am Amtssitz des EUIPO (Art. 125 Abs.3 UMV) oder durch den Willen der Parteien, entweder durch Parteivereinbarung oder durch rügelose Einlassung (Art. 125 Abs. 4 UMV).

Von der grundsätzlich unionsweiten Kognitionsbefugnis eines Unionsmarkengerichts nimmt Art. 126 Abs. 2 UMV somit die Unionsmarkengerichte aus, deren Zuständigkeit lediglich durch den Ort der (drohenden) Verletzungshandlung nach Art. 125 Abs. 5 UMV begründet wird. Das Unionsmarkengericht des Verletzungsortes ist lediglich befugt, über die Handlungen zu entscheiden, die in dem Mitgliedstaat begangen worden sind oder drohen, in dem das Gericht selbst seinen Sitz hat[134]. Die insoweit grundsätzlich bestehende freie Wahl des Klägers zwischen den – in der Reihenfolge zwingenden[135] – Gerichtsständen des Art. 125 Abs. 1 bis 4 UMV und des Verletzungsgerichtsstandes gemäß Art. 125 Abs. 5 UMV hat Konsequenzen für die Kognitionsbefugnis des befassten Gerichts. Dieses hat ein Kläger bei seinen prozesstaktischen Überlegungen zur Wahl des Gerichtsstandortes besonders zu bedenken[136]. Die Gerichtsstandsbegründung am Ort der Verletzungshandlung und die unterschiedliche Reichweite der Entscheidungsbefugnis eines Unionsmarkengerichts am Ort der Verletzungshandlung eröffnet einem potentiellen Kläger die Möglichkeit, auch bei unionsweiten Verletzungen vor jedem einzelnen Unionsmarkengericht in der EU ein Verletzungsverfahren anzustrengen, in dessen Gebiet eine Verletzungshandlung vorgenommen wurde. Die Kognitionsbefugnis bleibt dann gemäß Art. 126 Abs. 2 UMV auf die Verletzungshandlungen beschränkt, die in dem

---

[134] *Bumiller*, S. 23.
[135] *Gillert*, in: BeckOK MarkenR, Art. 125 UMV Rn. 29.
[136] *Von Mühlendahl/Ohlgart/Bomhard*, S. 211.

jeweiligen Mitgliedstaat begangen worden sind[137]. Ein solches Vorgehen birgt gleichzeitig die Gefahr einander widersprechender Entscheidungen der angerufenen Unionsmarkengerichte[138]. Es ist auch eine Ausnahme des dem Unionsmarkenrecht innewohnenden Grundsatzes des Einheitsprinzips. Diesen Nachteil hat der europäische Gesetzgeber bewusst in Kauf genommen. Die Beschränkung der Entscheidungen eines Verletzungsgerichts auf die in dem jeweiligen Gerichtsbezirk begangenen Verletzungshandlungen nimmt dem Kläger die Möglichkeit, einen Verletzungsgerichtsstand in der Union zu wählen, der für eine dem Kläger entgegenkommende Rechtsordnung und Rechtsprechung bekannt ist. Damit sollte dem sogenannten „Forum-Shopping" zwischen den Unionsmarkengerichten für einen Kläger die Attraktivität genommen werden[139].

4. Örtliche Zuständigkeit der Unionsmarkengerichte

Hat ein Mitgliedstaat i.S.d. Art. 123 UMV nicht nur ein, sondern gleich mehrere Unionsmarkengerichte benannt, ist auch die örtliche Zuständigkeit der jeweiligen Unionsmarkengerichte innerhalb des betreffenden Mitgliedstaates zu regeln. Das Erfordernis einer Regelung der örtlichen Zuständigkeit beim Vorhandensein mehrerer nationaler Unionsmarkengerichte ist insbesondere für Deutschland mit seinen insgesamt neunzehn Unionsmarkengerichten evident. Hierzu findet sich in der UMV keine explizite Regelung, so dass zur Bestimmung der örtlichen Zuständigkeit auf die nationalen Rechtsordnungen der EU-Mitgliedstaaten zurückgegriffen wird[140]. In Deutschland findet sich die Regelung der örtlichen Zuständigkeit der Unionsmarkengerichte in § 125 g MarkenG, der letztlich auf die Zuständigkeitsvorschriften der §§ 12 ff. ZPO verweist, die auch über die örtliche Zuständigkeit der deutschen Gerichte in den sonstigen verbliebenen Unionsmarkenstreitigkeiten entscheiden. Wenn in einem Unionsmarkenverletzungsverfahren der Beklagte im Inland keinen allgemeinen Gerichtsstand hat und auch keine Verletzungshandlung im Inland vorliegt und damit – trotz einer gegebenen internationalen Zuständigkeit – letztendlich kein Gerichtsstand nach den §§ 12 ZPO dem Kläger zur Verfügung steht, eröffnet § 125 g S. 2 MarkenG dem Kläger die zusätzliche Möglichkeit einer Klage an seinem eigenen allgemeinen Gerichtsstand[141]. Ein solcher Fall eines nach den Regelungen der ZPO fehlenden örtlichen Gerichtsstands trotz internationaler

---

[137] *Leible*, in: Rauscher, Art. 7 EuGVVO Rn. 119.
[138] *Hartmann*, S. 58 f.
[139] So wohl KOM (80) 635 vom 27.11.1980 = GRUR Int. 1981, 764; *Müller*, in: BeckOK UMV, Art. 126 Rn. 8, *Hartmann*, S. 59.
[140] *Von Mühlendahl/Ohlgart/Bomhard*, S. 212.
[141] *Fezer*, § 125 g MarkenG Rn. 1; *Ingerl/Rohnke*, in: Ingerl/Rohnke, § 125 g Rn. 1 f.

Zuständigkeit der betroffenen nationalen Unionsmarkengerichte entspricht dem bereits in Art. 125 Abs. 2 der UMV vorgesehenen Parallelfall des subsidiären Klägergerichtsstandes[142].

5. Anwendbares Recht

a. Isoliertes Nichtigkeitsverfahren

Auf das vor dem Gerichtshof der Europäischen Union zu führende Nichtigkeitsverfahren finden sich in der UMV bis auf Art. 72 UMV keine Regelungen zur anwendbaren Rechts- oder Verfahrensordnung.

aa. Anzuwendendes Verfahrensrecht

Dies ist allerdings im Hinblick auf die allgemeinen Verfahrensvorschriften des Gerichtshofes der Europäischen Union auch nicht weiter verwunderlich. Insoweit ergibt sich das in den isolierten Nichtigkeitsverfahren anzuwendende Verfahrensrecht, soweit es nicht durch Art. 72 UMV eine gesonderte Regelung findet, gemäß Art. 254 AEUV aus der Satzung des Gerichtshofs[143], der Verfahrensordnung des EuG[144] und des EuGH[145], sowie den praktischen Hinweisen des Gerichts[146].

bb. Anzuwendendes materielles Recht

Im Nichtigkeits- (und Verfalls)verfahren ist in materieller Hinsicht von den Rechtsprechungsorganen der EU zu beurteilen, ob eine Unionsmarke für nichtig (oder verfallen) zu erklären ist. Dieses hat anhand der gleichen Vorschriften zu geschehen, welche in dem vorausgegangenen Beschwerdeverfahren von den Beschwerdekammern des EUIPO der angefochtenen Entscheidung zugrunde

---

[142] *Fayaz*, GRUR Int. 2009, 459, 465.
[143] Protokoll über die Satzung des Gerichtshofs der Europäischen Union vom 26.02.2001, ABl. 2001 C 80/53, zuletzt geändert durch Art. 2 ÄndVO (EU, Euratom) 2016/1192 vom 06.07.2016 (ABl. 2016 L 200/137).
[144] Verfahrensordnung des Gerichts vom 04.03.1015, ABl. 2015 L 105/1, zuletzt geändert durch Art. 1 Änd vom 25.9.2018 (ABl. 2018 L 240/68).
[145] Verfahrensordnung des Gerichtshofs vom 25.09.2012, ABl. 2012 L 265/1, zuletzt geändert durch Art. 1 Änd vom 19.07.2016 (ABl. 2016 L 217/69)
[146] Praktische Durchführungsbestimmungen zur Verfahrensordnung des Gerichts vom 18.06.2015, ABl. 2015 Nr. L 152/1, zuletzt geändert durch Beschluss des Gerichtshofs vom 13.07.2016 (ABl. 2016 Nr. L 217/78).

gelegt wurden. Die Rechtsprechungsorgane der EU dienen hier als Überprüfungsinstanzen für einen Verwaltungsakt einer gemeinschaftseigenen Einrichtung[147]. Die Prüfungskompetenz des Gerichtshofs ergibt sich daher insbesondere aus den materiellen Nichtigkeits- (und Verfalls)vorschriften in Art. 58 ff. UMV.

b. Unionsmarkenverletzungsverfahren

Das von den Unionsmarkengerichten im Unionsmarkenverletzungsverfahren anzuwendende Recht ist nach Art. 17 UMV zu bestimmen.

aa. Anzuwendendes Verfahrensrecht

Art. 17 Abs. 3 UMV verweist hinsichtlich des in Unionsmarkenverletzungsstreitigkeiten vom angerufenen Gericht anzuwendenden Verfahrensrechts auf die Regelungen des 10. Kapitels der UMV. Für Verfahren vor den Unionsmarkengerichten greift Art. 17 Abs. 3 UMV damit auf Art. 129 Abs. 3 UMV zurück. Ist danach in der Verordnung selbst nichts anderes bestimmt, so hat ein Unionsmarkengericht die Verfahrensvorschriften anzuwenden, die in dem Mitgliedstaat, in dem es seinen Sitz hat, auf gleichartige Verfahren betreffend nationale Marken anwendbar sind. Da sich indes über die bereits dargelegten Zuständigkeitsvorschriften sowie den vorliegend außer Betracht gelassenen Aussetzungsvorschriften des Art. 132 UMV keine weiteren Verfahrensvorschriften in der UMV finden[148], führt Art. 129 Abs. 3 UMV dazu, dass in Unionsmarkenverletzungsverfahren die nationalen Verfahrensvorschriften der 27 Mitgliedstaaten der EU zur Anwendung gelangen können. Die Bestimmung des Verfahrensrechts hat damit nicht nur Auswirkungen auf den jeweiligen Instanzenzug, sondern auch auf den konkreten Ablauf des Verfahrens, wie etwa die Beweisaufnahme.

bb. Anzuwendendes materielles Recht

Obwohl Art. 129 Abs. 1 UMV den dem Gemeinschaftsmarkenrecht zugrunde liegenden Grundsatz der Autonomie aufgreift und die Vorschriften der UMV für anwendbar erklärt, verweist der Abs. 2 für alle Fragen, die nicht bereits von der Verordnung selbst erfasst werden, auch hinsichtlich des materiellen Rechts subsidiär auf die nationalen Rechtsvorschriften einschließlich des internationa-

---

[147] *Micsunescu*, S. 236.
[148] *Eisenführ/Overhage*, in: Eisenführ/Schennen, Art. 101 Rn. 13.

len Privatrechts. Zwar wird insbesondere hinsichtlich der Rechtsfolgen einer Unionsmarkenverletzung in Art. 130 UMV eine Regelung getroffen. Jedoch regelt Art. 130 UMV lediglich das im Falle einer festgestellten Verletzung auszusprechende Verbot der Verletzung. Hinsichtlich weiterer gerichtlich anzuordnender Maßnahmen (Art. 130 Abs. 1 S. 2 UMV) und weiterer möglicher Rechtsfolgen einer Unionsmarkenverletzung wird hingegen erneut auf die nationalen Rechtsordnungen verwiesen[149]. Es fehlt insbesondere an einer einheitlichen Regelung von Schadensersatzansprüchen.

c. Fazit

Zwar wird der Grundsatz der Autonomie im isolierten Nichtigkeitsverfahren im Instanzenzug des EuGH gewahrt, jedoch wird die Einheitlichkeit der Entscheidungen in Unionsmarkensachen durch die subsidiäre Anwendung der nationalen Rechtsordnungen sowohl in verfahrens- als auch in materiellrechtlicher Hinsicht bereits systemimmanent stark eingeschränkt. Auch im Verletzungsverfahren kann eine Widerklage auf die Feststellung der Nichtigkeit einer Unionsmarke erhoben werden, so dass auch die Beurteilung der Nichtigkeit einer Unionsmarke zumindest in verfahrensrechtlicher Hinsicht unterschiedlichen Rechtsordnungen unterliegen kann. Folglich können auch die von einem Unionsmarkengericht anzuwendenden Verfahrensvorschriften für den Ausgang eines Verfahrens von entscheidender Bedeutung sein.

II. Gemeinschaftsgeschmacksmuster

Im Jahr 2001 folgte der Unionsmarke mit der VO (EG) Nr. 6/2002 des Rates vom 12.12.2001 das Gemeinschaftsgeschmacksmuster (GGV)[150]. Art. 1 Abs. 1 GGV definiert das Gemeinschaftsgeschmacksmuster – vergleichbar zu Art. 1 Abs. 1 UMV – als ein Geschmacksmuster, welches den Voraussetzungen der GGV entspricht. Gemäß Art. 3 a GGV bezeichnet der Begriff des Geschmacksmusters i.S.d. GGV die Erscheinungsform eines Erzeugnisses oder eines Teils davon, die sich insbesondere aus den Merkmalen der Linien, Konturen, Farben, der Gestalt, Oberflächenstruktur und/oder der Werkstoffe des Erzeugnisses selbst und/oder seiner Verzierung ergibt. Diese Definition entspricht der in § 1 Ziff. 1 GeschmG a.F. gefundenen Umschreibung eines nationalen Geschmacksmusters, in welchem es heißt:

---

[149] *Schaper*, S. 25.
[150] Verordnung (EG) 6/2002 des Rates vom 12.12.2001 über das Gemeinschaftsgeschmacksmuster, ABl. 2002 L 3/ 1.

„Im Sinne dieses Gesetzes ist ein Muster die zweidimensionale oder dreidimensionale Erscheinungsform eines ganzen Erzeugnisses oder eines Teils davon, die sich insbesondere aus den Merkmalen der Linien, Konturen, Farben, der Gestalt, Oberflächenstruktur oder der Werkstoffe des Erzeugnisses selbst oder seiner Verzierung ergibt."

Das Geschmacksmustergesetz wurde mit dem Gesetz zur Modernisierung des Geschmacksmustergesetzes sowie zur Änderung der Regelungen über die Bekanntmachungen zum Ausstellungsschutz vom 10. Oktober 2013 indes in das „Gesetz über den rechtlichen Schutz von Design", das sog. Designgesetz umbenannt[151]. Dementsprechend wird das nationale Geschmacksmuster nunmehr als eingetragenes Design bezeichnet, §§ 1 Ziff. 1, 2 Abs. 1 DesignG, während es auf der Europäischen Ebene in der deutschen Übersetzung trotz des gleichartigen Schutzgegenstandes weiterhin bei der Bezeichnung als Gemeinschaftsgeschmackmuster bleibt[152]. Schutzgegenstand sind nach beiden Regelungen die visuell und/oder mit dem Tastsinn wahrnehmbaren Erscheinungsformen eines Gegenstandes[153]. Als eingetragenes Design wird gemäß § 2 Abs. 1 DesignG ein Design geschützt, wenn es neu ist und Eigenart aufweist. Als Geschmacksmuster auf nationaler Ebene werden also nur solche Muster bezeichnet, die die weiteren Voraussetzungen erfüllen und aufgrund dessen vom DPMA in das Register für Designs eingetragen werden, § 19 Abs. 1 DesignG.[154].

Während das nationale Recht nur das eingetragene Design kennt, sieht die GGV neben dem eingetragenen Gemeinschaftsgeschmacksmuster (Art. 1 Abs. 2 b GGV) auch nicht eingetragene Gemeinschaftsgeschmacksmuster (Art. 1 Abs. 2 a GGV) vor. Beide Arten von Gemeinschaftsgeschmacksmustern sollen in den EU-Mitgliedstaaten einen einheitlichen Schutz mit einheitlicher Wirkung für Designs bieten (Grundsatz der Einheitlichkeit) und treten – ebenfalls vergleichbar zur Unionsmarke – neben das nationale Design (Prinzip der Koexistenz)[155]. Auch im Übrigen orientiert sich das System des Gemeinschaftsgeschmacksmusters weitestgehend an dem System der Unionsmarke. So kann

---

[151] Gesetz zur Modernisierung des Geschmacksmustergesetzes sowie zur Änderung der Regelungen über die Bekanntmachungen zum Ausstellungsschutz vom 10.10.2013 (BGBl. I S. 3799), Art. 1 Nr. 1.
[152] Art. 62 ff. DesignG; in der englischen Ausgangsfassung wird demgegenüber auch der Begriff „community design" verwendet, Council Regulation (EC) No 6/2002 of 12 December 2001 on Community designs, ABl. 2002 L 3/1.
[153] *Stolz/Grohmann*, in: Götting/Meyer/Vormbrock, § 20 Rn. 32 f.
[154] *Kühne*, in: Eichmann/v. Fackelstein/Kühne, § 19 Rn. 9.
[155] *Götting*, § 38 Rn. 3.

auch hier allein das EUIPO über die Eintragung des zur Eintragung angemeldeten Gemeinschaftsgeschmacksmusters entscheiden, Art. 48 GGV.

Auch die Durchsetzung eines Gemeinschaftsgeschmacksmusters folgt dem zweigeteilten Vorbild der Durchsetzung einer Unionsmarke vor den Beschwerdekammern des EUIPO im isolierten Nichtigkeitsverfahren auf der einen und der Durchsetzung einer Unionsmarke im Verletzungsverfahren vor den nationalen Gerichten auf der anderen Seite[156]. Während das Nichtigkeitsverfahren von eingetragenen Gemeinschaftsgeschmacksmustern gemäß Art. 52, 55 GGV vor den Beschwerdekammern des EUIPO anhängig zu machen ist, sind die nationalen Gerichte insbesondere für die Verletzungsverfahren zur Entscheidung berufen[157]. Ausschließlich international zuständig sind die nationalen Gerichte konsequenterweise dann auch als Gemeinschaftsgeschmacksmustergerichte gemäß Art. 80 Abs. 1, 81 GGV. In Deutschland fungieren als Gemeinschaftsgeschmacksmustergerichte nach § 63 Abs. 1, 2 DesignG, welcher ebenfalls im Wortlaut dem Vorbild des § 125 e MarkenG nachempfunden ist[158], die Landgerichte, die zumeist auch die Aufgabe der Gemeinschaftsmarkengerichte zugewiesen bekommen haben[159]. Auch die Regelung der Verteilung der internationalen Zuständigkeit auf die Gemeinschaftsgeschmacksmustergerichte der nationalen Staaten in Art. 82 GGV lehnt sich an die entsprechende Regelung im Unionsschaftsmarkenrecht, den § 125 UMV, an.

Das Rechtsschutzsystem des Gemeinschaftsgeschmacksmusters entspricht damit weitgehend dem Rechtschutzsystem der Unionsmarke, so dass insoweit auf die obigen Ausführungen verwiesen werden kann.[160]

Unterschiede ergeben sich lediglich in der Durchsetzung des nicht eingetragenen Gemeinschaftsgeschmacksmusters. Mangels einer Anmeldung und damit einer Entscheidung des EUIPO über die Entstehung eines nicht eingetragenen Geschmacksmusters als Schutzgegenstand kann naturgemäß auch eine diesbezügliche Entscheidung des EUIPO im Nichtigkeitsverfahren nicht vor dessen Beschwerdekammern angegriffen werden. Die Frage nach dem Bestehen eines

---

[156] *Schoberth*, S. 52.
[157] Besonderheit gemäß Art. 81 c GGV: Danach sind die Gemeinschaftsgeschmacksmustergerichte auch für Klagen auf Erklärung der Nichtigkeit eines nicht eingetragenen Gemeinschaftsgeschmacksmusters zuständig, wenn dieses mangels Eintragungsentscheidung des Amtes der Europäischen Union für Geistiges Eigentum (EUIPO, ehemals HABM) nicht mittels einer Beschwerde angegriffen werden kann; siehe auch *Schoberth*, S. 53.
[158] *Eichmann*, in: Eichmann/v. Fackelstein/Kühne, § 63 Rn. 1.
[159] Vgl. *Munzinger/Taub*, GRUR 2006, 33, 33.
[160] Siehe oben, S. 21 ff.

nicht eingetragenen Gemeinschaftsgeschmacksmusters kann für den vermeintlichen Schutzrechtsinhaber lediglich bei der Erhebung eines entsprechenden Einwands oder – wie auch bei einem eingetragenen Gemeinschaftsgeschmacksmuster – einer Nichtigkeitswiderklage durch den Beklagten inzident in einem Verletzungsverfahren geklärt werden[161]. Zusätzlich kann ein möglicher Schutzrechtsverletzer Rechtssicherheit über das Bestehen eines nicht eingetragenen Gemeinschaftsgeschmacksmusters durch die Stellung eines Antrags auf Nichtigerklärung des Gemeinschaftsgeschmacksmusters gemäß Art. 24 Abs. 3 GGV bei den Gemeinschaftsgeschmacksmustergerichten erlangen.

III. Gemeinschaftlicher Sortenschutz

Das EU-Recht kennt als drittes Gemeinschaftsimmaterialgut mit einheitlichem Charakter den gemeinschaftlichen Sortenschutz, welcher mit der VO (EG) Nr. 2100/94[162] über den gemeinschaftlichen Sortenschutz vom 27.07.1994 (GSV) eingeführt wurde und neben den nationalen Schutz von neuen Pflanzensorten tritt[163]. Der gemeinschaftliche Sortenschutz soll einem Sortenschutzinhaber das grenzüberschreitend einheitliche, ausschließliche Recht geben, für eine bestimmte Zeit seine Pflanzenzüchtung in bestimmter Weise auszuwerten[164].

Erteilt wird der gemeinschaftliche Sortenschutz – parallel zur Unionsmarke und dem Gemeinschaftsgeschmacksmuster – trotz der bestehenden Möglichkeit einer Anmeldung bei einer nationalen Behörde ausschließlich durch das mit der Verordnung in Art. 4, 30 ff. GSV ebenfalls geschaffene Gemeinschaftliche Sortenamt (GSA) mit Sitz in Angers, Frankreich.

Die Rechtsdurchsetzung einer gemeinschaftlichen Sorte ähnelt der Durchsetzung der bereits behandelten Unionsrechtsgüter. Auch gegen die Entscheidungen des GSA kann der Beschwerte mittels einer Beschwerde (Art. 67 ff. GSV) vor die beim Amt eingerichteten Beschwerdekammern (Art. 45 ff. GSV) ziehen[165]. Dies betrifft neben der ablehnenden Entscheidung für den Sortenanmelder insbesondere auch die positive Entscheidung, welche einen Dritten belas-

---

[161] *Schoberth*, S. 53 f.
[162] Verordnung (EG) 2100/94 des Rates vom 27.07.1994 über den gemeinschaftlichen Sortenschutz, ABl. 1994 L 227/1.
[163] Vgl. Art. 1 GSV; *Leßmann/Würtenberger*, § 1 Rn. 27.
[164] Vgl. *Winkler*, in: FS 50 Jahre Bundespatentgericht, S. 1099, 1109.
[165] Tatsächlich existiert derzeit mangels einer großen Anzahl von Beschwerden lediglich eine Beschwerdekammer.

tet[166], etwa weil dieser die fehlende Schutzfähigkeit der Sorte und damit – übertragen auf die anderen Gemeinschaftsrechtsgüter – die „Nichtigkeit" geltend macht. Ein formelles Nichtigkeitsverfahren gemäß Art. 20 GSV oder auch ein Aufhebungsverfahren gemäß Art. 21 GSV kann dagegen nur durch das Amt selbst eingeleitet werden. Auch die Entscheidungen dieser Beschwerdekammern sind mit Klagen beim Gerichtshof der Europäischen Union angreifbar, Art. 73 Ziff. 1 GSV.

Bei der Verletzung einer gemeinschaftlichen Sorte ist der Rechtsschutz vom Sortenschutzinhaber hingegen erneut nur bei den mitgliedstaatlichen Gerichten zu suchen. Im Gegensatz zur UMV und zur GGV sieht die GSV aber keine „Gemeinschaftlichen Sortenschutzgerichte" vor. Es fehlt also die Zuweisung und damit die Konzentration solcher Streitigkeiten vor bestimmten nationalen Gerichten. Vielmehr ist jedes nationale Gericht nach der GSV zur Entscheidung berufen.

Die interne Verteilung der Zuständigkeit überlässt die GSV dem jeweiligen nationalen Recht. Art. 101 GSV weist lediglich noch die internationale Zuständigkeit zu. Die Verweisung erfolgt erneut nach dem Vorbild der entsprechenden Regelungen in der UMV und GGV, so dass hier auf eine diesbezügliche weitergehende Darstellung verzichtet wird. Eine inzidente Überprüfung einer positiven Entscheidung des GSA über die Schutzfähigkeit der Sorte ist im Verletzungsverfahren nicht eröffnet. Gemäß Art. 101 GSV hat das nationale Gericht von der Rechtsgültigkeit des gemeinsamen Sortenschutzes auszugehen[167]. Es liegt damit im Gegensatz zum System der Unionsmarken oder auch der Gemeinschaftsgeschmacksmuster eine klare Trennung der Verfahrensarten vor. Die Gefahr einander widersprechender Entscheidungen über die Rechtsgültigkeit einer gemeinsamen Sorte durch unterschiedliche nationale Gerichte entweder im Rahmen des Nichtigkeitseinwands oder aber sogar einer Nichtigkeitswiderklage besteht mithin nicht.

---

[166] *Winkler*, in: FS 50 Jahre Bundespatentgericht, S. 1099, 1115.
[167] *Schoberth*, S. 49.

E. Fazit

Die drei bereits bestehenden Systeme für die Durchsetzung von Unionsrechtsgütern sind vergleichbar gestaltet worden. Alle Durchsetzungssysteme weisen einen prinzipiell zweigeteilten Rechtsweg auf: Der eine Weg führt über die amtlichen Beschwerdekammern zum Gerichtshof der Europäischen Union. Der andere Weg führt zu den nationalen Gerichten entweder in ihrer Gesamtheit (beim unionsweiten Sortenschutz) oder aber als ausschließlich zuständige, besonders zu benennende Gerichte (Unionsmarken- und Gemeinschaftsgeschmacksmustergerichte).

Die Zweiteilung des zu beschreitenden Rechtsweges ist indes von der Frage der Geltendmachung der Nichtigkeit bzw. der fehlenden Schutzwürdigkeit des in Rede stehenden Unionsrechtsguts zu unterscheiden. Zwar ist allen Systemen die grundsätzliche Verteilung der Verfahrensarten auf die beiden Rechtswege vorangestellt. Der Grad der Verbundenheit des Rechtsweges zum Nichtigkeitseinwand ist indes unterschiedlich stark ausgeprägt. Während noch im Unionsmarkensystem und dem ihm nachgebildeten Gemeinschaftsgeschmacksmustersystem vor den nationalen Gerichten die Möglichkeit besteht, die Entscheidung des EUIPO zumindest im Wege der Widerklage über die Schutzrechtserteilung zu überprüfen, ist dieses vor den nationalen Gerichten in Bezug auf eine gemeinschaftliche Sorte ausgeschlossen. Nur hier kann tatsächlich von einer ausschließlichen Zuständigkeit des Gerichtshofs der Europäischen Union für ein Nichtigkeitsverfahren gesprochen werden, welche eine einheitliche Rechtsprechung im Hinblick auf die Auslegung der gesetzlichen Voraussetzungen für die Erteilung des Gemeinschaftsrechtsguts gewährleistet. Im Verletzungsverfahren sind bezüglich aller bereits bestehenden Gemeinschaftsimmaterialgüter nationale Gerichte zur Entscheidung berufen. Trotz der zumindest teilweise ausschließlich anzuwendenden einheitlichen materiellen Regelungen besteht folglich die Gefahr einander widersprechender Entscheidungen in den nationalen Rechtszügen.

§ 3 Das Verfahren nach dem Europäischen Patentübereinkommen

A. Begriff des Europäischen Patents

Europäische Patente werden in Art. 2 Abs. 1 EPÜ schlicht als solche Patente definiert, die nach den Regelungen des Europäischen Patentübereinkommens erteilt werden. Gemäß Art. 52 Abs. 1 EPÜ werden Europäische Patente für Erfindungen auf allen Gebieten der Technik erteilt, sofern sie neu sind, auf einer erfinderischen Tätigkeit beruhen und gewerblich anwendbar sind. Ebenso wie nach § 1 Abs. 1 des deutschen Patentgesetzes (PatG) bestehen für die Erteilung eines Europäischen Patents damit vier materielle Voraussetzungen: Erfindung, Neuheit, erfinderische Tätigkeit und die gewerbliche Anwendbarkeit. Ob diese materiellen Voraussetzungen im Einzelfall vorliegen, wird bei einer Anmeldung eines Europäischen Patents und der Einleitung eines entsprechenden Prüfungsverfahrens aber nicht von einer nationalen Behörde anhand nationaler Gesetze geprüft.

Während die Anmeldung eines Europäischen Patents grundsätzlich auch noch bei einer zugelassenen nationalen Behörde eingereicht werden kann (Art. 75 EPÜ), die die Anmeldung dann nach Art. 77 Abs. 1 EPÜ in der Regel an das durch das EPÜ konstituierte Europäische Patentamt (EPA) innerhalb kürzester Frist weiterzuleiten hat, ist das EPA ausschließliche Erteilungsbehörde eines Europäischen Patents. Als Prüfungsmaßstab für die Erteilung dienen dem EPA die durch das EPÜ selbst in Kapitel I definierten Patentierbarkeitsvoraussetzungen. Die Anmeldung eines Europäischen Patents kann dabei für einen oder mehrere Vertragsstaaten beantragt werden (Art. 3 EPÜ).

Das führt dazu, dass ein erteiltes Europäisches Patent nicht automatisch für das Territorium aller Vertragsstaaten des EPÜ Wirkung erlangt. Der Anmelder kann sich also aussuchen, für wie viele und für welche Staaten ein Europäisches Patent erteilt werden soll[168]. Ist ein Europäisches Patent erteilt, dann hat es in jedem Vertragsstaat, für den es erteilt worden ist, dieselbe Wirkung und unterliegt denselben Vorschriften wie ein in diesem Staat erteiltes nationales Patent, soweit das EPÜ nicht etwas anderes bestimmt (Art. 1 Abs. 2 EPÜ)[169].

---

[168] *Stauder*, in: Singer/Stauder, Art. 3 Rn. 2.
[169] Zu den möglicherweise ebenfalls noch zu überwindenden nationalen Validierungserfordernissen (Übersetzung und/oder Gebühren) siehe unten, S. 44 f.

Das EPÜ schafft damit ein einheitliches und zentralisiertes Erteilungsverfahren durch das EPA für ein Europäisches Patent[170]. Das EPA entscheidet im Gegensatz zum EUIPO auf dem Gebiet des Unionsmarken- und des Gemeinschaftsgeschmacksmusterrechts nicht als Einrichtung der EU, sondern als supranationale Behörde unmittelbar bindend für alle Vertragsstaaten, ob für diese ein Europäisches Patent erteilt oder versagt wird[171]. Die Erteilung eines Europäischen Patents durch das EPA steht mithin der Entscheidung des Deutschen Patentamtes über die Erteilung eines nationalen Patents und damit dem Erlass eines Verwaltungsaktes einer deutschen Behörde gleich. Dem EPA werden mit dem EPÜ somit Hoheitsrechte i.S.d. Art. 24 Abs. 1 GG in Form von Verwaltungsbefugnissen übertragen[172]. Das EPA erhält die Befugnis, hinsichtlich der Erteilung eines Europäischen Patents in die Souveränität des jeweiligen Mitgliedstaates einzugreifen und eigenständig ohne Bestätigung der nationalen Behörden zu entscheiden[173]. Sobald das EPA das Erteilungsverfahren beendet hat, endet aber auch seine Entscheidungsgewalt; denn danach unterliegt das Europäische Patent gemäß Art. 2 Abs. 2 EPÜ den jeweiligen nationalen Patentgesetzen und insbesondere auch der nationalen Gerichtsbarkeit. Dieses führt dazu, dass das Europäische Patent nur ein Bündel von in den einzelnen vom Anmelder benannten Staaten wirksamen Patenten ist[174]. Von einem auf dem Gebiet der Europäischen Union einheitlichen Rechtsgut, welches vergleichbar mit den bereits bestehenden Gemeinschaftsgütern wäre, kann daher keine Rede sein.

B. Entstehung eines Europäischen Patents
I. Verfahrensabschnitte
1. Erteilungsverfahren

Das Erteilungsverfahren eines Europäischen Patents ist im vierten Teil des EPÜ geregelt. Nachdem eine Anmeldung eines Europäischen Patents entweder nach einer Weiterleitung durch eine nationale Behörde oder direkt bei dem EPA eingegangen ist, nimmt die Eingangsstelle des EPA (Art. 16 EPÜ) anhand des Art. 90 EPÜ zunächst die Eingangsprüfung und nach deren Bestehen die For-

---

[170] *Laubinger*, S. 10.
[171] *Kraßer/Ann*, § 27 Rn. 4.
[172] Vgl. BVerfG, Beschluss vom 27.04.2010, Az.: 2 BvR 1848/07, Rn. 14 ff., GRUR 2010, 1031; vgl. *Callies*, in: Maunz/Dürig, Art. 24 Rn. 21.
[173] *Kraßer/Ann*, § 7 Rn. 60.
[174] Siehe oben, S. 13.

malprüfung gemäß Art. 91 EPÜ vor. Im Wesentlichen wird hier von der Eingangsstelle des EPA geprüft, ob die eingereichte Anmeldung den durch das EPÜ und den dazugehörigen Ausführungsverordnungen gestellten formalen Anforderungen an eine wirksame Anmeldung entspricht[175]. Gleichzeitig wird gemäß Art. 92 EPÜ von einer Recherchenabteilung beim EPA (Art. 17 EPÜ) der Europäische Recherchenbericht erstellt[176]. In diesem werden gemäß Regel 61 Abs. 1 EPÜAO die dem EPA zum Zeitpunkt der Erstellung des Berichts zur Verfügung stehenden Schriftstücke genannt, die zur Beurteilung in Betracht gezogen werden können, ob die Erfindung, die Gegenstand der Patentanmeldung ist, neu ist und auf erfinderischer Tätigkeit beruht. Ziel der Recherche ist es vor allem, den Stand der Technik zur sachlichen Prüfung der angemeldeten Erfindung auf Neuheit und erfinderische Tätigkeit zu bestimmen und somit also die sachliche bzw. materielle Prüfung der Patentanmeldung vorzubereiten[177].

Sowohl der Recherchenbericht als auch die Anmeldung selbst werden im Europäischen Patentblatt von der Eingangsstelle des EPA veröffentlicht, ohne dass bis dahin eine sachliche Prüfung der materiellen Patenterteilungsvoraussetzungen stattgefunden hat. Die Veröffentlichung gibt jedem Dritten gemäß Art. 115 EPÜ bereits zu diesem Zeitpunkt die Möglichkeit, Einwendungen gegen die Patentierbarkeit der angemeldeten Erfindung zu erheben[178].

Ob ein Dritter diese Möglichkeit nach der Veröffentlichung der Patentanmeldung nutzt oder ob er erst nach der Erteilung des Patents durch ein etwaiges Rechtsbehelfsverfahren gegen die Erteilung vorgeht, bleibt ihm selbst überlassen. Einwendungen, welche bereits im Erteilungsverfahren erhoben werden könnten, aber tatsächlich nicht vorgenommen werden, werden nicht präkludiert, können also auch im Rechtsbehelfsverfahren berücksichtigt werden.

Sechs Monate nach der Veröffentlichung des europäischen Recherchenberichts im Europäischen Patentblatt liegt es in der Hand des Patentanmelders, ob er seine Anmeldung durch die Stellung eines Prüfungsantrags in das Prüfungsverfahren führt, in welchem die Erfindung durch die Prüfungsabteilungen des EPA (Art. 18 EPÜ) endlich auf ihre Patentierbarkeit nach Art. 52 ff. EPÜ untersucht wird (Art. 94 EPÜ). Das Ergebnis dieser Patentprüfung kann entweder die Erteilung des Patents oder die Zurückweisung der Anmeldung sein (Art. 97 EPÜ). Wird das Patent erteilt, dann wird der Hinweis auf die Patenterteilung im Europäischen Patentblatt unter Hinweis auf die Bestimmungsstaaten veröffentlicht und die Europäische Patentschrift herausgegeben (Art. 98 EPÜ). Der Patentan-

---

[175] *Gruber/Zumbusch/Haberl/Oldekop*, S. 72 f.
[176] *Weickmann*, in: BeckOK PatentR, Art. 92 EPÜ Rn. 1.
[177] *Gruber/Zumbusch/Haberl/Oldekop*, S. 108.
[178] *Weickmann*, in: BeckOK PatentR, Art. 93 EPÜ Rn. 55.

melder erhält nun die Urkunde über das Europäische Patent[179]. Dieses ist aufgrund der vorangegangenen, vollumfänglichen Prüfung auch ein sog. Prüfpatent oder Prüfungsrecht[180]. Damit endet das Erteilungsverfahren.

2. Beschwerdeverfahren

Wird die Anmeldung hingegen zurückgewiesen, dann kann sich der Patentanmelder mit einer Beschwerde an die Beschwerdekammern des EPA (Art. 106 Abs.1 EPÜ) wenden und dort die ablehnende Entscheidung anfechten[181]. Das Beschwerdeverfahren wird – obwohl die Beschwerdekammern verwaltungsmäßig eine Einheit des Europäischen Patentamts sind[182] – nicht als ein rein verwaltungsrechtliches Verfahren angesehen. Dem Beschwerdeverfahren wird vielmehr überwiegend ein verwaltungsgerichtlicher Charakter und den Beschwerdekammern die Eigenschaft eines Gerichts zugeschrieben[183]. Demnach ist dieses Verfahren kein verwaltungsrechtliches Widerspruchsverfahren, welches lediglich an die Entscheidung der Prüfungsabteilung anknüpft. Vielmehr handelt es sich um ein davon losgelöstes Verfahren[184], in welchem die ablehnende Entscheidung der Prüfungsabteilung einer umfassenden inhaltlichen Überprüfung unterzogen wird. Die Entscheidung der Beschwerdekammern kann ihrerseits unter bestimmten Voraussetzungen auf Betreiben der am Beschwerdeverfahren Beteiligten (also insbesondere auf Betreiben des Patentanmelders) durch die Große Beschwerdekammer überprüft werden, Art. 112 a Abs. 1 EPÜ. Diese Überprüfung ist aber beschränkt auf die in Art. 112 a Abs. 2 EPÜ genannten Beschwerdegründe, die keine inhaltliche Kontrolle der Entscheidung der Beschwerdekammer ermöglichen, sondern lediglich das Auffinden von Verfahrensfehlern bezwecken.

Gemäß Art. 112 Abs. 1 EPÜ kann in einem vor einer Beschwerdekammer anhängigen Verfahren die Große Beschwerdekammer auch von Amts wegen oder auf Antrag eines Beteiligten mit einer Rechtsfrage befasst werden. Materiell

---

[179] Regel 74 Ausführungsordnung zum Europäischen Patentübereinkommen, BGBl. II 2007, S. 1199.
[180] Vgl. *Wohlmuth*, sic! 2015, 684, 685; vgl. *Adolphsen*, Rn. 448.
[181] Die Einlegung einer Beschwerde ist nicht nur gegen Entscheidungen der Prüfungsabteilungen, sondern auch gegen Entscheidungen der Eingangsstelle, der Einspruchsabteilungen sowie der Rechtsabteilungen zulässig, Art. 106 Abs. 1 EPÜ.
[182] *Pignatelli/Beckedorf/Kinkeldey*, in: Benkard EPÜ, Art. 21 Rn. 17.
[183] EPA G/91 – ABl. 1993, 356; *Pignatelli/ Beckedorf/Kinkeldey*, in: Benkard EPÜ, Art. 21 Rn. 15 ff. m.w.N.; zur Frage nach der richterlichen Unabhängigkeit der Mitglieder der Beschwerdekammer siehe *Vissel*, GRUR Int. 2019, 25 f.
[184] *Gruber/Zumbusch/Haberl/Oldekop*, S. 291.

muss hierfür die Beschwerdekammer die Befassung der Großen Beschwerdekammer zur Sicherung einer einheitlichen Rechtsanwendung für erforderlich halten oder sich eine Rechtsfrage von grundsätzlicher Bedeutung stellen.

3. Einspruchsverfahren

Ab der Veröffentlichung der Patenterteilung im Europäischen Patentblatt kann binnen einer Frist von neun Monaten jedermann gegen die Patenterteilung beim Europäischen Patentamt einen Einspruch einlegen (Art. 99 EPÜ). Die Einspruchsabteilungen des EPA sind – im Gegensatz zu den Beschwerdekammern im Beschwerdeverfahren – im rein verwaltungsrechtlichen Einspruchsverfahren in ihrer Prüfungskompetenz auf die in Art. 100 EPÜ genannten Einspruchsgründe beschränkt[185]. Sie prüfen also nur, ob eine mangelnde Patentfähigkeit nach Art. 52-57 EPÜ, eine unzureichende Offenbarung der Erfindung in der europäischen Patentanmeldung (Art. 83 EPÜ) oder aber eine unzulässige Erweiterung des Patents über die ursprüngliche Patentanmeldung hinaus i.S.d Art. 123 EPÜ vorliegt[186]. Das Verfahren endet entweder mit der Aufrechterhaltung oder der Aufrechterhaltung in geändertem Umfang oder dem Widerruf des erteilten Patents (Art. 101 EPÜ).

Ein Einspruch kann nicht auf einzelne Bestimmungsstaaten beschränkt werden, sondern erfasst gemäß Art. 99 Abs. 2 EPÜ alle Vertragsstaaten, für die das erteilte Europäische Patent Wirkung entfalten soll. Folglich trifft die Entscheidung der Einspruchsabteilung ebenfalls das gesamte angegriffene Europäische Patent. Es kann also nicht für einen Bestimmungsstaat aufrechterhalten werden, während es für einen anderen Bestimmungsstaat widerrufen wird. Wenn nur ein einheitlicher Prüfungsmaßstab durch die Einspruchsabteilungen angelegt wird, kann es auch keine aufgespaltene Entscheidung einer Einspruchsabteilung geben. Auch die Entscheidungen der Einspruchsabteilungen sind beschwerdefähig (Art. 106 EPÜ) und im Wege des „verwaltungsgerichtlichen" Beschwerdeverfahrens überprüfbar.

II. Vorteile eines einheitlichen Erteilungssystems

Fraglich ist, welche Vorteile ein solches System eines einheitlichen und zentralen Erteilungssystems gegenüber einer nationalen Patenterteilung durch eine nationale Patentbehörde aufweist, wenn das Europäische Patent für den Patent-

---

[185] *Schnekenbühl*, in: BeckOK PatentR Art. 99 EPÜ Rn. 3 ff.
[186] *Osterrieth*, Rn. 1209.

inhaber lediglich ein auf den jeweiligen Vertragsstaat begrenztes nationales Patent ist.

Ziel des EPÜ ist es, dem potentiellen Anmelder eines Patents zu ermöglichen, durch eine einzige Anmeldung in einer Sprache bei einer Behörde gleichzeitig mehrere nationale Patente erlangen zu können[187]. Der Anmelder muss sich nicht mehr in jedem einzelnen Staat mit der jeweiligen Erteilungsbehörde in der jeweiligen Landessprache auseinandersetzen. Europäische Patentanmeldungen können beim EPA grundsätzlich nur in dessen Amtssprachen Deutsch, Englisch oder Französisch eingereicht werden. Zumindest muss eine Übersetzung in einer der Amtssprachen nachgereicht werden, wenn die ursprüngliche Anmeldung in einer anderen Sprache erfolgt ist (Art. 14 Abs. 2 EPÜ)[188].

Neben der daraus folgenden Arbeitserleichterung für den Patentanmelder und für die Behörden folgt aus dem System auch eine Einheitlichkeit der Erteilungspraxis sowie eine gewisse Kostenersparnis. Bei einer Patentanmeldung muss nur noch einmal eine Beurteilung der materiellen Erteilungsvoraussetzungen vorgenommen und insbesondere nur ein einziger Recherchenbericht angefertigt werden. Sobald der Patentanmelder in mehr als drei europäischen Staaten den Patentschutz begehrt, übersteigen die von ihm bei einer Anmeldung in jedem einzelnen Mitgliedstaat zu zahlenden Gebühren die Kosten für die Anmeldung eines Europäischen Patents[189].

Auf der anderen Seite bietet das Einspruchsverfahren bei einem einheitlichen Erteilungsverfahren für den „Gegner" des Patents die – wenn auch zeitlich begrenzte – Möglichkeit, dieses in einem einzigen Verfahren vor einer einzigen Behörde wieder zu vernichten oder einschränken zu lassen. Auch für diesen sind also mit einem einheitlichen Erteilungsverfahren Arbeits-, Zeit- und Kostenaufwandsersparnis verbunden.

Die genannten Vorteile gelten für den Patentanmelder indes nur eingeschränkt. Denn in Art. 65 EPÜ wurde den Vertragsstaaten des EPÜ für den Fall, dass die Anmeldung nicht in der Amtssprache des jeweiligen Vertragsstaats vorgelegt wurde, die Möglichkeit eröffnet, die Wirkung des Europäischen Patents von Anfang an als nicht eingetreten zu betrachten. So tritt die Wirkung des Patents gemäß Art. 65 Abs. 3 EPÜ nicht ein, wenn nicht eine entsprechende Übersetzung der europäischen Patentschrift in die jeweilige Amtssprache der national zuständigen Behörde vorgelegt worden ist. Diese muss binnen einer dreimonatigen oder einer von den Staaten bestimmten längeren Frist nach der Bekannt-

---

[187] *Haertel*, GRUR Int. 1987, 423, 423.
[188] *Osterrieth*, Rn. 1175.
[189] *Laubinger*, S. 9 f.

machung des Hinweises auf die Erteilung des Europäischen Patents oder auf die Aufrechterhaltung des Europäischen Patents in geändertem Umfang im Europäischen Patentblatt erfolgen.

Von dieser Befugnis hat ein Großteil der EPÜ-Staaten Gebrauch gemacht[190], so dass ein EU-Patent, um tatsächlich die Wirkung eines nationalen Patents – wie ursprünglich vorgesehen – zu erhalten, doch von der Übersetzung in die jeweilige Landessprache abhängig gemacht wurde. Das Europäische Patent musste also in aller Regel nochmals „validiert" werden[191].

Mithilfe des sogenannten Londoner Übereinkommens, welches am 01.05.2008 in Kraft trat, versuchte man sich – um die Sprachenfrage zu vereinheitlichen – auf die Amtssprachen des EPA zu konzentrieren und damit die Kosten zur Erfüllung des Übersetzungserfordernisses zu reduzieren[192]. Das Londoner Übereinkommen (LÜ) sieht in Art. 1 Abs. 1 den Verzicht der EPÜ-Vertragsstaaten auf eine Übersetzung in die jeweilige Amtssprache vor, wenn das Europäische Patent für einen Staat erteilt worden ist, in dem eine der EPA-Sprachen, also Englisch, Französisch und Deutsch, Amtssprache ist. Wenn dies nicht der Fall ist, soll gemäß Art. 1 Abs. 2 LÜ eine vollständige Übersetzung der Patentschrift in die jeweilige Amtssprache nur erforderlich sein, wenn das Patent nicht in der vom jeweiligen Vertragsstaat vorgeschriebenen Amtssprache des EPA vorliegt[193]. Damit wird das Übersetzungserfordernis für Staaten, in denen nicht Englisch, Französisch oder Deutsch Amtssprache ist, auf eine Übersetzung in eine der von diesen Ländern gewählten Amtssprache des EPA beschränkt. Es bleibt diesen Ländern aber gemäß Art. 1 Abs. 3 LÜ vorbehalten, zumindest eine Übersetzung der Patentansprüche in die eigene Landessprache zu verlangen.

Von den 34 EPÜ-Vertragsstaaten sind dem LÜ jedoch bislang lediglich 17 Vertragsstaaten beigetreten[194], so dass eine Reduzierung der Übersetzungskosten und eine dadurch bedingte und beabsichtigte Steigerung der Attraktivität eines Europäischen Patents nur bedingt eingetreten ist. Die Durchschnittskosten

---

[190] Für eine Übersicht über die nationalen Regelungen bezüglich der Übersetzungserfordernisse siehe EPA, Nationales Recht zum EPÜ, S. 140 ff., abrufbar unter: http://documents.epo.org/projects/babylon/eponet.nsf/0/1790181BAB948C98C12583690052CE79/$File/National_law_relating_to_the_EPC_19th_edition_de.pdf, zuletzt aufgerufen am 27.08.2019.
[191] *Smielick*, in: MünchAnwH, § 39 Rn. 139.
[192] *Adolphsen*, Rn. 71.
[193] *Osterrieth*, Rn. 179.
[194] Zur übersicht des aktuellen Stands der Beitritts- und Ratifizierungsverfahren siehe: https://www.epo.org/law-practice/legal-texts/london-agreement/status_de.html, zuletzt aufgerufen am 27.08.2019.

für ein Europäisches Patent für alle 27 Vertragsstaaten beliefen sich im Jahr 2012 auf 36.000 €, wovon ein Betrag in Höhe von 23.000 € allein auf die erforderlichen Übersetzungskosten entfiel[195].

C. Gerichtliche Durchsetzung eines Europäischen Patents

I. Patentstreitsachen

Mit der Erteilung des Europäischen Patents durch das EPA erlangt der Patentinhaber in jedem Vertragsstaat, für den es erteilt ist, dieselben Rechte, die ihm ein in diesem Staat erteiltes nationales Patent gewähren würde (Art. 64 Abs. 1 EPÜ). Bezogen auf die Bundesrepublik Deutschland gewährt das Europäische Patent gemäß § 9 PatG dem Patentinhaber das Recht, seine Erfindung zu nutzen und jedem Dritten die Nutzung zu verbieten[196]. Es wird daher auch hier vornehmlich darum gestritten, ob dem Patentinhaber das Patent zu Recht erteilt oder ob das Patent des Patentinhabers unbefugt benutzt also verletzt wurde. Es kann bei Patentstreitsachen um Europäische Patente, wie auch bei nationalen Patenten, mithin zunächst zwischen Streitigkeiten um den Bestand und der Verletzung unterschieden werden[197].

1. Das Nichtigkeitsverfahren

Nachdem das Europäische Patent erteilt ist, kann dieses nur auf zwei Arten wieder beseitigt werden.

Zum einen kann, wie bereits beschrieben[198], innerhalb von neun Monaten nach der gemäß Art. 97 Abs. 4 EPÜ vorzunehmenden Bekanntmachung der Erteilung im Europäischen Patentblatt gemäß Art. 99 Abs. 1 EPÜ beim EPA Einspruch gegen das Europäische Patent eingelegt werden. Die beim EPA eingerichteten Einspruchsabteilungen prüfen im Rahmen des Einspruchsverfahrens, ob einer der Einspruchsgründe des Art. 100 EPÜ vorliegt und entscheiden, ob das erteil-

---

[195] Mitteilung des Europäischen Parlaments „The new EU unitary patent - Q&A" vom 06.12.2012, abrufbar unter: http://www.europarl.europa.eu/sides/getDoc.do?type=IM-PRESS&reference=20121205BKG57397&language=DE#title4, zuletzt aufgerufen am 27.08.2019.
[196] *Osterrieth/Henke*, in: Benkard EPÜ Art. 64 EPÜ Rn. 2.
[197] *Adolphsen*, Rn. 124 ff.
[198] Siehe oben, S. 43.

te Patent widerrufen oder der Einspruch zurückgewiesen wird[199]. Die das Einspruchsverfahren abschließende Entscheidung kann durch die Einlegung einer Beschwerde vor den Beschwerdekammern des EPA gemäß Art. 106 ff. EPÜ angefochten werden.

Zum anderen soll ein Europäisches Patent gemäß Art. 138 Abs. 1 EPÜ auch in einem Nichtigkeitsverfahren einer weiteren Überprüfung unterzogen werden können. Wie ein solches Nichtigkeitsverfahren ausgestaltet wird, ist den einzelnen Vertragsstaaten überlassen[200]. So schreibt das EPÜ auch keine Subsidiarität eines nationalen Nichtigkeitsverfahrens gegenüber einem noch möglichen oder bereits anhängigen Einspruchsverfahren vor[201]. Es ist nach dem EPÜ damit keine zwingende Voraussetzung, ein Einspruchsverfahren vor der EPA durchzuführen, bevor ein nationales Nichtigkeitsverfahren angestrengt werden kann.

In Deutschland hat man sich dafür entschieden, das Nichtigkeitsverfahren bezüglich Europäischer Patente als gerichtliches Klageverfahren auszugestalten. Dieses ist aber erst nach Ablauf der Einspruchsfrist und nicht bei einem noch anhängigen Einspruchsverfahren zulässig (§ 81 Abs. 2 PatG). Die Nichtigkeitsklage gemäß § 81 PatG bezweckt eine nachträgliche Überprüfung der Erteilungsvoraussetzungen[202] und kann im Erfolgsfall zu einer Vernichtung des angegriffenen nationalen Teils des Europäischen Bündelpatents[203] mit rückwirkender Kraft führen[204]. Allerdings hat das Gericht dabei nur die abschließenden Nichtigkeitsgründe des Art. 138 EPÜ zu prüfen[205]. Art. 138 EPÜ wird vom angerufenen nationalen Gericht nicht direkt angewandt. Zur Anwendung kommen die auf diesen Übereinkommensklauseln beruhenden jeweiligen nationalen Regelungen. In Deutschland haben die Klauseln ihre Umsetzung in Art. II § 6 IntPatÜbkG gefunden[206]. Daher ist das nationale Gericht in der Anwendung des nationalen Rechts weder an den durch das EPA angewendeten Prüfungsmaßstab noch an dessen Entscheidungen, geschweige denn an die Entscheidungen der Gerichte anderer Vertragsstaaten, gebunden. Das nationale Gericht ist lediglich gehalten, entsprechende Entscheidungen zu berücksichtigen[207].

---

[199] *Ahrens*, in: Pierson/Ahrens/Fischer, S. 159 f.
[200] *Scharen*, in: Benkard EPÜ, Art. 138 Rn. 32.
[201] *Scharen*, in: Benkard EPÜ, Art. 138 Rn. 33.
[202] *Luginbühl/Stauder*, in: Singer/Stauder, Art. 138 Rn. 7.
[203] Siehe oben, S. 13.
[204] *Haedicke*, S. 276.
[205] *Scharen*, in: Benkard EPÜ, Art. 138 Rn. 6.
[206] Einsele, in: BeckOK PatentR, Art. II § 6 IntPatÜbkG Rn. 1.
[207] *Luginbühl/Stauder*, in: Singer/Stauder, Art. 138 Rn. 20.

2. Das Verletzungsverfahren

Während das Nichtigkeitsverfahren dem Zweck dient, auf Betreiben eines Dritten ein erteiltes Patent mit ex tunc-Wirkung entfallen zu lassen, kann sich ein Patentinhaber mittels eines Verletzungsverfahrens etwaiger Eingriffe in seine aus dem erteilten Patent resultierenden Rechte erwehren.

Art. 64 Abs. 1 EPÜ bestimmt, dass das Europäische Patent dieselben Rechte in dem jeweiligen Bestimmungsstaat gewährt wie ein nationales Patent jenes Bestimmungsstaates. Damit wird gleichzeitig festgelegt, dass die Verletzung des Europäischen Patents im Bestimmungsstaat nach dem nationalen Recht des Bestimmungsstaates zu beurteilen ist. Welche Benutzungshandlungen einem Dritten im Einzelnen ohne Zustimmung des Patentinhabers für ein erteiltes Europäisches Patent verboten sind, wird aufgrund seines Bündelcharakters folglich wie für ein nationales Patent definiert. Für Deutschland findet sich die Definition der verbotenen bzw. zustimmungsbedürftigen Benutzungshandlungen in §§ 9-13 PatG.

Aus Art. 64 Abs. 1 EPÜ folgt aber nicht nur, dass die Voraussetzungen einer Patentverletzung durch das nationale Recht des Bestimmungsstaates geregelt werden, sondern dass darüber hinaus auch die Rechtsfolgen der Verletzung des Europäischen Patents nach dem nationalen Recht zu beurteilen sind (lex loci protectionis = Schutzlandprinzip)[208]. Auch hier folgen die Regelungen also weiterhin dem bereits erläuterten Territorialitätsprinzip[209]. Die aus einer Patentverletzung resultierenden Rechtsfolgen finden sich für die Bundesrepublik Deutschland vornehmlich in den §§ 139 ff. PatG[210].

Der Patentinhaber kann in materiellrechtlicher Hinsicht zunächst die Unterlassung der rechtsverletzenden Handlung verlangen (§ 139 Abs. 1 PatG). Gleichzeitig steht ihm die Möglichkeit offen, gemäß § 140 a PatG die Vernichtung der auf der Patentverletzung beruhenden Erzeugnisse zu verlangen. Die aus der Patentverletzung resultierenden Schäden hat der Patentverletzer gemäß § 139 Abs. 2 PatG zu ersetzen und eine etwaig entstandene Bereicherung gemäß §§ 141 a PatG, 812 ff. BGB herauszugeben[211]. Zur besseren Durchsetzung der genannten Ansprüche sieht § 140 b PatG auch einen Auskunftsanspruch über die Herkunft und den Vertriebsweg der benutzten patentverletzenden Erzeugnisse vor[212]. Gemäß § 140 c PatG hat der Patentinhaber gegenüber einem poten-

---

[208] *Luginbühl*, in: Singer/Stauder, Art. 64 Rn. 4.
[209] Siehe oben, S. 7.
[210] *Mes*, § 139 PatG Rn. 1.
[211] *Grabinski/Zülch*, in: Benkard PatG, § 139 Rn. 14, 82 ff.
[212] *Kraßer/Ann*, § 35 Rn. 21 f.

ziellen Patentverletzer auch einen Anspruch auf Vorlage von Urkunden sowie auf Besichtigung.

Gegenstand eines Patentverletzungsverfahrens kann auch ein Anspruch auf angemessene Entschädigung sein. Ab der Offenlegung der Patentanmeldung im Patentblatt im Erteilungsverfahren (§ 31 PatG) aber bereits vor der endgültigen Erteilung kann ein Anmelder eines nationalen deutschen Patents unter den Voraussetzungen des § 33 PatG eine angemessene Entschädigung für eine unbefugte Benutzung verlangen. Entsprechendes gilt gemäß Art. II § 1 Abs. 1 IntPatÜbkG für den künftigen Inhaber eines Europäisches Patents, dessen Erteilung für den Vertragsstaat Deutschland beantragt wurde, ab Offenlegung der Patentanmeldung im Europäischen Patentblatt[213].

Art. 67 EPÜ gewährt einer europäischen Anmeldung vom Tag ihrer Veröffentlichung an in den benannten Vertragsstaaten den einstweiligen Schutz eines bereits erteilten Europäischen Patents. Allerdings bleibt es den Vertragsstaaten vorbehalten, den einstweiligen Schutz, der grundsätzlich dem Schutzumfang eines bereits erteilten Patents gleichstehen soll, zu beschränken (Art. 67 Abs. 2 EPÜ). Alle Vertragsstaaten des EPÜ haben von dieser Befugnis Gebrauch gemacht, so dass in keinem der Vertragsstaaten bereits die Patentanmeldung den gleichen Schutzumfang bietet wie ein bereits erteiltes Patent[214]. Das deutsche Recht gewährt gemäß Art. II § 1 IntPatÜbkG nur den Anspruch auf angemessene Entschädigung, während dem Patentanmelder etwa in Polen sogar ein Unterlassungsanspruch zustehen kann[215]. Wenn die Europäische Patentanmeldung nicht in deutscher Sprache veröffentlicht wurde, ist ein Entschädigungsanspruch erst ab dem Tag begründet, an dem eine vom Patentanmelder eingereichte deutsche Übersetzung der Patentansprüche vom DPMA veröffentlicht worden ist oder der Anmelder eine solche Übersetzung dem Benutzer der Erfindung übermittelt hat (Art. II § 1 Abs. 2 IntPatÜbkG)[216].

Nicht nur diese materiellen Fragen der Verletzung eines Patents und ihrer Rechtsfolgen, sondern auch der Ablauf des Verletzungsverfahrens folgen gemäß Art. 64 Abs. 3 EPÜ den nationalen Rechtsordnungen, also dem Verfahrensrecht des jeweils angerufenen nationalen Gerichts[217]. Das Verletzungsverfahren unterliegt also nach dem EPÜ dem nationalen Verfahrensrecht, ebenso wie die materiellen Voraussetzungen und Rechtsfolgen einer Patentverletzung dem nationalen Recht zu entnehmen sind. Die Rechtsfolgen

---

[213] *Kraßer/Ann*, § 37 Rn. 1 f.
[214] *Osterrieth*, in: Benkard EPÜ Art. 67, Rn. 15.
[215] *Luginbühl*, in: Singer/Stauder, Art. 67 Rn. 7 ff.
[216] *Mes*, § 33 PatG Rn. 2.
[217] *Osterrieth/Henke*, in: Benkard EPÜ, Art. 64 Rn. 29.

sind durch das IntPatÜbkG nur teilweise angeglichen. Ein Verletzungsverfahren betreffend eines Europäischen Patents wird damit insgesamt ausschließlich nach nationalem Recht beurteilt. Dabei können das anzuwendende materielle Recht und das formelle Recht je nach Bestimmungsstaat und befasstem Gericht auseinanderfallen und nicht zwingend nur einer einzigen nationalen Rechtsordnung zu entnehmen sein[218].

3. Weitere Patentstreitsachen

§ 143 PatG definiert den Begriff der Patentstreitsachen als alle Klagen, durch die ein Anspruch aus einem der im Patentgesetz geregelten Rechtsverhältnisse geltend gemacht wird. Er umfasst damit nicht nur die zuvor angeführten Patentnichtigkeits- und Patentverletzungsverfahren. Die ständige Rechtsprechung legt den Begriff der Patentstreitsachen über den Wortlaut hinaus weit aus und zählt alle vermögensrechtlichen und nicht vermögensrechtlichen Streitigkeiten, die „einen Anspruch auf eine Erfindung oder aus einer Erfindung zum Gegenstand haben oder sonst wie mit einer Erfindung eng verknüpft sind", dazu[219]. Damit fallen auch diese – der Zuständigkeitszuweisung des § 143 PatG folgend – in Deutschland in die Zuständigkeit der landgerichtlichen Zivilkammern. Gemäß Art. II § 10 Abs. 2 IntPatÜbkG gilt dies auch bezüglich Europäischer Patente.

Sowohl die Zuständigkeitszuweisung an die Landgerichte mit den spezialisierten Patentstreitkammern als auch die Zulassung von Patentanwälten verfolgen ein bestimmtes Ziel. Alle an einem Patentrechtsstreit Beteiligten sollen über den für die Rechtsfindung technisch notwendigen Sachverstand verfügen. Zweck des § 143 PatG ist es zu „gewährleisten, dass sowohl das Gericht als auch die zur Vertretung einer Partei berufenen und die bei der Prozessvertretung mitwirkenden Anwälte über den Sachverstand verfügen, um die technische Lehre einer Erfindung und die für ihr Verständnis und die Bestimmung ihrer Reichweite maßgeblichen tatsächlichen Umstände erfassen und beurteilen zu können"[220].

Diese technischen Kenntnisse können jedoch nicht nur bei der Geltendmachung von Ansprüchen aus dem PatG zweckmäßig sein. Sie können unter anderem auch bei der Klärung einer Patentvindikationsklage, bei Klagen aus dinglichen

---

[218] Siehe unten, S. 72 f.
[219] BGH, Urteil vom 22.06.1954, Az.: I ZR 225/53, BGHZ 14, 72 = GRUR 1955, 83, 85; BGH, Beschluss vom 22.02.2011, Az.: X ZB 4/09, GRUR 2011, 662, 663; BGH, Beschluss vom 20.03.02013, Az.: X ZB 15/12, GRUR 2013, 756.
[220] BGH, Beschluss vom 22.02.2011, Az.: X ZB 4/09, GRUR 2011, 662, 663.

Rechten an einem Patent[221] und vor allem auch bei Klagen, mit welchen Ansprüche aus einem auf einem Patent beruhenden Vertrag (bsp. Lizenzverträge) geltend gemacht werden[222], von Vorteil sein. Dass auch Arbeitnehmererfindungssachen grundsätzlich zu den Patentstreitsachen i.S.d. § 143 PatG zu zählen sind, wird in § 39 ArbErfG explizit normiert.

Aufgrund der an den teleologischen Gesichtspunkten orientierten weiten Auslegung des Begriffs der Patentstreitsachen scheiden also nur solche Rechtsstreitigkeiten aus, bei welchen das streitige Rechtsverhältnis nicht direkt im PatG geregelt ist und bei denen der zur Verfügung stehende besondere Sachverstand bei Gerichten und Parteivertretern bei summarischer Betrachtung zur Klärung der Streitigkeit zweifelsfrei nicht erforderlich ist[223]. Nicht unter den Begriff der Patentstreitsache fallen Klagen, in denen das Verständnis der Erfindung offenkundig keine Rolle spielt[224], wie beispielsweise bei der Geltendmachung eines vertraglichen Anspruchs auf Übertragung des Patents[225].

Festzuhalten ist allerdings, dass es auf europäischer Ebene bislang keine Legaldefinition der „Patentstreitigkeiten" gibt. Da sich das Patentrecht aus dem nationalen Recht herleitet, ist eine europäische Legaldefinition bislang auch nicht notwendig. Auch wenn ein Europäisches Patent in Streit steht, unterfallen die weiteren Patentstreitsachen im Sinne des § 143 PatG den nationalen Rechtsordnungen.

II. Das Streitregelungssystem des EPÜ

Die gerichtliche Klärung von Patentstreitigkeiten um ein Europäisches Patent ist mangels eines international für Patentstreitigkeiten zuständigen Gerichts bislang den nationalen Rechtsordnungen und damit den Gerichten der Mitgliedstaaten des EPÜ überlassen[226]. Dabei richtet sich die Durchsetzung Europäischer Patente aufgrund der bereits erörterten Rechtsnatur als Bündelpatente[227] nach der Durchsetzung der nationalen Patente in den jeweiligen Vertragsstaaten.

Die sich aus diesem Umstand ergebenden Unterschiede in der Durchsetzung eines Europäischen Patents sollen nachfolgend beispielhaft anhand der Streitre-

---

[221] Siehe Liste von Beispielen von Patentstreitsachen bei *Rinken*, in: Schulte, § 143 PatG Rn. 9.
[222] *Grabinski/Zülch*, in: Benkard PatG, § 143 Rn. 4.
[223] BGH, Beschluss vom 22.02.2011, Az.: X ZB 4/09, GRUR 2011, 662, 663.
[224] BGH, Beschluss vom 20.03.2013, Az.: X ZB 15/12, NJW 2013, 2440, 2441.
[225] *Grabinski/Zülch*, in: Benkard PatG, § 143 Rn. 4.
[226] *Schneider*, S. 126.
[227] Siehe oben, S. 39.

gelungssysteme der drei zwingenden Ratifikationsstaaten des EPGÜ Deutschland, Frankreich und das Vereinigte Königreich aufgezeigt werden[228]. Die Darstellung beschränkt sich dabei bezüglich des Vereinigten Königreichs auf das Streitregelungssystem in England. Zusätzlich soll die Schweiz als EPÜ-Mitgliedstaat und gleichzeitig Nichtmitglied der EU beispielhaft herangezogen werden.

1. Nationale Streitregelungssysteme

a. Deutschland

aa. Trennungsprinzip

In Deutschland ist, wie bereits erwähnt[229], strikt zwischen einem Nichtigkeitsverfahren und anderen Patentstreitsachen, insbesondere auch einem Patentverletzungsverfahren zu unterscheiden[230]. Während ein Nichtigkeitsverfahren erstinstanzlich in die ausschließliche Zuständigkeit des Bundespatentgerichts (BPatG) fällt (§§ 65 Abs. 1, 81 ff. PatG), ist ein Patentverletzungsverfahren nach § 143 Abs. 2 PatG ohne Rücksicht auf den Streitwert stets vor den Zivilkammern der Landgerichte anhängig zu machen.

(1) Nichtigkeitsverfahren

Das in München ansässige BPatG entscheidet erstinstanzlich über Klagen, die auf die Nichtigerklärung von nationalen Patenten gerichtet sind, und über Nichtigkeitsklagen gegen Europäische Patente mit Geltung in der Bundesrepublik Deutschland[231]. Das BPatG ist ein selbständiges und unabhängiges Bundesgericht (Art. 65 Abs. 1 S. 1 PatG), welches aber im Rang einem Oberlandesgericht gleichgestellt ist[232]. Am BPatG werden die Zuständigkeiten zwischen den Beschwerdesenaten und den Nichtigkeitssenaten aufgeteilt (§ 66 Abs. 1 PatG).

Die Beschwerdesenate entscheiden im hier ausgeblendeten Beschwerdeverfahren über die gegen die Entscheidungen des DPMA gerichteten Beschwerden[233]. Sie sind also insbesondere für Verfahren zuständig, in denen eine rechtswidrige

---

[228] Siehe oben, S.18 f.
[229] Siehe oben, S. 25.
[230] *Schneider*, S. 130 f.
[231] *Haedicke*, S. 276.
[232] *Haedicke*, S. 276.
[233] *Ahrens*, in: Pierson/Ahrens/Fischer, S. 114.

Versagung einer nationalen Patenterteilung durch das DPMA geltend gemacht wird[234].

Die Nichtigkeitssenate entscheiden allerdings nicht nur über Nichtigkeitsklagen, sondern auch über Streitigkeiten in Zwangslizenzverfahren. Hierzu zählen gemäß § 85 PatG Klagen auf Erteilung oder Rücknahme einer Zwangslizenz, Klagen wegen Anpassung der durch Urteil festgesetzten Vergütung für eine Zwangslizenz und Anträge auf den Erlass einer einstweiligen Verfügung.

Die Nichtigkeitssenate sind mit jeweils fünf Richtern besetzt: einem rechtskundigen Mitglied als Vorsitzenden, einem weiteren rechtskundigen Mitglied und drei technischen Mitgliedern[235]. In allen übrigen Verfahren setzt sich das Entscheidungsgremium aus drei Richtern zusammen, unter denen sich mindestens ein rechtskundiges Mitglied befinden muss (§ 67 PatG). In der Regel besteht die Dreierbesetzung aus zwei rechtskundigen Mitgliedern und einem technischen Mitglied[236].

Die Rechtsstreitigkeiten werden nach den Zuständigkeiten der technischen Beschwerdesenate und damit im Ergebnis nach den IPC-Klassen[237] zwischen den derzeit bestehenden sechs Nichtigkeitssenaten aufgeteilt. Jedem Nichtigkeitssenat wird damit ein anderes technisches Fachgebiet zugeordnet. Die Besetzung der jeweiligen Spruchkörper mit den technischen Mitgliedern erfolgt im Geschäftsverteilungsplan des BPatG durch einen Verweis auf die technischen Mitglieder der technischen Beschwerdesenate, zu deren jeweiligem Geschäftsbereich das technische Fachgebiet (IPC-Klasse) gehört, dem der Gegenstand des Streitpatents zugewiesen ist[238]. Die technischen Mitglieder des entscheidenden Spruchkörpers sind mithin identisch mit den Mitgliedern des technischen Beschwerdesenates, dem das einschlägige technische Fachgebiet zugewiesen ist. Damit wird nicht nur den Anforderungen an den gesetzlichen Richter gemäß Art. 101 GG Genüge getan, sondern auch gewährleistet, dass die technischen Mitglieder des Senates über die notwendigen spezifischen Kenntnisse in dem betroffenen Fachgebiet verfügen.

Gegen ein Urteil des Nichtigkeitssenats ist die Berufung zum BGH statthaft (§ 110 Abs. 1 PatG). Der X. Zivilsenat entscheidet in der Besetzung von fünf

---

[234] *Kubis*, in: BeckOK PatentR, § 73 PatG Rn. 6.
[235] Zu den Begriffen der rechtskundigen und technischen Mitglieder siehe Legaldefinition in § 65 Abs. 2 S. 2 PatG.
[236] *Püschel*, in: Schulte, § 67 PatG Rn. 10 f.
[237] Siehe unten, S.137 f.
[238] Geschäftsverteilung des Bundespatentgerichts für das Geschäftsjahr 2019, abrufbar unter: https://www.bundespatentgericht.de/SharedDocs/Downloads/DE/dasGericht/geschaeftsverteilung.pdf?blob=publicationFile&v=11, zuletzt aufgerufen am 27.08.2019.

Berufsrichtern über die anhängig gemachten Berufungsverfahren[239]. Das BPatG ist im Rechtsweg folglich dem BGH untergeordnet und insoweit der ordentlichen Gerichtsbarkeit zugehörig.

Dies ist insoweit erstaunlich, als dass das BPatG im Nichtigkeitsverfahren letztlich über den Bestand eines begünstigenden Verwaltungsaktes entscheidet[240]. Eine Zuordnung zur Verwaltungsgerichtsbarkeit wäre insoweit naheliegend gewesen[241]. Gegen die Zuordnung der Patentstreitigkeiten zur Verwaltungsgerichtsbarkeit sprach jedoch die fehlende Nähe der Verwaltungsgerichtsbarkeit zu der betreffenden Materie. Es wurde eine Überforderung der Verwaltungsgerichtsbarkeit befürchtet[242]. Der sachliche Zusammenhang von Patentstreitigkeiten zu bürgerlich-rechtlichen Streitigkeiten[243] sprach für die Zuordnung zur Zivilgerichtsbarkeit.

Die Nichtigkeitsklage ist gemäß § 81 Abs. 1 S. 2 PatG auch nicht gegen die Erteilungsbehörde zu richten. Richtiger Beklagter einer Nichtigkeitsklage ist die im Register als Patentinhaber eingetragene Person. Ausschließlich der eingetragene Pateninhaber ist als Beklagter prozessführungsbefugt[244]. Eine gegen die Erteilungsbehörde gerichtete Nichtigkeitsklage wäre abzuweisen.

Wie im Verwaltungsverfahren vor einem Verwaltungsgericht (§ 86 Abs. 1 S. 1 VwGO) herrscht allerdings auch im Verfahren vor dem BPatG gemäß § 87 Abs. 1 S. 1 PatG der Amtsermittlungs- bzw. Untersuchungsgrundsatz[245] und nicht der sonst im Zivilverfahren uneingeschränkt herrschende Beibringungsgrundsatz. Gemäß § 87 Abs. 1 PatG hat das BPatG den Sachverhalt von Amts wegen zu erforschen und ist weder an das Vorbringen noch an die Beweisanträge der Verfahrensbeteiligten gebunden.

Der Untersuchungsgrundsatz wird indes durch Mitwirkungs- und Förderungspflichten sowie Darlegungslasten der Parteien zugunsten des Beibringungsgrundsatzes relativiert. Auch im Nichtigkeitsverfahren vor dem BPatG ist es zuvorderst Aufgabe Klägers, die Fakten, Einwendungen und Beanstandungen vorzutragen, auf die er sein Klagebegehren stützt. Er muss die wesentlichen Tatsachen und das Ziel seines Rechtsschutzbegehrens darlegen[246]. Das BPatG hat einen unvollkommenen Sachvortrag nicht durch Amtsermittlung zu vervoll-

---

[239] *Schneider*, S. 153.
[240] Vgl. *Haedicke*, S. 277.
[241] *van Hees/Braitmeyer*, S. 11.
[242] *Pitz*, GRUR 1995, 231, 234.
[243] *Mes*, GRUR 2001, 584, 584 f.
[244] *Schnekenbühl*, in: BeckOK PatentR, § 81 PatG Rn. 31.
[245] *Püschel*, in: Schulte, § 87 PatG Rn. 4.
[246] *Schäfers*, in: Benkard, § 87 PatG Rn. 2d.

ständigen[247]. Es nimmt bei seiner Sachverhaltsfeststellung den Parteivortrag als Ausgangspunkt. Ohne Anhaltspunkte auf einen bestimmten Sachverhalt muss nicht in jegliche nur denkbare Richtung ermittelt werden[248]. Die Amtsermittlungspflicht findet folglich dort ihre Grenzen, wo die Parteien nicht ihrer Mitwirkungspflicht genügen, ihre Angriffe hinreichend substantiiert vorzutragen[249].

Im Patentnichtigkeitsberufungsverfahren ist zudem zu beachten, dass aufgrund der ausdrücklichen Anordnung der Geltung der strengen Präklusionsvorschriften des Zivilprozesses in § 117 PatG der Amtsermittlungsgrundsatz auch dort im Wesentlichen gegenstandslos ist[250]. Die Verweisung auf §§ 529, 530 und § 531 ZPO führt dazu, dass der BGH als Berufungsinstanz grundsätzlich an die Tatsachenfeststellungen des BPatG gebunden ist[251]. Für den BGH als Berufungsinstanz im Patentnichtigkeitsverfahren gelten mithin dieselben Vorschriften wie für jedes andere Berufungsgericht im Zivilprozess.

Im Vergleich zu einem verwaltungsgerichtlichen Verfahren ist zu erkennen, dass auch ein „unreiner" Amtsermittlungsgrundsatz[252] bereits in § 86 Abs. 1 S. 1 VwGO angelegt ist. Auch dort „sind" die Beteiligten des Verfahrens zur Sachverhaltsermittlung „heranzuziehen", wodurch eine Mitwirkungspflicht der Parteien begründet wird[253]. Ein entscheidender Unterschied vom zivilgerichtlichen Patentnichtigkeitsverfahren zu einem hypothetischen verwaltungsgerichtlichen Verfahren liegt hierin demnach nicht.

Im Ergebnis wirkt sich also die Zuweisung von Nichtigkeitsklagen statt zur Verwaltungsgerichtsbarkeit zur Zivilgerichtsbarkeit zumindest verfahrensrechtlich kaum aus. Etwas anderes gilt nur für den zu beschreitenden Instanzenzug.

(2) Patentverletzungsverfahren und weitere Patentstreitsachen

§ 143 Abs. 1 PatG weist Patentstreitsachen und damit insbesondere auch Patentverletzungsverfahren der ausschließlichen sachlichen Zuständigkeit der Landgerichte zu. Die Bundesländer haben von der ihnen in § 143 Abs. 2 PatG eingeräumten Befugnis Gebrauch gemacht und Patentstreitsachen durch Rechtsverordnung für mehrere Landgerichtsbezirke jeweils einem bestimmten Landgericht zugewiesen. Derzeit bestehen in Deutschland daher zwölf Patent-

---

[247] *Schnurr*, in: BeckOK PatentR, § 87 PatG Rn. 4.
[248] *Schnurr*, in: BeckOK PatentR, § 87 PatG Rn. 4.
[249] BGH, Beschluss vom 28.04.1999, Az.: X ZB 12/98, GRUR 1999, 920, 922.
[250] *Kubis*, in: BeckOK PatentR, Vorbemerkungen zu § 110 PatG Rn. 6.
[251] *Kubis*, in: BeckOK PatentR, § 117 PatG Rn. 3.
[252] *Schnurr*, in: BeckOK PatentR, § 87 PatG Rn. 2.
[253] *Breunig*, in: BeckOK VwGO, § 86 Rn. 1.

streitkammern[254]. Die örtliche Zuständigkeit der Patentstreitkammern folgt aus §§ 12 ff. ZPO[255]. Die Patentstreitkammern entscheiden über die Patentverletzungsklagen in der Besetzung von drei Berufsrichtern (§ 348 Abs. 1 Nr. 2 k ZPO).

Gegen die Urteile der Patentstreitkammern ist wie in allen anderen Zivilverfahren die Einlegung des Rechtsmittels der Berufung nach §§ 511 ff. ZPO zulässig[256]. Gegen die Berufungsentscheidungen der Oberlandesgerichte ist das Rechtsmittel der Revision beim BGH unter den Voraussetzungen der §§ 542 ff. ZPO gegeben.

Da die Patentverletzungsverfahren einem Zivilverfahren angeglichen sind, gilt hier im Gegensatz zum Nichtigkeitsverfahren nicht der (eingeschränkte) Amtsermittlungs-, sondern grundsätzlich der Beibringungsgrundsatz[257].

bb. Konsequenzen

Obwohl in den unteren Instanzen zwischen Nichtigkeits- und Patentverletzungsverfahren die Rechtswege getrennt sind, wird die Einheitlichkeit der Rechtsprechung durch die Zusammenführung der beiden Verfahren in der letzten Instanz vor dem BGH gewährleistet[258]. Aufgrund der ausschließlichen Zuständigkeit des BPatG für Nichtigkeitsklagen ist es aber dem Beklagten eines Verletzungsprozesses vor der Patentstreitkammer eines Landgerichts verwehrt, sich mit einem Nichtigkeitseinwand gegen die Klage zu verteidigen oder den Bestand des Patents im Wege der Widerklage zum Gegenstand des Verletzungsprozesses zu machen[259].

---

[254] LG Mannheim (Baden-Württemberg), LG München I und LG Nürnberg-Fürth (Bayern), LG Berlin (Berlin, Brandenburg), LG Hamburg (Bremen, Hamburg, Schleswig-Holstein), LG Frankfurt a. M. (Hessen, Rheinland-Pfalz), LG Braunschweig (Niedersachsen), LG Düsseldorf (Nordrhein-Westfalen), LG Leipzig, (Sachsen), LG Magdeburg (Sachsen-Anhalt), LG Erfurt (Thüringen), LG Saarbrücken (Saarland); *Osterrieth*, Rn. 1067.
[255] *Schneider*, S. 134.
[256] *Schneider*, S. 146.
[257] *Greger*, in: Zöller, Vor § 128 ZPO Rn. 2; allerdings werden die Beibringungs- und Beweislastregeln im Falle des § 139 Abs. 3 PatG zugunsten des Patentinhabers durchbrochen, *Grabinski/Zülch*, in: Benkard PatG § 139, Rn. 119.
[258] *Liedl*, S. 12 f.
[259] LG Düsseldorf, Urteil vom 09.03.2017, Az.: 4a O 137/15, GRUR-RS 2017, 104657, Rn. 163; *Schneider*, S. 132.

Wenn aber während eines Patentverletzungsverfahrens vor einer Patentstreitkammer eines Landgerichts gegen das streitgegenständliche Patent eine Nichtigkeitsklage vor dem BPatG anhängig gemacht wird, steht es im Ermessen des angerufenen Landgerichts, das Patentverletzungsverfahren gemäß § 148 ZPO auszusetzen. Von dieser Möglichkeit wird aufgrund einer sehr restriktiven Auslegung jedoch nur selten Gebrauch gemacht[260]. Mangels einer Statistik zur Aussetzung durch die Verletzungsgerichte kann hier nur eine Schätzung erfolgen. Danach soll die Aussetzungsquote bei 15-20 % der anhängigen Verletzungsklagen liegen[261].

Eine Aussetzung kommt nur in Betracht, wenn eine hohe Wahrscheinlichkeit für den Erfolg der Nichtigkeitsklage spricht. Entsprechendes gilt für ein noch anhängiges Einspruchsverfahren gegen ein erteiltes Patent[262]. Diese strikte Trennung des Nichtigkeitsverfahrens von der Patentverletzungsklage soll eine Entlastung der Gerichte im Verletzungsprozess herbeiführen und die Beurteilung der Frage der Rechtmäßigkeit eines Patents durch ein Gericht mit auch technischer, also sachverständiger Besetzung gewährleisten[263]. Ein im Patentverletzungsverfahren unterliegender Beklagter, welcher mit seiner Patentnichtigkeitsklage vor dem BPatG obsiegt, wird auf die Restitutionsklage nach § 580 Nr. 6 ZPO verwiesen[264].

Der faktische Zwang für die Parteien, sich parallel in zwei Prozessen gegenüber zu stehen, wird in Deutschland auch auf die bereits im Erteilungsverfahren durchzuführende umfangreiche Prüfung der materiellen Erteilungsvoraussetzungen zurückgeführt[265]. Die Erteilung des deutschen Prüfpatents ist daher grundsätzlich vom Verletzungsgericht zu respektieren[266]. Der Verletzungsrichter ist an die Patenterteilung gebunden[267].

Der Schluss liegt nahe, dass diese Annahme der Beständigkeit eines bereits erteilten deutschen Patents auch auf das Europäische Patent übertragen werden kann, da die Prüfung beim EPA parallel zum deutschen Erteilungsverfahren verläuft. Eine ausufernde oder auch nur weitere Auslegung des § 148 ZPO würde im Patentverletzungsprozess hingegen leicht zum Missbrauch des Nichtig-

---

[260] *Schneider*, S. 141.
[261] *Reimann*, in: FS für Doepner, S. 163, 164.
[262] *Mes*, § 139 PatG Rn. 353 f.
[263] *Lunze*, S. 29.
[264] *Kaess*, in: Busse/Keukenschrijver, Vor § 143 PatG Rn. 376.
[265] Vgl. *Adolphsen*, Rn. 448; vgl. *Kraßer/Ann*, § 36 Rn. 72.
[266] *Mes*, § 139 PatG Rn. 353.
[267] BGH, Beschluss vom 12.10.2004, Az.: X ZR 176/02, GRUR 2005, 41, 43; *Osterrieth*, Rn. 1091.

keitseinwands verleiten und so den Wert des bereits erteilten Patents mindern[268].

Ob diese Annahme der Beständigkeit der erteilten Prüfpatente den tatsächlichen Gegebenheiten entspricht, kann mangels der Erhebung einer umfassenden Statistik in den einzelnen Vertragsstaaten über Patentnichtigkeitsverfahren, welche mit der Feststellung der Nichtigkeit oder auch nur teilweisen Nichtigkeitserklärung enden, nicht mit letzter Gewissheit beurteilt werden. Für Deutschland wird diese Annahme aber durch die vom DPMA erhobene Statistik für Nichtigkeitsklagen vor dem BPatG für das Jahr 2010 scheinbar widerlegt. Danach endeten von 112 im Jahr 2010 durch Urteil beendeten Nichtigkeitsklagen ca. 75 % mit einer vollkommenen oder auch teilweisen Nichtigkeitserklärung und nur 25 % mit einer Klageabweisung[269]. Im Jahr 2017 wurden gar nur ca. 15 % der Klagen vom BPatG abgewiesen[270]. Dennoch werden derzeit ca. 70 % aller Patentstreitigkeiten in Europa in Deutschland geführt[271]. Dies spricht letztlich für die Beliebtheit der deutschen Regelungen und damit auch den „Sogeffekt" des Trennungssystems[272].

b. Frankreich

aa. Einheitsprinzip

Die Konzentration von Patentstreitigkeiten vor bestimmten Gerichten durch § 143 Abs. 1 PatG in Deutschland geschieht in Frankreich durch Art. L. 615-17 und Art. L. 615-19 des „Code de la Propriété Industrielle" („CPI")[273].

---

[268] *Rogge*, GRUR Int. 1996, 386, 387.
[269] BPMZ 2011, 82; ebenso *Kraßer/Ann*, § 26 Rn. 218 m.w.N.
[270] BPMZ 2018, 78.
[271] *Gaster*, EuZW 2011, 394, 396.
[272] *Reimann*, in: FS für Doepner, S. 163, 166.
[273] *Lang*, Mitt. 2000, 319, 324.

Art. L 615-17 Abs. 1 CPI[274] und Art. L 615-19 CPI[275] weisen die ausschließliche Zuständigkeit für alle Patentstreitigkeiten – mit Ausnahme von Beschwerden gegen Verwaltungsakte einer Behörde, welche gewerbliche Schutzrechte betreffen – den „Tribunaux de Grande Instance" (TGI) zu. Diese sind in der Gerichtsordnung den deutschen Landgerichten gleichzusetzen. Daher existiert eine dem § 65 Abs. 1 PatG entsprechende Regelung für die Zuweisung von Nichtigkeitsverfahren an ein dem BPatG vergleichbares Gericht im französischen Rechtssystem nicht[276]. Die ausschließliche Zuständigkeit für Patentstreitigkeiten liegt damit – wie auch in Deutschland – bei der ordentlichen Gerichtsbarkeit. Allerdings wird diese nicht zwischen den insgesamt 164 verschiedenen Gerichten[277] nach Gerichtsbezirken nochmals aufgeteilt. Sachlich zuständig ist gemäß Art. L.615-17 und D.613-2 CPI allein das Pariser TGI.

Folglich findet insbesondere eine Trennung von Patentverletzungsverfahren und Nichtigkeitsverfahren nicht statt[278]. Es ist in Frankreich möglich, die Ungültigkeit eines Patents auch außerhalb einer isolierten Nichtigkeitsklage geltend zu machen. Auch im Patentverletzungsprozess kann sich eine Partei mithilfe des Nichtigkeitseinwands („exeption de nullité") oder einer Nichtigkeitswiderklage („demande reconventionelle") gegen eine Verletzungsklage verteidigen[279]. Die Nichtigkeit eines Patents kann folglich auf zwei Wegen eingewendet werden. Wird weder ein Nichtigkeitseinwand oder die isolierte Nichtigkeitsklage bzw. Nichtigkeitswiderklage explizit erhoben, so kann das Gericht gemäß Art. L.613-25 die Gültigkeit des Patents nicht überprüfen. Eine Überprüfung der Validität von Amts wegen ist ausgeschlossen.

Ein Unterschied zwischen der isolierten Nichtigkeitsklage bzw. Nichtigkeitswiderklage und dem Nichtigkeitseinwand im Patentverletzungsverfahren ergibt

---

[274] „Les actions civiles et les demandes relatives aux brevets dínvention, y compris lorsquélles portent également sur une question connexe de concurrence déloyale, sont excusivement portées devant des tribunaux de grande instance, determines par voie réglementaire, à l'expception des recours forms contre les actes administratifs du minister chargé de la propiété industrielle qui relevant de la jurisdiction administrative," (Art. L 615-17 CPI)

[275] „Les actions en contrefaçon de brevet sont de la compétence exclusive du tribunal de grande instance.
Toutes les actions mettant en jeu une contrefaçon de brevet et une question de concurrence déloyale connexe sont portées exclusivement devant le tribunal de grande instance." (Art. L 615-19 CPI)

[276] *Véron*, Mitt. 2002, 386, 386 f.
[277] *Perrot*, S. 108.
[278] *Fuchs*, S. 107, 114.
[279] *Schneider*, S. 169 f.

sich naturgemäß lediglich aus dem Charakter der jeweils gewählten Verteidigung. Im Nichtigkeitsverfahren stellt das Gericht im Erfolgsfalle die Nichtigkeit des Patents im Tenor fest. Im Patentverletzungsverfahren wird das Gericht bei erfolgreich erhobenem Nichtigkeitseinwand mangels eines Verletzungsgegenstandes die Klage abweisen. Eine Feststellung der Nichtigkeit des Patents findet sich im Tenor nicht wieder. Nur die Feststellung der Nichtigkeit im Tenor kann aber erga omnes Wirkung[280] entfalten, was in Art. L 613-27 CPI[281] explizit normiert wird. Im umgekehrten Fall, wenn also die Patentnichtigkeit nicht festgestellt wird, sondern die Patentnichtigkeitsklage bzw. -widerklage abgewiesen wird, hat diese Entscheidung nur inter-partes Wirkung[282]. Die auf Nichtigkeit gestützte Verteidigung wird damit nicht für die Zukunft und nicht für andere Rechtsstreitigkeiten ausgeschlossen[283].

Im Vergleich zum Gerichtssystem in Deutschland ist festzuhalten, dass in Frankreich nur ein einzelnes Gericht befugt ist, sowohl über die Patentverletzung als auch über die Gültigkeit eines Patents zu entscheiden und damit auch nur ein einheitlicher Instanzenzug für alle Patentstreitsachen gegeben und notwendig ist.

bb. Instanzenzug

Das Pariser TGI entscheidet erstinstanzlich über alle Patentstreitsachen. Wie jedes andere TGI besteht auch das Pariser TGI aus mehreren Kammern, die jeweils in einzelne Abteilungen („sections") unterteilt sind. Jede Abteilung bildet einen Spruchkörper. Sie sind jeweils mit drei Berufsrichtern besetzt. Das Pariser TGI, das schon vor der erst im November 2009 erfolgten Konzentration der Zuständigkeiten in Patentstreitigkeiten bezogen auf Frankreich bei weitem die meisten Patentstreitigkeiten zu bewältigen hatte[284], besteht aus 28 Kammern. Allein die dritte Kammer ist für Patentstreitigkeiten zuständig[285].

---

[280] *Lang*, Mitt. 2000, 319, 326.
[281] „La décision d´annulation d´un brevet d´invention a un effet absolu sous reserve de la tierce opposition." (Art. L 613-27 CPI)
[282] *Kieninger*, S. 281.
[283] *Mangini*, GRUR Int. 1983, 226, 228.
[284] Bis zum Décret n. 2005-1756 du décembre 2005 waren zehn TGIs und bis zum Décret n. 2009-1205 du octobre 2009 sieben TGIs in Frankreich für Patentstreitsachen zuständig; *Treichel*, S. 102.
[285] Zur Organisation des Pariser TGI siehe https://www.tribunal-de-paris.justice.fr/75/les-services-civils, zuletzt aufgerufen am 27.08.2019.

Den jeweiligen TGIs übergeordnet sind die in Kammern mit Dreierbesetzung aufgeteilten „Cour d´appel", die Appellations-, also Berufungsgerichte[286]. Die Urteile der „Cour d´appel" unterliegen ihrerseits der Überprüfung durch den „Cour de Cassation" in Paris als Kassationsinstanz[287].

cc. Konsequenzen

Die Aussetzung eines Patentverletzungsverfahrens aufgrund eines parallel anhängigen Nichtigkeitsverfahrens kommt im Einheitsprinzip grundsätzlich nicht in Betracht[288]. Ein weiteres abstraktes Nichtigkeitsverfahren oder auch ein Restitutionsverfahren werden vermieden. Das im Patentverletzungsverfahren entscheidende Gericht muss bereits selbst über eine technische und somit sachverständige Besetzung verfügen, um eine Patentstreitigkeit in ihrem vollen Umfang erfassen zu können. Die französische Gerichtsverfassung sieht indes keine technischen Richter vor[289].

Auf der anderen Seite kann die Möglichkeit der Verbindung der Fragen von Bestand und Verletzung eines Patents auch dazu verleiten, diese Möglichkeit stets wahrzunehmen und so – mit dem Ziel, ein Urteil hinauszuzögern – das Gericht unnötig beschäftigen.

Das Einheitsprinzip ist aber auch eine Folge der vormals fehlenden Prüfung der materiellen Voraussetzungen im französischen Patenterteilungsverfahren. Dadurch konnte das französische Patent erst im Gerichtsverfahren einer eingehenderen Überprüfung unterzogen werden. Der Akt der Patenterteilung selbst bot mithin keine gesteigerte Wahrscheinlichkeit dafür, dass auch die Patenterteilungsvoraussetzungen tatsächlich vorlagen[290] und damit das Patent an sich auch einer eingehenderen Überprüfung standhalten würde. Eine inzidente Prüfung im Gerichtsverfahren war daher zweckmäßig.

Das vormals reine Registerpatent[291] hat aber durch die inzwischen eingeführten umfangreichen Prüfungsbefugnisse des französischen Patentamtes (INPI – Institut national de la propriété industrielle) – insbesondere in Art. L 261-12 CPI – eine erhebliche Wesensveränderung erfahren. Das französische Patent ist nun ein Prüfpatent. Der mit dem Einheitsprinzip ehemals verfolgte Zweck ist heute obsolet.

---

[286] *Véron*, Mitt. 2002, 386, 389.
[287] *Lang*, Mitt. 2000, 319, 327.
[288] *Véron*, Mitt. 2002, 386, 387.
[289] *Schneider*, S. 171.
[290] Vgl. *Steven*, GRUR 1948, 235, 235.
[291] *Fressonet*, GRUR Int. 1983, 1, 8.

c. England

aa. Einheitsprinzip

In England ist das Patent seit jeher ein Prüfpatent[292]. Dennoch sind Patentstreitigkeiten einer einheitlichen Zivilgerichtsbarkeit zugewiesen. Die möglichen Klagearten sind nicht auf verschiedene Gerichtszweige innerhalb des ordentlichen Rechtsweges aufgeteilt[293]. Auch ein Patentprozess in England folgt mithin dem Einheitsprinzip. Nach englischem Verständnis ist die Frage einer Patentverletzung untrennbar mit der Frage einer möglichen Nichtigkeit eines Patents verbunden[294].

Im Rahmen eines Patentverletzungsprozesses kann die Nichtigkeit eines Patents sowohl in Form einer Nichtigkeitswiderklage („counterclaim for revocation") als auch in Form des Nichtigkeitseinwands („defence") zu behandeln sein (Sec. 74 Patents Act)[295]. Ebenfalls ist eine isolierte Klage gerichtet auf die Nichtigerklärung eines Patents („revocation claim") möglich[296]. Sowohl die Feststellung der Nichtigkeit eines Patents im isolierten Nichtigkeitsverfahren als auch aufgrund einer Nichtigkeitswiderklage haben erga omnes-Wirkung, während die Erhebung des bloßen Nichtigkeitseinwands nur zu einer inter partes wirkenden Entscheidung des Gerichts führt[297].

bb. Instanzenzug

(1) Die I. Instanz: Patents Court (PC) oder Intellectual Property Enterprise Court (IPEC)

Der Zivilrechtsweg in Patentstreitigkeiten in der ersten Instanz teilt sich zwischen zwei Gerichten. Die Trennung der Streitigkeiten erfolgt indes nicht strikt anhand der möglichen Klagearten. Sie orientiert sich vielmehr am Streitwert der zu klärenden Rechtsstreitigkeit. Sie ist daher eher mit der Aufteilung der Streitigkeiten zwischen deutschen Amts- und Landgerichten als mit der Aufteilung zwischen Bundespatent- und den Landgerichten zu vergleichen. Erstinstanzlich kommen als besonderer Gerichtszweig der Zivilgerichtsbarkeit entweder der

---

[292] *Steven*, GRUR 1948, 235, 235.
[293] *Hootz*, S. 91.
[294] *Hootz*, S. 91.
[295] *Cornish/Llewelyn/Aplin*, paras. 6-25.
[296] Sec. 72(1) Patents Act.
[297] *Schneider*, S. 157, 159.

„Patents Court" oder aber der „Intellectual Property Enterprise Court" (ehem. „Patents County Court") als zuständiges Gericht in Betracht[298].

Der „Patents Court" (PC) ist seit jeher eine spezialisierte Einheit der „Chancery Division", einer Abteilung des „High Court of Justice"[299]. Auch der „Intellectual Property Enterprise Court" (IPEC) ist nach einer Neustrukturierung im Oktober 2013 nunmehr eine Abteilung der „Chancery Division" des „High Court of Justice"[300].

Während das IPEC nur für Patentrechtsrechtsstreitigkeiten zuständig ist, in denen der Streitwert nicht mehr als 500.000 £ beträgt[301], soll sich der PC mit allen anderen Patentstreitigkeiten befassen. Mit der Einführung des IPEC sollte dem Rechtssuchenden eine im Vergleich zu einem Verfahren vor dem PC kostengünstigere und weniger komplizierte Alternative zur Verfügung gestellt werden. Hier sollten kleinere, zeitlich weniger aufwendige Fälle behandelt werden, um kleinen und mittelständischen Unternehmen wie auch Einzelpersonen die Möglichkeit zu eröffnen, ihre Rechte kostengünstig und schnell durchzusetzen[302]

Um Verfahren schneller und kostengünstiger zu erledigen, folgte das Verfahren vor dem IPEC ursprünglich Verfahrensregeln, welche von denen eines normalen Zivilverfahrens leicht abwichen[303]. Das Verfahren vor dem IPEC sollte damit einem „vereinfachten Verfahren" in Patentstreitsachen gleichen[304]. Da nunmehr vor dem IPEC die einheitlichen Verfahrensregeln zur Anwendung gelangen, ist das Verfahren prozessual den Verfahren vor dem PC angeglichen. Die Kosten der Verfahren bleiben weiterhin hoch, so dass das ursprünglich verfolgte Ziel des IPEC unerreicht blieb[305].

(2) Weitere Instanzen

Wird über die Patentstreitsache per Urteil entschieden, so ist gegen diese Entscheidung eine Berufung nur zulässig, wenn sie vom erstinstanzlichen Gericht

---

[298] Comish/Llewelyn/Aplin, paras. 6-23.
[299] Comish/Llewelyn/Aplin, paras. 2-10.
[300] Ziff. 26 Civil Procedure (Amendment No.7) Rules 2013: CPR part 63.1 (2)(i)(g)
[301] Ziff. 26 Civil Procedure (Amendment No.7) Rules 2013: CPR part 63.17A (1).
[302] HM Courts and Tribunals Service, The Intellectual Property Enterprise Court Guide, S. 3; abrufbar unter: https://assets.publishing.service.gov.uk/government/uploads/system/uploads/attachment_data/file/823201/intellectual-property-enterprise-guide.pdf, zuletzt aufgerufen am 27.08.2019.
[303] Vgl. Luginbühl, European Patent Law, S. 34.
[304] Vgl. Luginbühl, European Patent Law, S. 34.
[305] Vgl. *Luginbühl*, European Patent Law, S. 34 f.

auch zugelassen worden ist[306]. Wird die Berufung nicht zugelassen, dann kann eine Berufung nur noch durch einen erfolgreichen Antrag auf Zulassung beim „Court of Appeal", dem Berufungsgericht, erreicht werden[307]. Bleibt der Antrag erfolglos, so ist bereits nach einer Instanz der Patentrechtsstreit endgültig beendet.

Gegen die Urteile des mit drei Richtern besetzten Berufungsgerichts kann nach Zulassung weiterer Rechtsschutz vor dem Supreme Court gesucht werden. Lehnt das Berufungsgericht einen Zulassungsantrag zur „Revision" ab, kann dieser auch beim Supreme Court selbst anhängig gemacht werden[308]. Dort ergeht die letztinstanzliche Entscheidung durch einen mit mindestens drei Richtern besetzten Spruchkörper[309].

(3) Besonderheit: Verfahren vor dem Comptroller

Die Parteien können sich auch darauf einigen, die Ungültigkeit oder die Verletzung eines Patents in einem zwar justizförmig ausgestalteten, aber isolierten patentamtlichen Verletzungs- oder Widerrufsverfahren vor einem leitenden Beamten des englischen Patentamts, dem „Comptroller", geltend zu machen[310]. Auch wenn es sich bei diesem Verfahren um ein patentamtliches, also ein behördliches Verfahren handelt, wird der Entscheidung des Comptrollers Urteilswirkung zugesprochen. Sie ist daher auch lediglich im Wege der Berufung zum Patents Court angreifbar[311]. Diese bedarf im Gegensatz zu den bereits erstinstanzlich gerichtlichen Verfahren keiner weiteren Zulassung[312]. Allerdings ist der Comptroller nicht an den Willen der Parteien gebunden und kann die Sache, wenn er es für geboten hält, direkt an das Gericht verweisen[313].

Von dieser richterlichen Funktion des Comptrollers ist die Funktion des Comptrollers als „Rechtsgutachter" zu unterscheiden. Gemäß Sec. 74 A (1) Patents Act 1977 können die Parteien den Comptroller auch um die Äußerung

---

[306] Rule 52.3 (1) CPR.
[307] Rule 52.3 (3) CPR.
[308] The Supreme Court Rules 2009, Part 2, Rule 10.
[309] The Supreme Court Rules 2009, Part 1, Rule 3 (2).
[310] Sec. 61 (3), 72 (1) Patents Act 1977; *Luginbühl*, European Patent Law, S. 32.
[311] Siehe für weitere Einzelheiten zum Verfahren vor dem Comptroller: *Schneider*, S. 156 ff.
[312] Sec. 61 (16) Patents Act 1977; *HM Courts and Tribunals Service*, The Patents Court Guide, S. 12; abrufbar unter: https://www.judiciary.uk/wp-content/uploads/2019/04/Patents-Court-Guide-April-2019.pdf, zuletzt aufgerufen am 27.08.2019.
[313] Sec. 61 (5) Patents Act 1977; *Luginbühl*, European Patent Law, S. 32.

einer Meinung dahingehend bitten, ob eine Patentverletzung vorliegt oder auch, ob ein Patent zu widerrufen ist. Das Ergebnis des Comptrollers ist für die Beantwortung dieser Fragen in einem sich möglicherweise anschließenden Gerichtsverfahren für das Gericht nicht bindend. Sinn und Zweck dieser Möglichkeit ist es jedoch, ein kostspieliges und zeitraubendes Gerichtsverfahren zu verhindern und die Parteien zu einer einvernehmlichen Lösung der Streitigkeit zu bewegen und damit die Gerichte zu entlasten[314].

cc. Fazit

Das Streitregelungssystem in England ist nicht mit dem Streitregelungssystem Deutschlands oder Frankreichs vergleichbar. England hat zur Umsetzung des Einheitssystems durch die Aufteilung der Streitigkeiten in der ersten Instanz zwischen PC und IPEC zumindest vordergründig einen anderen Weg gewählt als Frankreich. Jedoch ist diese Aufteilung aufgrund der Anwendbarkeit des gleichen Verfahrensrechts und der ohnehin nur „empfohlenen" Abgrenzung der beiden Gerichtszweige zu vernachlässigen und letztlich ohne praktische Relevanz. Ebenso wie in Frankreich entscheiden aber grundsätzlich nur juristisch ausgebildete Richter über Patentstreitigkeiten. Einen ausschließlich technischen Richter kennt auch das englische Rechtssystem nicht. Neu ist die Figur des Comptrollers im Rechtssystem, der sowohl als Richter als auch als bloßer Rechtsgutachter fungieren kann.

d. Schweiz

Das Streitregelungssystem der Schweiz hat durch die Schaffung eines Bundespatentgerichts durch das Bundesgesetz über das Bundespatentgericht (CH-PatGG) vom 20.03.2009 einschneidende Änderungen erfahren[315].

aa. Rechtslage bis zum 31.12.2011

Vor der Einführung des Bundespatentgerichts wies Art. 76 a.F. des Patentgesetzes der Schweiz (CH-PatG) die erstinstanzliche Zuständigkeit für die im CH-PatG vorgesehenen Zivilklagen ausschließlich und insgesamt den Kantonen zu, die für ihr jeweiliges Kantonsgebiet eine einzige zuständige Gerichtsstelle

---

[314] *Luginbühl*, European Patent Law, S. 32.
[315] Bundesgesetz über das Bundespatentgericht vom 20.03.2009, SR 173.41, AS 2010, 513.

zu bestimmen hatten[316]. Bei der Prozessführung richteten sich die 26 kantonalen Gerichte nach den in dem jeweiligen Kantonsgebiet geltenden kantonalen, sich zum Teil stark voneinander unterscheidenden Zivilprozessordnungen[317]. Gegen die Entscheidungen der kantonalen Gerichte in der ersten Instanz konnte gemäß Art. 76 Abs. 2 CH-PatG a.f. unabhängig vom Streitwert Berufung beim Bundesgericht eingelegt werden[318]. In der Schweiz war damit, wie in Frankreich, in Patentstreitsachen ein einheitlicher, jedoch lediglich aus zwei Instanzen bestehender, Rechtsweg zu beschreiten. Eine Trennung der Zuständigkeiten nach der jeweiligen Verfahrensart fand nicht statt, so dass die Nichtigkeit eines Patents im Patentverletzungsverfahren sowohl als Nichtigkeitseinwand als auch als Nichtigkeitswiderklage geltend gemacht werden konnte[319]. Im Falle einer Nichtigkeitswiderklage entschied das kantonale Gericht in der Regel zunächst in einem Teilurteil über die Gültigkeit des streitgegenständlichen Patents, bevor es in einem zweiten Schritt über die Patentverletzung entschied[320]. Wurde die Nichtigkeit des Patents positiv festgestellt, dann hatte das Gericht das Urteil nach Rechtskraft von Amts wegen gemäß Art. 70 Abs. 2 CH-PatG a.F. dem schweizerischen Patentamt, dem Eidgenössischen Institut für Geistiges Eigentum (IGE), zuzustellen, so dass es dort aus dem Register gelöscht werden konnte und das Urteil damit faktisch erga omnes-Wirkung erlangte[321]. Ebenso wie in Frankreich hatten hingegen ein klageabweisendes Urteil und auch der Nichtigkeitseinwand nur Wirkung zwischen den an dem Rechtsstreit beteiligten Parteien[322].

bb. Rechtslage seit dem 01.01.2012

Im Zuge der Vereinheitlichung der Zivilprozessordnungen mit der seit dem 01.01.2011 für die gesamte Schweiz geltenden Zivilprozessordnung[323] und der Schaffung des Bundespatentgerichts, welches am 01.01.2012 seine Arbeit aufnahm, hat man sich nunmehr für eine Abkehr von dem bislang herrschenden Einheitsprinzip entschieden. Der neu geschaffene Art. 26 CH-PatGG teilt nunmehr die Zuständigkeit in Patentstreitsachen zwischen dem Bund bzw. dem Bundespatentgericht und den kantonalen Gerichten auf. Art. 26 Abs. 1 CH-

---

[316] *Blumer*, in: Bertschinger/Münch/Geiser, S. 786.
[317] *Stieger*, GRUR Int. 2010, 574, 574.
[318] *Mangini*, GRUR Int. 1983, 226, 229.
[319] *Troller*, S. 377.
[320] *Blumer*, in: Bertschinger/Münch/Geiser, S. 815.
[321] *Blumer*, in: Bertschinger/Münch/Geiser, S. 889 f.
[322] *Blumer*, in: Bertschinger/Münch/Geiser, S. 871.
[323] Schweizerische Zivilprozessordnung vom 19.12.2008, SR 272, AS 2010, 1739.

PatGG hat das Ziel einer flächendeckend qualitativ hochstehenden Patentrechtsprechung und Rechtssicherheit[324]. Aus diesem Grund weist er dem Bundespatentgericht insbesondere eine ausschließliche Zuständigkeit für Bestandes- und Verletzungsklagen sowie Klagen auf Erteilung einer Lizenz betreffend Patente zu (Art. 26 Abs. 1 a CH-PatGG). Das Bundespatentgericht ist ebenfalls ausschließlich zuständig für die Anordnung vorsorglicher Maßnahmen vor Eintritt der Rechtshängigkeit einer Klage nach Art. 26 Abs. 1 a CH-PatGG und für die Vollstreckung der in seiner ausschließlichen Zuständigkeit getroffenen Entscheidungen (Art. 26 Abs. 1 b, c CH-PatGG).

Gemäß Art. 26 Abs. 2 CH-PatGG ist das Bundespatentgericht auch zuständig für andere Zivilklagen, die im Sachzusammenhang mit Patenten stehen, insbesondere betreffend die Berechtigung an Patenten oder deren Übertragung. Die Zuständigkeit der kantonalen Gerichte wird damit aber nicht ausgeschlossen. Es wird eine konkurrierende Zuständigkeit des Bundespatentgerichts für alle Patentstreitsachen geschaffen, die nicht bereits von Art. 26 Abs. 1 CH-PatGG erfasst sind. Dem Kläger wird insoweit folglich die Möglichkeit eröffnet, zwischen einer Klage beim Bundespatentgericht und einer Klage beim örtlich zuständigen Kantonsgericht zu wählen[325]. Da Nichtigkeitsklagen unter den Begriff der Bestandesklagen fallen und damit von der ausschließlichen Zuständigkeit des Bundespatentgerichts erfasst sind, stellt sich in einem Verfahren vor einem kantonalen Gericht die Frage nach dem prozessualen Umgang mit dem Nichtigkeitseinwand und der Nichtigkeitswiderklage. Diese beantwortet Art. 26 Abs. 3, 4 CH-PatGG wie folgt:

„Ist vor dem kantonalen Gericht vorfrageweise oder einredeweise die Nichtigkeit oder Verletzung eines Patents zu beurteilen, so setzt die Richterin oder der Richter den Parteien eine angemessene Frist zur Anhebung der Bestandesklage oder der Verletzungsklage vor dem Bundesgericht. Das kantonale Gericht setzt das Verfahren bis zum rechtskräftigen Entscheid über die Klage aus. Wird nicht innerhalb der Frist Klage vor dem Bundespatentgericht erhoben, so nimmt das kantonale Gericht das Verfahren wieder auf und die Vorfrage oder Einrede bleibt unberücksichtigt. Erhebt die beklagte Partei vor dem kantonalen Gericht die Widerklage der Nichtigkeit oder der Verletzung eines Patents, so überweist das kantonale Gericht beide Klagen an das Bundespatentgericht".

---

[324] *Stieger*, sic! 2011, 3, 12 f.
[325] *Stieger*, GRUR Int. 2010, 574, 582.

Demnach ist das kantonale Gericht bei der Erhebung des Nichtigkeitseinwands gezwungen, das Verfahren entweder bis zur Entscheidung über eine anhängig zu machende Klage beim Bundespatentgericht oder bis zum Ablauf der für die Klageerhebung gesetzten Frist auszusetzen. Die Aussetzung steht nicht im Ermessen des kantonalen Gerichts. Auf der anderen Seite ist die Beklagtenpartei ebenfalls gezwungen, ein weiteres Verfahren gegen die Klägerin anzustrengen, um sich auf die Nichtigkeit des streitgegenständlichen Patents berufen zu können. Jedoch bleibt das kantonale Gericht im Falle der Erhebung des Nichtigkeitseinwands für das Verfahren grundsätzlich zuständig. Das kantonale Gericht verliert endgültig seine zunächst gegebene Zuständigkeit, wenn der Beklagte sich mittels einer Nichtigkeitswiderklage oder einer Patentverletzungswiderklage zu verteidigen sucht[326]. In diesem Fall bleibt dem kantonalen Gericht nur die Verweisung an das Bundespatentgericht.

In diesem System kann damit jeder vor einem kantonalen Gericht anhängig gemachte Patentrechtsstreit mit einer erga-omnes wirkenden Feststellung der Nichtigkeit des Patents durch das Bundespatentgericht enden. Etwas anderes gilt jedoch für Entscheidungen in einem Patentverletzungsprozess, der ebenfalls gemäß Art. 26 Abs. 1 a CH-PatGG in die ausschließliche Zuständigkeit des Bundespatentgerichts fällt. Der Einwand der Patentnichtigkeit im Patentverletzungsprozess ist zulässig und wird lediglich zur Vorfrage des Verletzungsprozesses. Eine Verpflichtung zur klageweisen Geltendmachung der Patentnichtigkeit besteht nicht. Eine Entscheidung über den Nichtigkeitseinwand im Patentverletzungsprozess wird nicht materiell rechtskräftig und hat damit nur inter partes-Wirkung[327]. Aufgrund des regelmäßigen Einwandes der Nichtigkeit eines Patents in einem Patentverletzungsverfahren ist indes davon auszugehen, dass das System zu einer Konzentration jeglicher Patentrechtsprechung beim Bundespatentgericht führt und damit eine einheitliche Rechtsprechung durch ein Gericht gewährleistet wird.

Dieses vorbeschriebene Trennungssystem unterscheidet sich damit vom deutschen Trennungssystem dadurch, dass das schweizerische Bundespatentgericht im Gegensatz zum deutschen BPatG auch in Verletzungsstreitigkeiten entscheidet und darin auch den Patentnichtigkeitseinwand berücksichtigen kann und muss. Dabei handelt es sich bei dem schweizerischen Patent nicht um ein vollumfänglich geprüftes Patent, denn im Erteilungsverfahren wird nicht auf Neuheit und erfinderische Tätigkeit geprüft[328].

---

[326] *Stieger*, GRUR Int. 2010, 574, 583.
[327] *Zellweger, Jakob*, ZZZ 2013, 276, 314.
[328] *Wohlmuth*, sic! 2015, 684, 684.

(1) Bundespatentgericht

Das Bundespatentgericht kann über die vor ihm anhängig gemachten Klagen mit Spruchkörpern entscheiden, welche aus bis zu sieben Richtern zusammengesetzt sein können. Regelfall ist gemäß Art. 21 CH-PatGG eine Dreierbesetzung, wobei mindestens eine Person technisch und eine juristisch ausgebildet sein muss. Nur aufgrund präsidialer Anordnung kann der Spruchkörper, wenn dies im Interesse der Rechtsfortbildung oder der Einheit der Rechtsprechung angezeigt ist, auf fünf (Art. 21 Abs. 2 CH-PatGG) oder, wenn mehrere technische Sachgebiete zu beurteilen sind, auf sieben Richter (Art. 21 Abs. 3 CH-PatGG) erweitert werden. Zumindest ein juristisch ausgebildeter Richter muss Mitglied des Spruchkörpers sein. Während damit feststeht, welcher juristisch ausgebildete Richter sich mit einem Verfahren zu befassen hat, hängt die Besetzung mit den technisch ausgebildeten Richtern gemäß Art. 21 Abs. 4 CH-PatGG von dem streitgegenständlichen technischen Sachgebiet ab. Sowohl die Anzahl als auch die Auswahl der mitwirkenden technischen Richter steht im Ermessen des Präsidenten[329]. Eine Verpflichtung zur Erstellung eines Geschäftsverteilungsplan zur Bestimmung der Besetzung des Spruchkörpers hatte der ursprüngliche Gesetzesentwurf des CH-PatGG noch vorgesehen[330]. Umgesetzt wurde dieser Entwurf jedoch nicht. Im vom Bundesrat beauftragten und von Eidgenössischen Institut für Geistiges Eigentum (EJDP) durchgeführten Vernehmlassungsverfahren wurde der Plan zur Regelung der Zusammensetzung der Spruchkörper durch einen Geschäftsverteilungsplan kritisiert. Eine solche Regelung sei nicht sachgerecht und weise nicht die notwendige Flexibilität auf[331]. In der Streichung der vorgenannten Regelung soll indes keine Verletzung des Anspruchs auf den gesetzlichen Richter liegen. Diesem Anspruch sei genüge getan, wenn der Präsident den Spruchkörper nach objektiv-sachlichen Gesichtspunkten wie Fachkunde, Beschäftigungslast, Sprachkenntnisse usw. aus dem Kreis der Richter bestimmt[332].

Einzelrichterentscheidungen sind gemäß Art. 23 CH-PatGG nur durch den Präsidenten des Bundespatentgerichts oder einen anderen juristisch ausgebildeten Richter „über das Nichteintreten auf offensichtlich unzulässige Klagen, Gesu-

---

[329] *Ruefli*, SZJ 2018, 522, 542 f.
[330] Vgl. Art. 24 des Vorentwurfes; abrufbar unter: https://www.admin.ch/ch/d/gg/pc/documents/1484/Vorlage_2.pdf, zuletzt aufgerufen am 27.08.2019; *Ruefli*, SZJ 2018, 522, 543.
[331] Bericht des EJDP über das Ergebnis des Vernehmlassungsverfahrens vom September 2007, S. 9; abrufbar unter: https://www.admin.ch/ch/d/gg/pc/documents/1484/Ergebnisbericht_Bundespatentgericht.pdf; zuletzt aufgerufen am 27.08.2019.
[332] *Zellweger, Jakob*, ZZZ 2013, 276, 281.

che um vorsorgliche Maßnahmen, Gesuche um unentgeltliche Rechtspflege, die Abschreibung von Verfahren zufolge Gegenstandslosigkeit, Rückzugs, Anerkennung oder Vergleichs", oder Klagen auf Erteilung einer Zwangslizenz nach Art. 40 d CH-PatG zulässig[333].

(2) Kantonale Gerichte

Gemäß Art. 122 Abs. 2 der Bundesverfassung der Schweizerischen Eidgenossenschaft (CH-BV)[334] sind für die Organisation der Gerichte und der Rechtsprechung in Zivilsachen grundsätzlich weiterhin die Kantone zuständig[335]. Diese Regelung wird in Art. 3 der neu geschaffenen schweizerischen Zivilprozessordnung (CH-ZPO) wiederholt. Entsprechend bestimmt das kantonale Recht gemäß Art. 5 Abs. 1 a CH-ZPO das Gericht, welches als einzige kantonale Instanz für Streitigkeiten im Zusammenhang mit Geistigem Eigentum zuständig ist. Die 26 Kantone der Schweiz haben damit von Verfassungs wegen auch weiterhin festzulegen, welches kantonale Gericht über die in die alternative, kantonale Zuständigkeit gemäß Art. 26 Abs. 2 CH-PatGG fallenden Patentstreitsachen zu entscheiden hat[336]. Die Schaffung des Bundespatentgerichts hat hieran nichts geändert, so dass weiterhin keine einheitliche Regelung der erstinstanzlichen Zuständigkeit in den Kantonen besteht. Die Kantone Aargau, Bern, St. Gallen und Zürich hatten sich bereits auf der Grundlage des Art. 76 CH-PatG a.F. dafür entschieden, die Rechtsprechung hinsichtlich des Immaterialgüterrechts in die Hände ihrer vier Handelsgerichte zu legen. In den restlichen 22 Kantonen sind regelmäßig höhere Gerichte für immaterialgüterrechtliche Streitigkeiten zuständig[337]. Auch wenn nunmehr eine bundeseinheitliche Zivilprozessordnung in den Kantonen gilt, verbleibt es somit bei einer unterschiedlichen Besetzung der entscheidenden Spruchkörper.

(3) Instanzenzug

Gemäß Art. 1 Abs. 2 CH-PatGG entscheidet das Bundespatentgericht als Vorinstanz des Bundesgerichts. Gegen die Entscheidungen des Bundespatentgerichts sind gemäß Art. 75 Abs. 1 des Gesetzes über das Bundesgericht (CH-

---

[333] *Stieger*, GRUR Int. 2010, 574, 579.
[334] Bundesverfassung der Schweizerischen Eidgenossenschaft vom 18.04.1999, SR 101, AS 1999, 2556.
[335] *Schott*, in: KuKomm CH-ZPO, Art. 1 Rn. 2.
[336] *Haas/Schlumpf*, in: KuKomm CH-ZPO, Art. 5 Rn. 5; *Zellweger*, ZZZ 2013, 276, 278.
[337] *Luginbühl*, Uniform interpretation of european patent law, S. 58.

BGG)³³⁸ Beschwerden zum Bundesgericht zulässig. Auch gegen die Entscheidungen der kantonalen Gerichte, die gemäß Art. 5 CH-ZPO als einzige kantonale Instanzen einem Kläger offen stehen, kann gemäß Art. 74 f. CH-BGG streitwertunabhängig in zweiter Instanz das Bundesgericht angerufen werden. Dem Kläger steht auch hier nur das Rechtsmittel der Beschwerde und nicht das Rechtsmittel der Berufung zur Verfügung. Während die Berufung gemäß Art. 310 CH-ZPO eine umfassende Überprüfung sowohl der Sachverhaltsfeststellung als auch der Rechtsanwendung der ersten Instanz ermöglicht³³⁹, beschränkt sich der Prüfungsumfang der Beschwerde gemäß Art. 320 CH-ZPO im Wesentlichen auf die Feststellung von Rechtsanwendungsfehlern. Nur „offensichtlich" unrichtige Feststellungen des Sachverhalts können im Rahmen der Beschwerde korrigiert werden. Darunter sind indes lediglich aktenwidrige Feststellungen des Sachverhalts zu fassen³⁴⁰. Es bleibt aber möglich, bereits unter dem Gesichtspunkt der fehlerhaften Rechtsanwendung die Verletzung der Rechtsnormen der CH-ZPO, welche die Art und Weise der Tatsachenermittlung regeln, zu rügen³⁴¹.

(4) Gerichtssprache

Als multilinguales Land musste die Schweiz die in Gerichtsverfahren zu verwendende Sprache regeln. Gemäß Art. 4 CH-BV hat die Schweiz vier Landessprachen: Deutsch, Französisch, Italienisch und Rätoromanisch. Gemäß Art. 70 Abs. 1 CH-BV sind lediglich die drei erstgenannten die Amtssprachen des Bundes, während dieses für das Rätoromanische „nur im Verkehr mit Personen rätoromanischer Sprache" der Fall sein soll. Die Kantone können gemäß Art. 70 Abs. 2 CH-BV ihre Amtssprache selbst bestimmen. Art. 129 S. 1 CH-ZPO besagt, dass Verfahren in der Amtssprache des jeweiligen Kantons zu führen sind. Die gemäß Art. 26 Abs. 2 CH-PatGG in die konkurrierende Zuständigkeit der kantonalen Gerichte fallenden Patentstreitigkeiten sind folglich in der dort von den Kantonen bestimmten Amtssprache zu führen. In Verfahren vor dem Bundespatentgericht wählt das Gericht gemäß Art. 36 Abs. 1 CH-PatGG selbst eine der Amtssprachen als Verfahrenssprache aus. Dabei soll auf die Sprachen der beteiligten Parteien Rücksicht genommen werden, sofern es sich um eine Amtssprache handelt. Gemäß Art. 36 Abs. 2 CH-PatGG können sich die Parteien dennoch einer anderen Amtssprache als der Verfahrenssprache

---

[338] Bundesgesetz über das Bundesgericht vom 17.06.2005, SR 173.110, AS 2006, 1205.
[339] *Brunner*, in: KuKomm CH-ZPO, Art. 310 Rn. 1.
[340] *Brunner*, in: KuKomm CH-ZPO, Art. 320 Rn. 3.
[341] *Brunner*, in: KuKomm CH-ZPO, Art. 320 Rn. 4; vgl. § 551 Abs. 3 Nr. 2b ZPO; vgl. *Kessal-Wulf*, in: BeckOK ZPO, § 546 Rn. 1.

bedienen. Gemäß Art. 36 Abs. 3 CH-ZPO können sich die Parteien mit Zustimmung des Gerichts auch auf Englisch als Verfahrenssprache einigen. Bedenkt man, dass Englisch weder Amts- noch Landessprache der Schweiz ist und damit im Alltag weder von den Richtern noch zumindest von den in der Schweiz ansässigen Parteien gebraucht wird, ist diese Regelung bemerkenswert.

2. Fazit

Die europäischen Staaten bedienen sich zur Durchsetzung von nationalen Patenten unterschiedlichster und zum Teil gegensätzlicher Modelle. Während sich Deutschland für das sogenannte Trennungsprinzip entschieden hat, wird in Frankreich und in England das Einheitsprinzip praktiziert. In England wird eine Unterscheidung von Verfahren nach deren Bedeutung gemessen am Streitwert vorgenommen, um so eine Möglichkeit der vermeintlich günstigeren und schnelleren Rechtsdurchsetzung zu eröffnen. Die Schweiz als eines der jüngst neugeordneten Rechtssysteme hat sich weder für eine vollumfängliche Trennung noch für ein reines Einheitsprinzip entschieden. Dort besteht ein Mischsystem. Auch kennen nicht alle Rechtssysteme einen technischen Richter in Patentstreitsachen.

III. Die internationale Zuständigkeit der nationalen Gerichte in Patentstreitsachen betreffend Europäische Patente

Die Frage, welches von den unterschiedlichen Rechtssystemen bei einem Patentstreit im Hinblick auf ein Europäisches Patent derzeit zur Anwendung gelangt, wird durch die Regelungen zur internationalen Zuständigkeit beantwortet. Die internationale Zuständigkeit entscheidet, ob inländische Gerichte in ihrer Gesamtheit für die Entscheidung eines Rechtsstreits zuständig sind und damit auch innerstaatlich die Rechtsmacht haben, über einen Rechtsstreit mit Auslandsbezug in tatsächlicher und rechtlicher Hinsicht zu entscheiden. Die jeweiligen Bestimmungen der internationalen Zuständigkeit regeln damit die Voraussetzungen und Grenzen der Kognitionsbefugnis nationaler Gerichte[342].

Mit der Regelung der internationalen Zuständigkeit legt jeder Staat selbst fest, in welchem Umfang er in den völkerrechtlichen Grenzen der Gerichtsbarkeit von seiner Befugnis, Recht zu sprechen, Gebrauch machen will[343]. Hierzu bedient der Staat sich nationaler Gesetze.

Von der Frage nach der internationalen Zuständigkeit ist wiederum die nachgeschaltete Frage zu trennen, nach dem Recht welches Staates ein Richter die ihm vorliegende Rechtssache zu beurteilen hat. Die internationale Zuständigkeit bestimmt aber praktisch darüber, welche Verfahrensordnung im Rechtsstreit angewendet wird und welches internationale Privatrecht anzuwenden ist[344], um so das materiell anwendbare Recht zu ermitteln. Denn das international zuständige nationale Gericht wendet stets sein eigenes Verfahrens- und Kollisionsrecht an (lex fori-Prinzip).[345]

1. Gerichte von EU-Mitgliedstaaten

Jeder Staat hat im Rahmen seiner durch völkerrechtliche Regeln begrenzten inländischen Gerichtsbarkeit selbst festzulegen, inwieweit er von dieser Gerichtsbarkeit tatsächlich Gebrauch machen will. Jeder Staat verfügt daher grundsätzlich zunächst über eigene, also nationale Gesetze, die dieses bestimmen. In Deutschland richtet sich die internationale Zuständigkeit der deutschen Gerichte nach den allgemeinen Regeln der §§ 12 ff. ZPO, sofern keine völkerrechtlichen Verträge Anwendung finden und kein europäisches Sekundärrecht Vorrang hat (Doppelfunktionalität der örtlichen Zuständigkeitsnormen)[346]. Die internationale Zuständigkeit wird durch die örtliche Zuständigkeit indiziert[347]. Die Regelungen der EuGVVO sind indes vorrangiges europäisches Sekundär-

---

[342] Der Begriff der Kognitionsbefugnis ist vom Begriff der Gerichtsbarkeit (facultas iurisdictionis), auch Gebietshoheit oder Gerichtsgewalt, zu unterscheiden. Der Begriff der Gerichtsbarkeit beschreibt die aus der Souveränität bzw. Gebietshoheit fließende Befugnis eines jeden Staates, Recht zu sprechen, deren Grenzen durch das Völkerrecht gesetzt werden. Ein anderer Staat kann nicht das Recht für sich beanspruchen, über einen anderen Staat zu richten oder im fremden Hoheitsgebiet mittels eines eigenen Gerichts Recht zu sprechen; vgl. *Adolphsen*, Rn. 172 f.; *Schack*, Rn. 155; *Nagel/Gottwald*, S. 38.
[343] *Schack*, Rn. 215, *Rosenberg/Schwab/Gottwald*, § 31 Rn. 1.
[344] *Jauernig/Lent/Heß*, S. 32.
[345] *Adolphsen*, EuZVR S. 52, 54.
[346] *Oldekop*, in: Schramm/Kilchert, Kap. 9 Rn. 240.
[347] *Geimer*, IZPR, Rn. 946 ff. m.w.N.

recht, das die §§ 12 ff. ZPO in Deutschland und für alle Mitgliedstaaten der EU die nationalen Normierungen der internationalen Zuständigkeit im Anwendungsbereich der EuGVVO verdrängt[348]. Als völkerrechtlich vorrangiger Vertrag ist im Verhältnis zu den EFTA-Staaten[349] bis auf Liechtenstein des Weiteren auch das parallele Übereinkommen über die gerichtliche Zuständigkeit und die Vollstreckung gerichtlicher Entscheidungen in Zivil- und Handelssachen vom 16.09.1988 in seiner Neufassung vom 01.01.2010, das sog. Lugano-Übereinkommen, vorrangig[350].

a. Anwendungsbereich der EuGVVO

Die Anwendbarkeit der EuGVVO setzt die Eröffnung des zeitlichen, sachlichen und örtlichen Anwendungsbereichs der Verordnung voraus.

Nach Art. 66 EuGVVO ist der zeitliche Anwendungsbereich nur für Klagen eröffnet, welche nach dem Inkrafttreten der EuGVVO am 01.03.2002 erhoben wurden. Unter welchen Bedingungen die EuGVVO auch sachlich und örtlich anwendbar ist, ist schwieriger zu bestimmen. Der sachliche und räumliche Anwendungsbereich der EuGVVO sollen daher nachfolgend näher betrachtet werden.

aa. Sachlich

Der sachliche Anwendungsbereich wird in Kapitel I der EuGVVO geregelt. Art. 1 Abs. 1 S. 1 EuGVVO bestimmt zunächst, dass diese grundsätzlich in allen Zivil- und Handelssachen anzuwenden ist. Welche Rechtsstreitigkeiten unter den Begriff der Zivil- und Handelssachen fallen, wird allerdings nicht abschließend definiert. Die Auslegung des Begriffs der Zivilsache hat sich nach der Rechtsprechung des EuGH nicht an dem nationalen Recht eines Mitgliedstaates zu orientieren. Er ist vertragsautonom auszulegen[351]. Maßgebend sollen zum einen die Ziele und die Systematik der Verordnung sowie zum anderen die sich aus den nationalen Rechtsordnungen ergebenden allgemeinen Rechtsgrundsätze sein.

---

[348] *Heinrich*, in: Musielak/Voit, § 12 ZPO, Rn. 17.
[349] Island, Liechtenstein, Norwegen, Schweiz.
[350] *Adolphsen*, EuZVR S. 72; *Oldekop*, in: Schramm/Kilchert, Kap. 9 Rn. 246.
[351] *Mankowski*, in: Rauscher, Art. 1 EuGVVO Rn. 2; unstreitig ist, dass es sich bei einer Handelssache nicht um eine eigenständige Kategorie von Rechtsstreitigkeiten handeln soll, sondern diese ebenfalls nur Zivilstreitigkeiten, also lediglich als eine Unterkategorie von Zivilsachen einzuordnen sind.

Der EuGH ist der Ansicht, dass die Verordnung nicht anwendbar ist, wenn in einem Rechtsstreit eine Entscheidung einer Behörde gegenüber einer Privatperson in Rede steht und die Behörde den Rechtsstreit im Zusammenhang mit der Ausübung hoheitlicher Befugnisse (acta iure imperii) führt[352]. Die Abgrenzung der Zivilsache erfolgt damit zu einer öffentlich-rechtlichen Angelegenheit. Dies ist mit der im Jahr 2015 in Kraft getretenen Reform der EuGVVO[353] nunmehr auch in Art. 1 Abs. 1 S. 2 EuGVVO explizit geregelt[354]. Der sachliche Anwendungsbereich der EuGVVO ist gemäß Art. 1 Abs. 1 S. 2 EuGVVO insbesondere nicht für Steuer- und Zollsachen sowie verwaltungsrechtliche Angelegenheiten oder die Haftung des Staates für Handlungen oder Unterlassungen im Rahmen der Ausübung hoheitlicher Rechte (acta iure imperii) eröffnet.

Entscheidend für die Zuständigkeitsbestimmung nach der EuGVVO ist damit die Frage, ob im streitgegenständlichen Rechtsverhältnis die Ausübung hoheitlicher Befugnisse in Rede steht[355]. Hintergrund dieser Abgrenzung ist der mögliche Eingriff in die Hoheitsrechte und damit die Souveränität der einzelnen Mitgliedstaaten durch einen anderen Mitgliedstaat, würde die EuGVVO die internationale Zuständigkeit über einen Hoheitsakt einem anderen Staat zuweisen[356]. Damit wird nichts anderes als der völkerrechtliche, aus der Souveränität eines jeden Staates fließende Grundsatz, dass kein Staat über einen anderen zu Gericht sitzen kann, bestätigt und die Gerichtsbarkeit der Staaten geregelt.

Im Patentverletzungsverfahren als Zivilsache ist die internationale Zuständigkeit der nationalen Gerichte für die EPÜ-Staaten, welche gleichzeitig EU-Mitglieder sind, folglich nach der EuGVVO zu bestimmen[357].

Es stellt sich indes die Frage, ob auch hinsichtlich einer Patentnichtigkeitsklage der sachliche Anwendungsbereich der EuGVVO eröffnet ist. Bei einer Patentnichtigkeitsklage wird über die Gültigkeit eines Patents und damit eines Verwaltungsaktes, eines Hoheitsaktes, entschieden. Es handelt sich zumindest nach deutschem Verständnis und nach der immer noch geltenden Auffassung des

---

[352] EuGH, Urteil vom 14.10.1976, Rs. C-29/76, ECLI:EU:C:1976:137 = NJW 1977, 489 – LTU Lufttransportunternehmen GmbH & Co. KG v. Eurocontrol.
[353] Verordnung (EU) Nr. 1215/2012 des Europäischen Parlaments und des Rates vom 12.12.2012 über die gerichtliche Zuständigkeit und die Anerkennung und Vollsreckung von Entscheidungen in Zivil- und Handelssachen, ABl. 2012 L 351,1.
[354] *Von Hein*, RIW 2013, 97, 100; Vgl. *Staudinger/Steinrötter*, JuS 2015, 1, 2.
[355] *Lund*, IPrax 2014, 140, 141.
[356] *Mankowski*, in: Rauscher, Art. 1 EuGVVO Rn. 18.
[357] *Haedicke*, S. 291.

BGH in seinem Urteil vom 08.07.1955[358] im Kern um ein Verwaltungsstreitverfahren[359] und somit um eine öffentlich-rechtliche Streitigkeit[360]. Dies gilt unabhängig davon, dass diese Rechtsstreitigkeit dem ordentlichen Rechtsweg durch das BPatG zugeordnet ist. So gilt auch im Patentnichtigkeitsverfahren weiterhin grundsätzlich der Amtsermittlungsgrundsatz[361]. Auch in den anderen Mitgliedstaaten handelt es sich bei der Patenterteilung um einen Hoheitsakt[362]. Die Definition des EuGH[363] legt jedoch nahe, dass dies nicht allein für die Einordnung der Patentnichtigkeitsklage ausschlaggebend sein soll. Für die Annahme einer öffentlich-rechtlichen Streitigkeit muss nicht nur der Verfahrensgegenstand öffentlich-rechtlicher Natur sein, sondern es müssen sich auch eine Privatperson und der Staat im Rechtsstreit gegenüberstehen[364]. Da die Patentnichtigkeitsklage, wie bereits dargelegt, sich zumindest in Deutschland nicht gegen die Patenterteilungsbehörde richtet, wäre also auch diese Klage nach der Definition des EuGH als Zivilsache zu qualifizieren. Im Hinblick auf Art. 24 Nr. 4 EuGVVO, welcher gerade die internationale Zuständigkeit für Streitigkeiten über Registerrechte und insbesondere auch explizit Patente regelt, erscheint eine andere Ansicht auch in Bezug auf andere Staaten nicht vertretbar.

Eine öffentlich-rechtliche Streitigkeit liegt also nur unter zwei kumulativ zu erfüllenden Voraussetzungen vor: Zum einen dürfen nicht nur Privatpersonen an dem Rechtsstreit beteiligt sein. Zum anderen muss ein Hoheitsakt Gegenstand des Verfahrens sein[365]. Wenn eine dieser beiden Voraussetzungen nicht erfüllt ist, ist das Vorliegen einer öffentlich-rechtlichen Streitigkeit ausgeschlossen. Es liegt dann eine Zivilsache vor, womit der sachliche Anwendungsbereich der EuGVVO grundsätzlich eröffnet ist[366]. Von dem so grundsätzlich eröffneten sachlichen Anwendungsbereich werden in Art. 1 Abs. 2 EuGVVO Bereichsausnahmen gemacht, die für die vorliegende Arbeit mangels Relevanz außer Betracht bleiben sollen.

---

[358] BGH, Urteil vom 08.07.1955, Az.: I ZR 24/55, BGHZ 18, 81, 92 = GRUR 1955, 393, 396.
[359] Vgl. *Pitz*, GRUR 1995, 231, 234.
[360] Vgl. *Mes*, GRUR 2001, 584, 587 f.
[361] Siehe oben, S. 54.
[362] Vgl. *Adolphsen*, Rn. 428.
[363] Siehe oben, S. 75.
[364] A.A. offenbar *Geimer*, in: Geimer/Schütze, Art. 1 EuGVVO Rn. 1 a.
[365] Für weitere Einzelheiten vgl. *Schlosser/Hess*, Art. 1 EuGVVO Rn. 10 ff. m.w.N.
[366] Vgl. EuGH, Urteil vom 14.10.1976, Rs. C-29/76, ECLI:EU:C:1976:137 = NJW 1977, 489, Rn. 30 – LTU Lufttransportunternehmen GmbH & Co. KG v. Eurocontrol.

bb. Örtlich

Gemäß Art. 4 Abs. 1 EuGVVO findet die EuGVVO grundsätzlich Anwendung auf alle Zivilstreitigkeiten, in denen der Beklagte seinen Wohnsitz im Hoheitsgebiet eines Mitgliedstaates der EU hat. Hat ein Beklagter keinen Wohnsitz in einem Mitgliedstaat, dann kann sich eine internationale Zuständigkeit der mitgliedstaatlichen Gerichte nur unter der Voraussetzung einer ausschließlichen Zuständigkeit nach Art. 24 EuGVVO oder einer Gerichtsstandsvereinbarung nach Art. 25 EuGVVO aus der EuGVVO selbst ergeben. Ansonsten kann sich die internationale Zuständigkeit gemäß Art. 6 Abs. 1 EuGVVO nur aus der lex fori des angerufenen mitgliedstaatlichen Gerichts herleiten. Unstreitig findet die EuGVVO aber keine Anwendung auf reine Inlandssachverhalte, in denen sowohl die Parteien aus demselben Mitgliedstaat stammen als auch der zugrundeliegende Sachverhalt keinen Bezug zu einem anderen Staat – unabhängig davon, ob Mitgliedstat oder Drittstaat – aufweist[367].

Für die Anwendbarkeit der EuGVVO ist also ein Auslandsbezug erforderlich. Umstritten ist hingegen, wie genau dieser ausgestaltet sein muss. Unproblematisch ist dabei der Fall, dass der Auslandsbezug sich im Verhältnis zu einem anderen EU-Mitgliedstaat ergibt[368]. Der Bezug zu nur einem anderen Mitgliedstaat reicht aus, um den Anwendungsbereich der EuGVVO zu eröffnen[369]. Dabei muss sich dieser nicht zwingend aus dem Wohnsitz des Beklagten ergeben. Der Auslandsbezug kann auch aus personenunabhängigen Kriterien herzuleiten sein[370]. Nach der Rechtsprechung des EuGH kann der Anwendungsbereich der EuGVVO sogar eröffnet sein, wenn die am Rechtsstreit beteiligten Parteien in demselben Mitgliedstaat ihren Wohnsitz haben und sich der Auslandsbezug lediglich durch den Ort des streitigen Rechtsverhältnisses (z.B. den Ort der unerlaubten Handlung) ergibt[371]. Für die Anwendbarkeit der EuGVVO genügt jeder irgendwie geartete Auslandsbezug eines Rechtsstreits. Der Auslandsbezug kann sich auch erst aus den einzelnen, auf dem konkreten Sachverhalt anzuwendenden Normen ergeben[372]. Aufgrund dieses weiten Verständnisses des erforderlichen Auslandsbezugs dürften sich an dieser Stelle in der Praxis keine Schwierigkeiten ergeben.

---

[367] *Stadler*, in: Musielak/Voit, Art. 4 EuGVVO Rn. 2.
[368] *Stadler*, in: Musielak/Voit, Art. 4 EuGVVO Rn. 2.
[369] *Kubis*, S. 22.
[370] *Staudinger/Steinrötter*, JuS 2015, 1, 2.
[371] EuGH, Urteil vom 01.03.2005, Rs. C-281/02, ECLI:EU:C:2005:120 = EuZW 2005, 345, Rn. 35 – Owusu v. Jackson u.a.; *Adolphsen*, EuZVR S. 81.
[372] Vgl. für die h.M. *Kropholler/von Hein*, Vor Art. 2 EuGVVO a.F. Rn. 8 m.w.N; *Staudinger/Steinrötter*, JuS 2015, 1, 2.

b. Gerichtsstände im Patentverletzungsverfahren

aa. Allgemeiner Gerichtsstand

Der allgemeine Gerichtsstand ist der Wohnsitzgerichtsstand des Beklagten. Gemäß Art. 4 Abs. 1 EuGVVO sind Personen, die ihren Wohnsitz in dem Hoheitsgebiet eines Mitgliedstaates haben, ohne Rücksicht auf ihre Staatsangehörigkeit vor den Gerichten dieses Mitgliedstaates zu verklagen. In Patentsachen kann damit grundsätzlich auch vor dem Wohnsitzgericht wegen der Verletzung eines ausländischen Patents geklagt werden[373]. Die Kognitionsbefugnis des Wohnsitzgerichtsstands wird durch die Territorialität des Patents nicht beschränkt[374].

Von dem allgemeinen Grundsatz des Wohnsitzgerichtsstands kann nur in den von der EuGVVO bestimmten Fällen eine Ausnahme gemacht werden. Gemäß Art. 5 Abs. 1 EuGVVO können Personen mit Wohnsitz im Hoheitsgebiet eines Mitgliedstaates vor den Gerichten eines anderen Mitgliedstaates nur in den von der EuGVVO bestimmten Fällen verklagt werden. Die EuGVVO sieht hierfür besondere Gerichtsstände vor. Bestimmt die EuGVVO für den konkreten Sachverhalt einen ausschließlichen Gerichtsstand, so kann eine Klage nur an diesem Gerichtsstand zulässig erhoben werden.

bb. Besondere Gerichtsstände

Neben dem allgemeinen Gerichtsstand des Beklagten steht dem Kläger grundsätzlich auch die Wahl eines besonderen Gerichtsstands der EuGVVO offen. Im Folgenden werden nur die in einem Patentrechtsstreit in Frage kommenden besonderen Gerichtsstände einer näheren Betrachtung unterzogen.

(1) Vertraglicher Erfüllungsort

Gemäß Art. 7 Nr. 1 a EuGVVO kann eine Person, die ihren Wohnsitz im Hoheitsgebiet eines Mitgliedstaats hat, vor dem Gericht des Ortes, an dem die Verpflichtung erfüllt worden ist oder zu erfüllen wäre, in einem anderen Mitgliedstaat verklagt werden, wenn ein Vertrag oder Ansprüche aus einem Vertrag den Gegenstand des Verfahrens bilden. Sobald ein vertraglicher Anspruch bezüglich eines Patents geltend gemacht wird, kann Art. 7 Nr. 1 a EuGVVO die Zuständigkeit des Gerichts am Ort der Erfüllung der streitgegenständlichen,

---

[373] *Schlosser*, Art. 2 EuGVVO a.F. Rn. 1.
[374] *Schauwecker*, GRUR Int. 2008, 96, 101.

vertraglichen Verpflichtung begründen[375]. Er ist insbesondere für Streitigkeiten betreffend Lizenzverträge[376] beispielsweise bei der Geltendmachung von Ansprüchen wegen Verletzung einer vertraglichen Verpflichtung von Interesse. Auch die Überschreitung der rechtlichen Grenzen eines Lizenzvertrages ist insoweit eine Patentverletzung.

Der Erfüllungsort i.S.d. Art. 7 Nr. 1 a EuGVVO ist anhand des materiellen Rechts des Ortes zu bestimmen, das nach dem Kollisionsrecht des angegangenen Gerichts für die streitige Verpflichtung maßgeblich ist[377]. Das angerufene Gericht hat demnach zunächst nach seinem Kollisionsrecht das maßgebliche nationale Recht (lex causae) zu bestimmen und nach diesem Recht in einem zweiten Schritt, den Erfüllungsort zu ermitteln[378]. Da als angerufene nationale Gerichte vorliegend ausschließlich Gerichte von EU-Mitgliedstaaten in Betracht kommen, werden hier als Kollisionsrecht allein Art. 3 ff. Rom I-VO zur Anwendung gelangen können[379]. Die Kognitionsbefugnis des nach Art. 7 Nr. 1 a EuGVVO zuständigen Gerichts beschränkt sich aber nur auf vertragliche Ansprüche[380].

(2) Ort der unerlaubten Handlung

In Patentverletzungsverfahren ist der besondere Gerichtsstand des Art. 7 Nr. 2 EuGVVO von besonderer Bedeutung[381]. Unumstritten ist, dass eine Patentverletzung zur Bestimmung der internationalen Zuständigkeit als eine unerlaubte Handlung i.S.d. Art. 7 Nr. 2 EuGVVO zu qualifizieren ist[382]. Der Gerichtsstand der unerlaubten Handlung gibt einem Patentinhaber die Möglichkeit, den Verletzer vor den Gerichten des Staates zu verklagen, in dem das schädigende Ereignis eingetreten ist oder einzutreten droht (lex loci delicti). Auch die vorbeugende Unterlassungsklage kann gemäß Art. 7 Nr. 2 EuGVVO also am voraussichtlichen Erfolgsort gegen einen möglichen Patentverletzer erhoben werden.

---

[375] EuGH, Urteil vom 06.10.1976, Rs 14/76, ECLI:EU:C:1976:134 = NJW 1977, 490, Rn. 9/12 – A. De Bloos, SPRL v. Société en commandite par actions Bouyer.
[376] *McGuire/Tochtermann*, GRUR-Prax 2016, 427.
[377] *Stadler*, in: Musielak/Voit, Art. 7 EuGVVO, Rn. 7.
[378] *Gottwald*, in: MünchKomm ZPO, Art. 7 EuGVVO, Rn. 40.
[379] Vgl. *McGuire/Tochtermann*, GRUR-Prax 2016, 427.
[380] Vgl. EuGH, Urteil vom 05.02.2004, Rs. C-265/02, ECLI:EU:C:2004:77 = NJW-RR 2004, 1291, Rn. 24 ff – Frahuil SA v. Assitalia SpA; *Gottwald*, in: MünchKomm ZPO, Art. 7 EuGVVO, Rn. 3.
[381] *Oldekop*, in: Schramm/Kilchert, Kap. 9 Rn. 244.
[382] Siehe *Kubis*, S. 226.

Der Gerichtsstand umfasst, soweit es nicht die vorbeugende Unterlassungsklage betrifft, indes sowohl den Handlungsort als auch den Erfolgsort der in Rede stehenden unerlaubten Handlung[383]. Da ein Europäisches Patent einem nationalen Patent gleichgestellt ist und aufgrund des aus dem Territorialitätsprinzip fließenden Schutzlandprinzips nur in dem Land seine Schutzwirkung entfaltet, für welches es auch erteilt wurde, kann es durch eine nicht im Schutzstaat vorgenommene Handlung nicht verletzt werden[384]. Daraus folgt, dass der Handlungs- und Erfolgsort einer Patentverletzung regelmäßig am Gerichtsstand des Erteilungsstaats zusammenfallen[385]. Der EuGH billigt zudem in seiner Shevill-Entscheidung einem mitgliedstaatlichen Gericht am Gerichtsstand der unerlaubten Handlung nur zu, über den Schaden zu entscheiden, der tatsächlich in dem Staat des angerufenen Gerichts entstanden ist[386], wenn nicht auch ein anderer Gerichtsstand (wie etwa der Wohnsitzgerichtsstand) für dieses Gericht zuständigkeitsbegründend war. Ein Patentinhaber ist demnach letztlich gezwungen, an jedem einzelnen Erfolgsort ein separates Verfahren anzustrengen oder aber auf einen anderen Gerichtsstand, etwa den des Wohnsitzgerichts, auszuweichen, um einen umfassenden Schadensersatz zu erlangen.

Die weitere, aber nachgeordnete Frage, ob ein Patent verletzt ist, entscheidet sich wiederum nach den materiellrechtlichen Normen dieses Erteilungsstaates. Am Gerichtsstand der unerlaubten Handlung kann damit nur die Verletzung des Europäischen Patents mit Wirkung für genau diesen Staat geltend gemacht werden[387]. Eine Beurteilung der Patentverletzung über die Grenzen des Erteilungsstaates hinaus ist dem Gericht des Erteilungsstaates als Gericht am Ort der unerlaubten Handlung nicht möglich, da es hierfür international nicht zuständig ist.

Umstritten war die für den potentiellen Patentverletzer relevante Frage, ob der Gerichtsstand der unerlaubten Handlung auch im Falle einer negativen Feststellungsklage Anwendung finden kann. Dies wurde u.a. mit der Begründung abgelehnt, dass mit einer negativen Feststellungsklage geltend gemacht werde, dass keine unerlaubte, sondern eine rechtmäßige Handlung begangen worden sei[388]. In seinem Urteil vom 25.10.2012 in der Rechtssache Folien Fischer AG, Fofitec

---

[383] EuGH, Urteil vom 30.11.1976, Rs 21/76, ECLI:EU:C:1976:166 = NJW 1977, 493, Rn. 19 – Handelskwekerij G. J. Bier B.V. v. Mines des Potasse d'Alsace SA.
[384] Siehe oben, S. 7; h.M. u.a. *Grabinski/Zülch*, in: Benkard PatG, § 139 Rn. 101 b; a.A. *Winkler, M.*, S. 196 ff.
[385] *Oldekop*, in: Schramm/Kilchert, Kap. 9 Rn. 250.
[386] EuGH, Urteil vom 07.03.1995, Rs. C-68/93, ECLI:EU:C:1995:61 = NJW 1995, 1881, Rn. 33 – Fiona Shevill u.a. v. Presse Alliance SA; *Luginbühl/Stauder*.
[387] *Hölder*, S. 40 f.
[388] *Sujecki*, GRUR Int. 2012, 18, 19 m.w.N.

AG./.Ritrama SpA hat sich der EuGH indes mit zutreffender Begründung ausdrücklich für die Anwendbarkeit des Gerichtsstands der unerlaubten Handlung auf die negative Feststellungsklage entschieden[389]. Weder der Wortlaut des Art. 7 Nr. 2 EuGVVO[390] noch der Gedanke der Sachnähe des angerufenen Gerichts sprachen für den Ausschluss der negativen Feststellungsklage. Auch handelt es sich bei der negativen Feststellungsklage lediglich um das Spiegelbild der positiven Leistungsklage, bei der der potenziell Geschädigte zwischen dem Handlungs- bzw. Erfolgsort der unerlaubten Handlung wählen kann. Wenn Art. 7 Nr. 2 EuGVVO aber nicht die Bevorzugung eines Geschädigten als Kläger zum Ziel hat, sondern allein die aufgrund der Nähe zum Streitgegenstand gegebene leichtere Beweisaufnahme[391], ist kein Grund ersichtlich, dem potentiellen Schädiger dieselbe Wahl zwischen den Gerichtsständen zu verweigern. Allein von den Prozessrollen des Schädigers und des Geschädigten kann und sollte die Zuständigkeit für denselben Streitgegenstand nicht abhängen[392].

(3) Gerichtsstand der Streitgenossenschaft

Für einen Patentinhaber kann im Patentverletzungsverfahren auch der besondere Gerichtsstand der Streitgenossenschaft gemäß Art. 8 Nr. 1 EuGVVO von Interesse sein. Hiernach kann eine Person, die ihren Wohnsitz in dem Hoheitsgebiet eines Mitgliedstaates hat, wenn sie mit mehreren Personen zusammen verklagt werden soll, vor dem Gericht, in dessen Bezirk einer der Beklagten seinen Wohnsitz hat, verklagt werden. Dies setzt voraus, dass zwischen den Klagen eine so enge Beziehung gegeben ist, dass eine gemeinsame Verhandlung und Entscheidung geboten erscheint. Es ist zu vermeiden, dass in getrennten Verfahren einander widersprechende Entscheidungen ergehen. Der Patentinhaber erhält damit grundsätzlich die Möglichkeit, zwischen den allgemeinen Gerichtsständen der einzelnen Patentverletzer als Beklagte zu wählen[393] und am Wohnsitz eines Patentverletzers die Patentverletzung durch alle Beklagten geltend zu machen. Voraussetzung für diese Wahl ist bereits nach dem Wortlaut der Norm zunächst und nunmehr unstreitig, dass alle Beklagten ihren Wohnsitz

---

[389] EuGH, Urteil vom 25.10.2012, Rs. C-133/11, ECLI:EU:C:2012:664 = GRUR 2013, 98, Rn. 55 – Folien Fischer AG und Fofitec AG v. Ritrama SpA.
[390] Entspricht auch nach der Reform dem Wortlaut des Art. 5 Nr. 3 EuGVVO a.F., so dass die zum Art. 5 Nr. 3 EuGVVO ergangene Rechtsprechung weiterhin heranzuziehen ist.
[391] EuGH, Urteil vom 17.10.2017, Rs. C-194/16, ECLI:EU:C:2017:766 = WRP 2017, 1465, Rn. 27 – Bolagsupplysningen OÜ u.a. v. Svensk Handel AB.
[392] So auch *Bartosz*, EuZW 2012, 950, 953.
[393] *Schlosser*, Art. 6 EuGVVO a.F. Rn. 2.

in einem Mitgliedstaat haben und damit nicht in einem Drittstaat ansässig sind[394].

Viel problematischer ist aber die Frage, unter welchen Voraussetzungen eine so enge Beziehung zwischen den Patentverletzungsklagen gegeben sein kann, dass eine gemeinsame Verhandlung geboten erscheint, um zu vermeiden, dass in getrennten Verfahren einander widersprechende Entscheidungen ergehen können. Ausschlaggebend ist letztlich, ob bzw. wann überhaupt die Gefahr einander widersprechender Entscheidungen bei zwei getrennten Patentverletzungsklagen bezogen auf Europäische Patente, das sogenannte Konnexitätserfordernis, vorliegen kann.

Eine solche Gefahr einander widersprechender Entscheidungen besteht nur, wenn in den Patentverletzungsverfahren über dieselbe Sach- und Rechtslage zu entscheiden wäre[395].

Ob dieselbe Sach- und Rechtslage auch vorliegt, wenn die Verletzung verschiedener nationaler Teile eines Europäischen Patents in Rede steht, war bis zur Entscheidung des EuGH in der Sache *„Roche Nederland BV v. Primus und Goldenberg"*[396] umstritten. Der EuGH äußerte darin die Ansicht, dass dieselbe Sach- und Rechtslage nicht vorliege, wenn die Beklagten ggf. auch unabhängig voneinander die nationalen Teile verschiedener Staaten eines Europäischen Patents verletzt haben. Die Gefahr einander widersprechender Entscheidungen scheide in einem solchen Fall aus. Dies begründete der EuGH damit, dass sich insbesondere aus Art. 64 Abs. 3 EPÜ ergebe, dass jede Klage wegen Verletzung eines Europäischen Patents anhand des einschlägigen nationalen Rechts zu prüfen ist, das in jedem der Staaten, für die es erteilt worden ist, gilt. Folglich läge solchen Klagen nicht dieselbe Rechtsgrundlage zugrunde, die in verschiedenen Vertragsstaaten wegen der dortigen Verletzung eines in diesen Staaten erteilten Europäischen Patents gegen die dort ansässigen Personen erhoben werden[397].

---

[394] EuGH, Urteil vom 11.4.2013, Rs. C-645/11, ECLI:EU:C:2013:228, = NJW 2013, 1661, Rn. 56 – Land Berlin v. Sapir.
[395] *Kubis*, ZGE 2017, 471, 480; *Dörner*, in: NomosKomm-ZPO, Art. 8 EuGVVO Rn. 4.
[396] EuGH, Urteil vom 13.07.2006, Rs. C-539/03, ECLI:EU:C:2006:458 = GRUR Int. 2006, 836 – Roche Nederland BV v. Primus und Goldenberg.
[397] EuGH, Urteil vom 13.07.2006, Rs. C-539/03, ECLI:EU:C:2006:458 = GRUR Int. 2006, 836, Rn. 30 f. – Roche Nederland BV v. Primus und Goldenberg.

Eine einheitliche Rechtslage setzt mindestens voraus, dass derselbe nationale Teil eines Europäischen Patents betroffen ist[398].

An dieser Voraussetzung ist nach Ansicht des EuGH selbst dann festzuhalten, wenn die Verletzung von verschiedenen nationalen Teilen eines Europäischen Patents durch in verschiedenen Mitgliedsländern ansässige Gesellschaften eines Konzerns aufgrund einer gemeinsamen Geschäftspolitik in derselben oder in ähnlicher Weise erfolgt. Es fehle nämlich auch dann an derselben Rechtslage[399].

Nach der bis dahin vom Gerechtshof Den Haag vertretenen Auffassung lag die erforderliche Konnexität bereits dann vor, wenn alle potentiellen Patentverletzer einer Konzerngruppe zugehörig sind[400]. Die Gesellschaften eines Konzerns sollten zwar nicht an jedem Sitz einer Tochtergesellschaft gemeinsam verklagt werden können. Es sollte aber ein einheitlicher Gerichtsstand an dem Sitz der Gesellschaft, die das Geschehen tatsächlich steuerte, eröffnet sein. Die Muttergesellschaft habe sozusagen die Geschäftspolitik in der Hand und steuere damit die von den Tochtergesellschaften begangenen Patentverletzungen gleich einer Spinne im Konzernnetz[401]. Dieser sog. Spider-in-the-web-Doktrin hat der EuGH mit seiner Entscheidung zu Recht eine endgültige Absage erteilt[402].

Trotz einer gemeinsamen Geschäftspolitik ist nicht zu verkennen, dass jede Gesellschaft für sich verschiedene nationale Teile eines Europäischen Patents verletzt. Jede Verletzung ist – als Ausfluss der Rechtsnatur des Europäischen Patents als Bündelpatent – jeweils für sich anhand der jeweils geltenden nationalen Regelungen festzustellen[403]. Zumindest eine einheitliche Rechtslage und damit eine Gefahr widersprechender Entscheidungen ist folglich ausgeschlossen. Hieran ändert auch eine gemeinsame Geschäftspolitik letztlich nichts. Die Territorialität des Patentwesens schlägt mithin erneut durch und zwingt den

---

[398] Zu den Stimmen, die den erforderlichen Zusammenhang bereits bei der parallelen Verletzung aufgrund des einheitlichen Charakters des Europäischen Patents aufgrund des einheitlichen europäischen Erteilungsverfahrens und der einheitlichen Auslegungsregeln annehmen, siehe *Winkler, M.*, S. 127 m.w.N.
[399] EuGH, Urteil vom 13.07.2006, Rs. C-539/03, ECLI:EU:C:2006:458 = GRUR Int. 2006, 836, Rn. 34 f. – Roche Nederland BV v. Primus und Goldenberg.
[400] Expandable-Crafts Partnership and Others v. Boston Scientific and Others, Gerechtshof Den Haag, 23.04.1998.
[401] Expandable-Crafts Partnership and Others v. Boston Scientific and Others, Gerechtshof Den Haag, 23.04.1998.
[402] EuGH, Urteil vom 13.07.2006, Rs. C-539/03, ECLI:EU:C:2006:458 = GRUR Int. 2006, 836, Rn. 30 f. – Roche Nederland BV v. Primus und Goldenberg; *Schack*, in: FS für Stürner, S. 1337, 1339; *Klett/Sonntag/Wilske*, Part I, Chapter 1, G.
[403] *Schacht*, GRUR 2012, 1110, 1111.

Patentinhaber dazu, in verschiedenen Parallelverfahren gegen verschiedene Patentverletzer vorzugehen, selbst wenn sie demselben Konzern angehören.

Umstritten ist allerdings, ob der gemäß Art. 8 Nr. 1 EuGVVO erforderliche Sachzusammenhang vorliegt, wenn zwar derselbe nationale Teil eines Europäischen Patents durch die gleiche Verletzungshandlung von den in verschiedenen Mitgliedstaaten ansässigen Beklagten verletzt worden sein soll, aber diese vollkommen unabhängig voneinander agiert haben (sog. parallele Patentverletzungsklagen)[404]. So ist es beispielsweise denkbar, dass zwei voneinander unabhängige Unternehmen aus Frankreich und England durch die Herstellung eines Smartphones an unterschiedlichen Standorten in Deutschland den deutschen Teil eines Europäischen Patents verletzen. Mit Ausnahme der Personenverschiedenheit lägen zwei sowohl in tatsächlicher als auch in rechtlicher Hinsicht vollkommen identische Rechtsstreitigkeiten vor, so dass die Gefahr widersprechender Entscheidungen bei getrennten Verfahren vor den Gerichten zweier unterschiedlicher Mitgliedstaaten grundsätzlich gegeben wäre. Wenn allein dies ausreichte, um den Gerichtsstand der Streitgenossenschaft zu begründen, wäre der Gerichtsstand der Streitgenossenschaft aber auch eröffnet, wenn die potentiellen Patentverletzer in keiner Verbindung zueinander ständen. Es würde allein der Zufall genügen, dass die Patentverletzer dieselbe Handlung betreffend desselben nationalen Teiles eines Europäischen Patents vornehmen, um gemeinsam verklagt zu werden[405]. Dies hätte zur Folge, dass ein Beklagter seinem Wohnsitzgerichtsstand für ihn in unvorhersehbarer Weise entzogen und einer fremden und zufälligen Gerichtsbarkeit unter Einbüßung der vertrauten Verteidigungsmöglichkeiten des eigenen Wohnsitzstaates unterworfen werden würde[406]. Das Ziel der EuGVVO – einer vorhersehbaren, rechtssicheren Zuständigkeitsordnung[407] – würde missachtet werden. Unstrittig ist daher, dass diese Konsequenz mangels Vorhersehbarkeit für die potentiellen Beklagten unbillig[408] und in der Folge abzulehnen ist.

Art. 8 EuGVVO erfordert ein subjektives Element. Dies ist ohne Weiteres erfüllt, wenn mehrere Beklagte denselben nationalen Teil eines Europäischen Patents gemeinschaftlich verletzen (Gemeinschaftliche Patentverletzung)[409]. Für

---

[404] *Hölder*, S. 79.
[405] So wohl die alleinigen Anforderungen nach dem sog. „Solvay"-Urteil; EuGH, Urteil vom 12.07.2012, Rs. C-616/10, ECLI:EU:C:2012:445 = GRUR 2012, 1169, Rn. 53 – Solvay SA v. Honeywell Fluorine Prdocuts Europe BV u.a.
[406] *Schacht*, GRUR 2012, 1110, 1112.
[407] Vgl. Erwägungsgrund 15 und 16 Verordnung (EU) Nr. 1215/2012 .
[408] *Winkler, M.*, S. 127.
[409] *Oldekop*, in: Schramm/Kilchert, Kap. 9 Rn. 278 f.; *Winkler, M.*, S. 124 m.w.N.

die potentiellen Beklagten ist die Vorhersehbarkeit einer Klage in einem anderen Mitgliedstaat als in ihrem Wohnsitzstaat aber auch schon dann gegeben, wenn noch keine gemeinschaftliche Patentverletzung, aber zumindest abgestimmte Patentverletzungen vorliegen würden[410].

(4) Weitere Gerichtsstände

Neben dem Gerichtsstand des Erfüllungsortes, des Beklagtenwohnsitzes und dem Gerichtsstand der unerlaubten Handlung sowie dem Gerichtsstand der Streitgenossenschaft sieht die EuGVVO unter anderem auch noch die besonderen Gerichtsstände der Niederlassung gemäß Art. 8 Nr. 5 EuGVVO und der Widerklage gemäß Art. 8 Nr. 3 EuGVVO vor, die ebenfalls in einem Patentverletzungsverfahren in Betracht kommen können. Ein Gerichtsstand kann aber auch durch Gerichtsstandsvereinbarung gemäß Art. 25 EuGVVO oder gemäß Art. 26 Nr. 1 EuGVVO durch rügelose Einlassung begründet werden, soweit nicht eine ausschließliche Zuständigkeit nach Art. 24 EuGVVO gegeben ist. Auf eine eingehendere Erörterung soll hier mangels patentrechtlicher Besonderheiten verzichtet werden.

c. Gerichtsstände im Nichtigkeitsverfahren
aa. Patentnichtigkeitsklage

Die Frage, welches Staats Gerichte international für die Durchführung des Nichtigkeitsverfahrens zuständig sind, richtet sich in den Mitgliedstaaten der EU nach Art. 24 Nr. 4 EuGVVO[411]. Diese Norm begründet eine ausschließliche Zuständigkeit für Klagen, welche die Eintragung oder die Gültigkeit von Patenten, Marken, Mustern und Modellen sowie ähnlicher Rechte, die eine Hinterlegung oder Registrierung bedürfen, zum Gegenstand haben. Ausschließlich zuständig sind die Gerichte des Staates, in dessen Hoheitsgebiet die Hinterlegung oder Registrierung beantragt, vorgenommen worden ist oder aufgrund eines zwischenstaatlichen Übereinkommens als vorgenommen gilt.

Art. 2 EPÜ und Art. 64 EPÜ bestimmen, dass ein Europäisches Patent mit seiner Erteilung dieselbe rechtliche Wirkung in dem zuvor benannten Vertragsstaat erlangt wie ein nationales Patent. Folglich kann ein Europäisches Patent ebenso wie ein einzelnes nationales Patent in jedem Mitgliedstaat, für den das Patent

---

[410] Vgl. *Stadler*, in: Musielak/Voit, Art. 8 EuGVVO Rn. 3; a.A. *Schacht*, GRUR 2012, 1110, 1113.
[411] *Adolphsen*, Rn. 121.

erteilt wurde, in einem Nichtigkeitsverfahren angegriffen werden. Für die Nichtigkeitsklagen, die sich gegen Europäisches Patente richten, die mit Wirkung für Deutschland erteilt wurden, sind mithin ausschließlich die deutschen Gerichte und damit erstinstanzlich das BPatG zuständig. Im Umkehrschluss bedeutet dies, dass in jedem Mitgliedstaat, für den ein Europäisches Patent erteilt wurde, die zuständigen nationalen Gerichte angerufen werden müssen, um das Europäische Patent auf dem Gebiet der Vertragsstaaten des EPÜ vollkommen zu beseitigen. Denn jedes nationale Gericht trifft nur begrenzte, auf das eigene Territorium beschränkte Entscheidungen[412]. Art. 24 Nr. 4 EuGVVO ist damit unmittelbarer Ausdruck des bei der Frage nach dem Anwendungsbereich der EuGVVO noch außer Acht gelassenen Souveränitätsanspruchs jedes einzelnen Staates[413] und des darauf beruhenden Territorialitätsprinzips[414].

bb. Nichtigkeitseinwand im Patentverletzungsverfahren

(1) Ausschließliche Zuständigkeit des Erteilungsstaats

Bis zur Reform der EuGVVO war streitig, ob Art. 22 Nr. 4 EuGVVO a.F. nicht nur die Patentnichtigkeitsklage umfasste, sondern vielmehr auch im Fall der Erhebung eines bloßen Nichtigkeitseinwands in anderen Patentstreitigkeiten[415] zu einer Zuständigkeitsbegründung führen könnte. Die Zulässigkeit des Nichtigkeitseinwands insbesondere in einem Patentverletzungsverfahren und in einem Verfahren auf Feststellung der Nichtverletzung, auch wenn das Urteil bezüglich der Gültigkeit des Patents keine erga omnes-Wirkung entfalten würde, blieb über viele Jahre ungeklärt. Auch der Wortlaut der englischen Fassung des Art. 22 Nr. 4 EuGVVO a.F., der im Gegensatz zur deutschen Fassung nicht das englische Wort für Klagen, also „claims", verwendete, sondern von „proceedings" und damit generell von „Verfahren" sprach, nährte den über diese Fragen geführten Streit[416].

Der insbesondere von deutschen Gerichten vertretenen Ansicht, dass eine inzidente Überprüfung der Gültigkeit eines nationalen oder auch lediglich nationa-

---

[412] *Götting*, § 34 Rn. 26.
[413] Vgl. EuGH, Urteil vom 13.07.2006, Rs. C-4/03, ECLI:EU:C:2006:457 = GRUR Int. 2006, 839, Rn. 22 f. – Gesellschaft für Antriebstechnik GmbH & Co. KG v. Lamellen und Kupplungsbau Beteiligungs KG; siehe oben, S. 76.
[414] Siehe oben, S. 7.
[415] EuGH, Urteil vom 13.07.2006, Rs. C-4/03, ECLI:EU:C:2006:457 = GRUR Int. 2006, 839, Rn. 12 – Gesellschaft für Antriebstechnik GmbH & Co. KG v. Lamellen und Kupplungsbau Beteiligungs KG.
[416] *Adolphsen*, Rn. 421.

len Teils eines Europäischen Patents in einem Patentverletzungsverfahren oder auch auf eine (negative) Feststellungsklage ohne Weiteres möglich und nicht von Art. 22 Nr. 4 EuGVVO a.F. erfasst sei, hat der EuGH in seiner viel kritisierten[417] Entscheidung vom 13.07.2006 in der Sache GAT./.LuK schließlich eine Absage erteilt[418]. Danach umfasse Art. 16 Nr. 4 EuGVÜ – und damit auch die entsprechende Nachfolgenorm Art. 22 Nr. 4 EuGVVO a.F. – alle Arten von Streitigkeiten über die Eintragung oder Gültigkeit eines Patents, unabhängig davon, ob die Nichtigkeit klageweise oder einredeweise geltend gemacht wird[419]. Nach Ansicht des EuGH führte die Erhebung des Nichtigkeitseinwands im Patentverletzungsprozess dazu, dass das angerufene Gericht, wenn es nicht das Gericht des Mitgliedstaates ist, für den das Patent durch das EPA erteilt wurde, nachträglich international unzuständig werden würde. Gemäß Art. 22 Nr. 4 EuGVVO a.F. sei ausschließlich das Gericht des Landes zuständig, für welches das angegriffene Patent erteilt wurde[420].

Seine Auffassung stützte der EuGH auf den Zweck der ausschließlichen Zuständigkeitsnorm, eine Entscheidung desjenigen Gerichts zu gewährleisten, das die größte Sach- und Rechtsnähe aufweist. Soweit es um die Gültigkeit eines Patents gehe, seien die Gerichte des Erteilungsstaates am besten in der Lage, die Fälle zu entscheiden[421]. Auch sei die ausschließliche Zuständigkeit der Gerichte des Erteilungsstaates dadurch gerechtfertigt, dass die Erteilung von Patenten „das Tätigwerden der nationalen Verwaltung" impliziere[422], also auch die Souveränität des Erteilungsstaates betreffe[423]. Würde hingegen Art. 16 Nr. 4 EuGVÜ nicht den Nichtigkeitseinwand umfassen, so könne der Kläger allein durch die Formulierung des Klageantrages die beabsichtigte, zwingende Zuständigkeit umgehen. Wenn die ausschließliche Zuständigkeit des Erteilungsstaates indes umgangen werden könnte, würde es zu einer Häufung von

---

[417] Siehe u.a. *Kubis*, Mitt. 2007, 220; *Schack*, in: FS für Stürner, S. 1337, 1340; *Winkler, M.*, S. 108 ff. m.w.N.
[418] *Schlosser*, Art. 22 EuGVVO a.F. Rn. 23 a.
[419] EuGH, Urteil vom 13.07.2006, Rs. C-4/03, ECLI:EU:C:2006:457 = GRUR Int. 2006, 839, Rn. 32 – Gesellschaft für Antriebstechnik GmbH & Co. KG v. Lamellen und Kupplungsbau Beteiligungs KG.
[420] *Oldekop*, in: Schramm/Kilchert, Kap. 9 Rn. 253.
[421] EuGH, Urteil vom 13.07.2006, Rs. C-4/03, ECLI:EU:C:2006:457 = GRUR Int. 2006, 839, Rn. 21 f – Gesellschaft für Antriebstechnik GmbH & Co. KG v. Lamellen und Kupplungsbau Beteiligungs KG.
[422] EuGH, Urteil vom 13.07.2006, Rs. C-4/03, ECLI:EU:C:2006:457 = GRUR Int. 2006, 839, Rn. 23 – Gesellschaft für Antriebstechnik GmbH & Co. KG v. Lamellen und Kupplungsbau Beteiligungs KG.
[423] *Winkler, M.*, S. 106.

Gerichtsständen kommen, was dem Grundsatz der Vorhersehbarkeit und damit der Rechtssicherheit zuwiderlaufe[424]. Wäre eine inzidente Prüfung durch einen Nichterteilungsstaat möglich, so würde dies zudem die Gefahr einander widersprechender Entscheidungen erhöhen[425].

Die in dieser Entscheidung geäußerte Rechtsauffassung des EuGH wurde bei der Neufassung der EuGVVO berücksichtigt, so dass Art. 24 Nr. 4 EuGVVO nunmehr wie folgt lautet:

„Ohne Rücksicht auf den Wohnsitz sind folgende Gerichte eines Mitgliedstaates ausschließlich zuständig: (…)

4. für Verfahren, welche die Eintragung oder die Gültigkeit von Patenten, Marken, Mustern und Modellen sowie ähnlicher Rechte, die einer Hinterlegung oder Registrierung bedürfen, zum Gegenstand haben, unabhängig davon, ob die Frage im Wege der Klage oder der Einrede aufgeworfen wird, die Gerichte des Mitgliedstaats, in dessen Hoheitsgebiet die Hinterlegung oder Registrierung beantragt oder vorgenommen worden ist oder aufgrund eines Unionsrechtsakts oder eines zwischenstaatlichen Übereinkommens als vorgenommen gilt.

Unbeschadet der Zuständigkeit des Europäischen Patentamts nach dem am 5. Oktober 1973 in München unterzeichneten Übereinkommen über die Erteilung europäischer Patente sind die Gerichte eines jeden Mitgliedstaats für alle Verfahren ausschließlich zuständig, welche die Erteilung oder die Gültigkeit eines europäischen Patents zum Gegenstand haben, das für diesen Mitgliedstaat erteilt wurde (…)"

Die Nichtigkeitseinrede wird nun also ausdrücklich von Art. 24 Nr. 4 EuGVVO erfasst, so dass nicht nur für Nichtigkeitsklagen, sondern explizit auch für jedwedes andere Verfahren und damit insbesondere für eine Patentverletzungsklage an sich eine Zuständigkeitsbegründung gemäß Art. 24 Nr. 4 EuGVVO in Betracht kommt. Insofern beinhaltet die Änderung des

---

[424] EuGH, Urteil vom 13.07.2006, Rs. C-4/03, ECLI:EU:C:2006:457 = GRUR Int. 2006, 839, Rn. 28 – Gesellschaft für Antreibstechnik GmbH & Co. KG v. Lamellen und Kupplungsbau Beteiligungs KG.
[425] EuGH, Urteil vom 13.07.2006, Rs. C-4/03, ECLI:EU:C:2006:457 = GRUR Int. 2006, 839, Rn. 29 – Gesellschaft für Antreibstechnik GmbH & Co. KG v. Lamellen und Kupplungsbau Beteiligungs KG.

Wortlauts des Art. 22 Nr. 4 a.F. EuGVVO lediglich eine ausdrückliche Kodifizierung der EuGH-Rechtsprechung. Den bisherigen Streitigkeiten[426] in Bezug auf die grundsätzliche Erfassung des Nichtigkeitseinwands von Art. 24 Nr. 4 EuGVVO ist damit der Boden entzogen.

(2) Klageabweisung oder Aussetzung?

Aus dem Vorgesagten folgend ist der prozessuale Umgang mit einem im Patentverletzungsprozess erhobenen Nichtigkeitseinwand zu klären. Denkbar sind sowohl die aufgrund nachträglich weggefallener Zuständigkeit sofortige Abweisung der Verletzungsklage gemäß Art. 27 EuGVVO oder aber die Aussetzung des Verletzungsprozesses während des Nichtigkeitsverfahrens.

Es ist davon auszugehen, dass der Patentinhaber möglichen Verzögerungen oder gar der Klageabweisung durch die Erhebung des Nichtigkeitseinwands entgehen möchte[427] und beim Registergerichtsstand die Klage erhebt, wenn dieser mit einem dem Patentinhaber nach der EuGVVO offenstehenden Gerichtsstand zusammenfällt. Der Patentinhaber könnte und müsste Parallelverfahren in den unterschiedlichen Registrierungsstaaten führen[428]. Steht ihm indes nach der EuGVVO der Gerichtsstand am Registerort nach der EuGVVO überhaupt nicht offen, dann ist er der möglichen nachträglichen Unzuständigkeit des angerufenen Gerichts durch die Erhebung des Nichtigkeitseinwands durch den Beklagten schutzlos ausgeliefert, wenn der Nichtigkeitseinwand sogar zur Klageabweisung führen würde. Selbst die am allgemeinen Gerichtsstand des Beklagten anhängig gemachte Patentverletzungsklage wäre durch die Erhebung des Einwands der Nichtigkeit des streitgegenständlichen „ortsfremden" Patents betroffen. Art. 24 Nr. 4 EuGVVO könnte damit zur Konzentration aller Verfahren am Registergerichtsstand führen. Zu Recht wurde diese Konsequenz der Rechtsprechung des EuGH kritisiert[429].

Der Vorwurf aber, dass eine Bündelung aller Verletzungsstreitigkeiten über ausländische Patente am allgemeinen Gerichtsstand des Beklagtenwohnsitzes aufgrund des in der Praxis fast immer erfolgenden Nichtigkeitseinwands kaum mehr möglich sei und die Rechtsprechung des EuGH zu einer Häufung der Gerichtsstände führen würde[430], wäre nur dann berechtigt, wenn sich das Gericht bei Erhebung des Nichtigkeitseinwands tatsächlich nach Art. 27 EuGVVO für

---

[426] Siehe *Adolphsen*, Rn. 426 ff.
[427] *Schauwecker*, GRUR Int. 2008, 96, 101.
[428] *Kubis*, Mitt. 2007, 220, 223.
[429] *Winkler, M.*, S. 111.
[430] *Winkler, M.*, S. 110.

das gesamte Verfahren für unzuständig erklären müsste. Nur dann wäre der Patentinhaber gezwungen, die Verletzung der verschiedenen nationalen Teile eines Europäischen Patents in einzelnen Verfahren in den jeweiligen Erteilungsstaaten geltend zu machen. Wäre dies nicht der Fall stünde es dem Kläger weiterhin zunächst frei, etwa den Beklagtenwohnsitz als zentralen Gerichtsstand zu wählen.

Schon um die befürchtete Häufung von Gerichtsständen durch die Führung von Parallelverfahren durch den Patentinhaber zu vermeiden und diesem zumindest eine grundsätzliche Bündelung der Verfahren zu ermöglichen, ist eine generelle Abweisung einer Patentverletzungsklage als unzulässig nach Erhebung des Nichtigkeitseinwands gemäß Art. 27 EuGVVO abzulehnen. Der allgemeine Gerichtsstand der EuGVVO am Wohnsitz des Beklagten wäre anderenfalls ausgehebelt[431]. Nur auf diese Weise ist der Gefahr, dass ein Beklagter nach Klageerhebung durch die Erhebung eines Einwands über die Zuständigkeit des Gerichts bestimmen könnte, wirksam begegnet.[432] Die nachträgliche Bestimmung der Zuständigkeit wäre ein Verstoß gegen den Grundsatz der „perpetuatio fori"[433] (vgl. § 261 Abs. 3 Nr. 2 ZPO). Die lediglich Einschränkung, nicht aber der totale Fortfall der Zuständigkeit des Gerichts bei Erhebung des Nichtigkeitseinwands, würde hingegen den Grundsatz wahren.

Eine sofortige Abweisung einer etwaigen Patenverletzungsklage wegen Unzuständigkeit bei Erhebung des Nichtigkeitseinwands ist daher abzulehnen und der Aussetzung des Verfahrens nach der lex fori des Gerichtstaates der Vorzug zu geben[434]. Insofern umfasst Art. 27 EuGVVO nur die Verpflichtung zur punktuellen Unzuständigkeitserklärung, nämlich lediglich bezüglich des Streitpunktes, der von Art. 24 Nr. 4 EuGVVO erfasst wird. In Deutschland wäre es mithin möglich, das Patentverletzungsverfahren wie bei einem rein nationalen Patent gemäß § 148 ZPO auszusetzen[435].

Im Ergebnis führt die Erhebung des Nichtigkeitseinwands im Patentverletzungsverfahren zwar nicht zu einer Klageabweisung gemäß Art. 27 EuGVVO, jedoch zu einer Verzögerung, wenn das Gericht die Voraussetzungen für eine Aussetzung im Einzelfall als erfüllt ansieht.

---

[431] *Adolphsen*, Rn. 419.
[432] *Adolphsen*, Rn. 446.
[433] *Schack*, in: FS für Stürner, S. 1337, 1340; *Winkler, M.*, S. 111.
[434] *Adolphsen*, IPRax 2007, 15, 15; *Schack*, in: FS für Stürner, S. 1337, 1340 f.; a.A. *Oldekop*, in: Schramm/Kilchert, Kap. 9 Rn. 253.
[435] *Schlosser*, Art. 22 EuGVVO a.F. Rn. 23 a.

2. Gerichte von Nichtmitgliedstaaten der EU

Die Bestimmung der internationalen Zuständigkeit durch die Gerichte der Nichtmitgliedstaaten der EU kann nicht anhand der EuGVVO erfolgen. Dies gilt auch, wenn beispielsweise der Kläger seinen Wohnsitz in einem EU-Mitgliedstaat hat. Die Gerichte der Nichtmitgliedstaaten greifen entweder auf ihr nationales Recht oder aber auf die für sie geltenden völkerrechtlichen Verträge zurück. Die nationalen Regelungen können aufgrund der jeweiligen national gewachsenen Rechtstraditionen und juristischen Denkstrukturen erheblich voneinander abweichen[436].

Ein schweizerischer Richter hat die Frage, ob er international zur Entscheidung über einen bestimmten Rechtsstreit berufen ist, grundsätzlich anhand des in der Schweiz geltenden Bundesgesetzes über das Internationale Privatrecht (IPRG) zu beurteilen. Das IPRG bestimmt positiv, wann ein schweizerisches Gericht in einer Rechtssache mit Auslandsbezug zur Entscheidung berufen sein soll[437]. Wenn eine Zuständigkeit in diesem Gesetz nicht vorgesehen ist, ist eine Entscheidung gemäß Art. 1 S. 2 IPRG durch ein schweizerisches Gericht grundsätzlich ausgeschlossen, wenn nicht eine andere Regelung in einem völkerrechtlichen Vertrag getroffen worden ist.

Ein solcher völkerrechtlicher Vertrag ist für die Schweiz das bereits erwähnte[438], mit der EuGVVO im Wesentlichen übereinstimmende Lugano-Übereinkommen[439]. Insoweit ergeben sich im Hinblick auf die Schweiz und allen anderen Vertragsstaaten des Lugano-Übereinkommens, welche nicht EU-Mitgliedstaaten sind, gegenüber der dargelegten Zuständigkeitsverteilung in einem Mitgliedstaat der EU keine wesentlichen Unterschiede. Dies betrifft von den neun der 37 EPÜ-Vertragsstaaten, welche nicht Mitgliedstaaten der EU sind, neben der Schweiz auch Island und Norwegen. Es verbleiben damit insgesamt sechs Vertragsstaaten des EPÜ, in denen die internationale Zuständigkeit hinsichtlich Patentstreitigkeiten weder von der EuGVVO noch von dem parallelen Lugano-Übereinkommen geregelt wird. Namentlich sind dies: Albanien, Liechtenstein, Monaco, Serbien, San Marino und die Türkei[440]. In diesen Ländern ist damit immer nach dem jeweiligen nationalen Recht oder möglicherweise bilateralen Verträgen im Einzelfall zu prüfen, ob das dortige Gericht zu

---

[436] *Geimer*, IZPR, Rn. 849.
[437] *Walter*, S. 87.
[438] Siehe oben, S. 74.
[439] *Schneyder/Grolimund*, in: BSK IPRG, Art. 1 IPRG Rn. 34.
[440] Ein Überblick hinsichtlich der in den einzelnen Staaten geltenden Regelungen findet sich bei *Schütze*, in: Geimer/Schütze, E 1, Rn. 125 ff.

einer Entscheidung über eine Patentstreitsache berufen ist. Dies kann zur Folge haben, dass dort über ein Patent eines anderen Mitgliedstaates verhandelt wird, selbst wenn die dann getroffene Entscheidung im betroffenen Mitgliedstaat nicht anerkannt wird.

IV. Kritik

1. Territorialität und fehlende Einheitlichkeit der Rechtsprechung

Falls kein gemeinsamer Gerichtsstand besteht, zwingt die territoriale Begrenzung des Europäischen Patents einen Patentinhaber dazu, seine Rechte in jedem einzelnen Staat, für den das Europäische Patent erteilt worden ist, kostenintensiv gerichtlich durchzusetzen[441]. Die Abwesenheit einer allen Staaten gemeinsamen obersten Rechtsprechungsinstanz bedingt, dass es unter den Rechtsprechungsorganen der EPÜ-Vertragsstaaten trotz gleichen Streitgegenstands lediglich bezogen auf die jeweiligen nationalen Teile der Europäischen Patente in der Praxis zu unterschiedlichen Entscheidungen kommt. Auch die Vereinheitlichung des materiellen Patentrechts durch das EPÜ gewährleistet nicht eine einheitliche Rechtsprechung. Dies beeinträchtigt die Rechtssicherheit[442]. Die Entscheidungen der Gerichte bleiben für den Patentinhaber folglich wenig vorhersehbar.

2. Forum-Shopping und Torpedo-Taktik

Die Zuständigkeitsvorschriften der EuGVVO ermöglichen es dem Kläger, den Gerichtsstand zu wählen, an dem die Klage mit der größten Wahrscheinlichkeit zum Erfolg führen wird[443]. Der Kläger hat das Recht, zwischen in mehreren Staaten nebeneinander existierenden internationalen Zuständigkeiten zur Erlangung rechtlicher und tatsächlicher Vorteile systematisch auszuwählen[444]. Die grundsätzliche Wahlmöglichkeit sieht auch die ZPO in § 35 vor. Sie ist legitim und nicht zu beanstanden[445] und führt zu einem ausgewogenen, die Interessen beider Parteien berücksichtigenden Zuständigkeitssystem. Die Wahlmöglichkeit dient dem Klägerinteresse, während der Beklagte bereits durch den allgemeinen

---

[441] Siehe oben, S. 87.
[442] *Laubinger*, S. 10.
[443] *Geimer*, IZPR, Rn. 1095.
[444] Vgl. *Nagel/Gottwald*, S. 188; *Schack*, Rn. 251.
[445] *Schack*, Rn. 251.

Gerichtsstand an seinem Wohnort („actor sequitur forum rei") begünstigt wird[446].

Ein „Forum-Shopping" durch die Wahl des vermeintlich „besten" Gerichtsstandes[447] erlangt hinsichtlich des Europäischen Patents jedoch gerade dadurch so große Bedeutung, dass innerhalb der nationalen Rechtsprechungssysteme gravierende Unterschiede zwischen dem anzuwendenden Prozess- und Beweisrecht, aber auch hinsichtlich der zu erwartenden Verfahrensdauer, der Höhe des Schadensersatzes oder der Erfahrenheit der eingesetzten Patentrichter existieren[448]. Während ein Patentinhaber beispielsweise versuchen wird, den Prozess an einem Ort anhängig zu machen, dessen Gericht dafür bekannt ist, besonders schnell zu arbeiten, wird es im Interesse eines potenziellen Beklagten liegen, ein für seine lange Verfahrensdauer bekanntes Gericht mit dem Streitgegenstand zu beschäftigen.

Nicht zu unterschätzen ist die dem Forum-Shopping ebenfalls innewohnende Missbrauchsgefahr[449], welche durch Art. 29 Abs. 1 EuGVVO eröffnet wird. Wenn bei Gerichten verschiedener Mitgliedstaaten Klagen wegen desselben Anspruchs zwischen denselben Parteien anhängig gemacht werden, hat gemäß Art. 29 Abs. 1 EuGVVO das später angerufene Gericht das Verfahren grundsätzlich von Amts wegen auszusetzen, bis die Zuständigkeit des zuerst angerufenen Gerichts feststeht. Der Begriff „desselben Anspruchs" ist nach der Rechtsprechung des EuGH autonom auszulegen[450]. Entscheidend ist nicht formal, ob die beiden Verfahren dasselbe Klageziel haben, sondern, ob sie denselben „Kernpunkt" teilen[451]. Fraglich ist, ob bei zwei im Kern entgegengesetzten Entscheidungen, die Gefahr bestehen würde, dass dem später ergangenen Urteil die Anerkennung gemäß Art. 45 Abs. 1 d EuGVVO versagt werden würde[452].

Nach diesem weiten Streitgegenstandbegriff liegt „derselbe Anspruch" vor, wenn der potenzielle Patentverletzer einer drohenden Patentverletzungsklage des Patentinhabers mittels einer Klage auf Feststellung der Nichtverletzung zuvorkommt; denn im Kern ist in beiden Verfahren zu klären, ob der potenzielle

---

[446] *Schack*, Rn, 251 f.
[447] *Adolphsen*, EuZVR S. 85; *Geimer*, IZPR, Rn. 1095.
[448] *Telg*, S. 23, 39.
[449] *Schack*, Rn. 258.
[450] EuGH, Urteil vom 08.12.1987, Rs. 144/86 – Gubisch Maschinenfabrif AG v. Giulio Palumbo, Rn. 11, ECLI:EU:C:1987:528 = NJW 1989, 665.
[451] *Stadler*, in: Musielak/Voit, Art. 29 EuGVVO Rn. 6.
[452] EuGH, Urteil vom 08.12.1987, Rs. 144/86 – Gubisch Maschinenfabrif AG v. Giulio Palumbo, Rn. 16, 18, ECLI:EU:C:1987:528 = NJW 1989, 665; *Gottwald*, in: MünchKomm ZPO, Art. 29 EuGVVO Rn. 10.

Patentverletzer nun das Patent des Patentinhabers verletzt hat. Damit kennt die EuGVVO auch keinen Vorrang der Leistungsklage vor der negativen Feststellungsklage[453]. So kann der potenzielle Patentverletzer und Beklagte eine missbräuchliche Verzögerung herbeiführen, indem er einer Klageerhebung durch den Patentinhaber zuvorkommt. Er erhebt eine negative Feststellungsklage, gerichtet auf die Feststellung der Nichtverletzung des Patents, oder auch eine Nichtigkeitsklage in einem Staat mit einer besonders langen Verfahrensdauer trotz offensichtlich fehlender Zuständigkeit. Diese Vorgehensweise eines potenziellen Verletzers wird – angelehnt an die Verfahrensdauer in den jeweiligen Staaten – als „belgisches" oder „italienisches Torpedo" bzw. als die „Torpedo-Taktik" bezeichnet[454].

Damit erreicht der potenzielle Patentverletzer eine möglicherweise lang andauernde Blockade des Patentverletzungsverfahrens selbst wenn die Zuständigkeit des anderen Gerichts offensichtlich nicht gegeben ist[455]. Verschärft wird diese für den Patentinhaber unbefriedigende Situation durch die mit der aufgezeigten „GAT./.LuK"-Rechtsprechung des EuGH eröffnete Möglichkeit, auch noch nachträglich Patentverletzungsverfahren durch die Erhebung des Nichtigkeitseinwands zu blockieren (sog. „nachträglicher Torpedo")[456].

Eine solche extensive Ausübung des „Forum Shoppings" führt zu einer ungleichen Gewichtung der Interessenlagen der Parteien, welche so nicht von der Zuständigkeitsordnung bezweckt ist.

D. Fazit

Das bislang bestehende Rechtsschutzsystem des EPÜ richtet sich ausschließlich nach dem jeweiligen Rechtsschutzsystem der einzelnen Vertragsstaaten. Die nationalen Gerichte wenden jeweils unterschiedliche verfahrens- und materiellrechtlichen Regelungen an. Auch kommt es zu unterschiedlichen Auslegungen des EPÜ durch die nationalen Gerichte, so dass das Rechtsschutzsystem des

---

[453] EuGH, Urteil vom 06.12.1994, Rs. 406/92 – The Owners of the cargo lately laden on board the ship "TATRY" v. the owners oft he ship "MACIEJ RATAJ", Rn. 45, ECLI:EU:C:1994:400 = IPRax 1996, 108; *Dörner*, in: NomosKomm-ZPO, Art. 29 EuGVVO Rn. 5.
[454] *Schneider*, S. 198.
[455] *Telg*, S. 35.
[456] Siehe oben, S. 86 f.

EPÜ weder für einen Patentinhaber noch für einen potentiellen Patentverletzer ausreichende Rechtssicherheit bietet. Das grundsätzlich bestehende Erfordernis der klageweisen Geltendmachung der Rechte aus einem Europäischen Patent in jedem einzelnen Wirkungsstaat führt zu erhöhten Durchsetzungskosten. Die im Gegensatz zu den bereits bestehenden unionsweiten Schutzrechten immer noch existierende Territorialität des Europäischen Patents begründet auch die massiven Schwächen seiner Durchsetzung. Die territoriale Begrenzung der Entscheidungen der nationalen Gerichte führt zur Fragmentierung des Patentschutzes[457]. Zudem steht die Gefahr der Verzögerung der gerichtlichen Durchsetzung durch die sogenannten Torpedoklagen einem effektiven Rechtsschutz entgegen. Insgesamt ist das Rechtsschutzsystem des EPÜ unzulänglich.

Den unionsweiten Schutzrechten liegen einheitliche materielle, europäische Bestimmungen zugrunde. Diese werden zumindest bezüglich des Bestandes der Schutzrechte einer einheitlichen Rechtsprechung des Gerichtshofs der Europäischen Union unterworfen[458]. Dies führt zu einer gegenüber dem Rechtsschutzsystem des EPÜ erhöhten Rechtssicherheit. Kostenintensive parallele Nichtigkeitsklagen werden vermieden. In Verletzungsverfahren bleibt es für alle erwähnten unionsweiten Schutzrechte bei der Zuständigkeit der nationalen Gerichtsbarkeit und den damit verbundenen Unwägbarkeiten in der Rechtsprechung[459].

Ob die aktuellen Vorschläge zur Schaffung eines neuen Rechtsschutzsystems bezüglich eines Europäischen Patents mit einheitlicher Wirkung auch die bislang bezüglich eines Europäischen Patents bestehenden Probleme in der Durchsetzung beseitigen werden, wird nachfolgend zu untersuchen sein.

---

[457] Entwurf eines Gesetzes zu dem Übereinkommen vom 19. Februar 2013 über ein Einheitliches Patentgericht vom 13.02.2017, BT-Drucks. 18/1137, S. 80.
[458] Siehe oben, S. 38.
[459] Siehe oben, S. 38.

§ 4 Ein einheitliches Patentgerichtssystem nach dem EPGÜ

Bereits bei der Schaffung des EPÜ ging man, wie bereits beschrieben[460], davon aus, dass man zeitnah auch einen Durchbruch hinsichtlich der Schaffung eines einheitlichen Gemeinschaftspatents auf europäischen Boden im Wege eines weiteren völkerrechtlichen Vertrags erzielen werde. Die Möglichkeit eines solchen Abkommens und die Integration in das EPÜ-System wurde aus diesem Grunde auch im Vertragstext des EPÜ berücksichtigt[461]. Bereits Art. 142 Abs. 1 EPÜ normiert, dass eine Gruppe von Vertragsstaaten, die in einem besonderen Übereinkommen bestimmt hat, dass die für diese Staaten erteilten Europäischen Patente für die Gesamtheit ihrer Hoheitsgebiete einheitlich sind, vorsehen kann, dass Europäische Patente nur für alle diese Staaten gemeinsam erteilt werden können.

Von dieser Ermächtigung des Art. 142 Abs. 1 EPÜ soll nunmehr im Wege zweier EU-Verordnungen Gebrauch gemacht werden. So soll ein Europäisches Patent mit einheitlicher Wirkung („Einheitspatent") für die teilnehmenden EU-Staaten in den Rechtsverkehr eingeführt und in das bestehende System des EPÜ integriert werden. Es wurde am 17.12.2012 die Verordnung Nr.1257/2012 über die Umsetzung der Verstärkten Zusammenarbeit im Bereich der Schaffung eines einheitlichen Patentschutzes[462] (EU-PatVO) erlassen. Am gleichen Tag erfolgte auch der Beschluss der Verordnung Nr. 1260/2012 des Rates der Europäischen Union über die Umsetzung der Verstärkten Zusammenarbeit im Bereich der Schaffung eines einheitlichen Patentschutzes im Hinblick auf die anzuwendenden Übersetzungsregelungen[463] (EU-PatÜVO). Die EU-PatVO soll nach Erwägungsgrund 6 der EU-PatVO ein Übereinkommen i.S.d. Art. 142 EPÜ sein. Dass eine durch den europäischen Gesetzgeber erlassene Verordnung – welche für alle teilnehmenden Mitgliedstaaten unmittelbar geltendes Recht ist – einem Übereinkommen und damit einem völkerrechtlichen Vertrag im Sinne des Völkerrechts gleichgesetzt werden kann, wird erstaunlicherweise nicht in

---

[460] Siehe oben, S. 13.
[461] *Luginbühl*, in: Singer/Stauder, Vorbemerkungen zu Art. 142-149 Rn. 1 f.
[462] Verordnung (EU) 1257/2012 des Europäischen Parlaments und des Rates vom 17.12.2012 über die Umsetzung der Verstärkten Zusammenarbeit im Bereich der Schaffung eines einheitlichen Patentschutzes, ABl. 2012 L 361/1.
[463] Verordnung (EU) 1257/2012 des Europäischen Parlaments und des Rates vom 17.12.2012 über die Umsetzung der Verstärkten Zusammenarbeit im Bereich der Schaffung eines einheitlichen Patentschutzes, ABl. 2012 L 361/1.

Frage gestellt[464]. Ohnehin ist es mangels der Möglichkeit einer richterlichen Überprüfung fragwürdig, ob diese Art der Integration von EU-Recht in das System des EPÜ jemals einer kritischen richterlichen Würdigung unterzogen werden wird[465].

Obwohl in Art. 142 Abs. 1 EPÜ prinzipiell die Möglichkeit der Erweiterung des Wirkungsbereichs des bereits existenten Europäischen Patents auf die Staatsgebiete aller EPÜ-Vertragsstaaten eröffnet wird, werden von den beiden Verordnungen nur die EU-Staaten betroffen sein. Da jedoch die geplanten EU-Verordnungen im Wege der Verstärkten Zusammenarbeit ergehen, werden sie gemäß Art. 20 EUV, Art. 329, 330 AEUV nur die teilnehmenden EU-Staaten binden. Weil sich sowohl Spanien als auch Kroatien anders als Italien zumindest bislang nicht dem geplanten Vorhaben angeschlossen haben, ist davon auszugehen, dass die Verordnungen im Falle des Inkrafttretens des EPGÜ auch nur für die verbliebenen 26 EU-Mitgliedstaaten Geltung erlangen werden[466]. Damit betreffen die derzeitigen Überlegungen zur Schaffung eines einheitlichen Patentschutzes also von den 37 ursprünglichen EPÜ-Staaten nur die an der Verstärkten Zusammenarbeit auf EU-Ebene teilnehmenden 26 EU-Staaten.

---

[464] Vgl. *Haberl/Schallmoser*, GRUR-Prax 2017, 70, 71.

[465] Die umgekehrte Frage, ob sich die Verordnungen in ihrer derzeitigen Ausgestaltung überhaupt auf EU-Recht, genauer, auf die Ermächtigungsgrundlage des Art. 118 Abs. 1 AEUV stützen lassen, war indes Gegenstand der von Spanien vor dem EuGH anhängig gemachten Rechtssachen C-146/13 und C-147/13 vom 22.03.2013. In seinem Urteil in der Rechtssache C-146/13 hat der EuGH lediglich ohne weitere Ausführungen entschieden, dass es feststehe, dass die angefochtene Verordnung nach ihrem Art. 1 ein besonderes Übereinkommen im Sinne von Art. 142 EPÜ darstelle und auch mangels Angriffs Spaniens in diesem Punkt die Infragestellung der Rechtmäßigkeit im Hinblick auf das Unionsrecht ins Leere gehe und daher zurückzuweisen sei; EuGH, Urteil vom 05.05.2015, Rs. C-146/13, ECLI:EU:C:2015:298 = GRUR 2015, 562, Rn. 24 ff. – Spanien v. Europäisches Parlament und Rat der Europäischen Union.

[466] Vgl. EPO, Leitfaden zum Einheitspatent, Rn, 11 f., abrufbar unter: https://www.epo.org/law-practice/legal-texts/html/upg/d/uppg_a_v_2.html, zuletzt aufgerufen am 27.08.2019.

A. Europäische Patent mit einheitlicher Wirkung

Bevor die einzelnen Zuständigkeiten eines neues Patentgerichtssystems, die Reichweite der Entscheidungen und die Konsequenzen dieses Systems für das bestehende Europäische Bündelpatent untersucht werden können, ist das neue Rechtsobjekt des Europäischen Einheitspatents zu betrachten, zu dessen Durchsetzung das Europäische Patentgericht in erster Linie geschaffen wird[467].

I. Begriffsbestimmung

Das Einheitspatent soll weder die nationalen Patente in den EPÜ-Staaten noch das für die einzelnen Staaten nach den bisher geltenden Regelungen erteilte Europäische Bündelpatent ersetzen. Das Einheitspatent soll vielmehr neben den bereits existierenden nationalen Patentschutz treten und dem Antragssteller damit auf dem Gebiet der EU eine dritte Wahlmöglichkeit zum Schutz und zur Verwertung von Erfindungen eröffnen.

In Art. 2 c EU-PatVO wird das Einheitspatent als Europäisches Patent eingeführt, das aufgrund dieser Verordnung einheitliche Wirkung in den Hoheitsgebieten der teilnehmenden Mitgliedstaaten hat. Ein Europäisches Patent bezeichnet gemäß Art. 2 b EU-PatVO, wie bislang, ein Patent, das vom Europäischen Patentamt nach den Regeln und Verfahren des EPÜ erteilt wird[468]. Die teilnehmenden Mitgliedstaaten sind indes nach Art. 2 a lediglich diejenigen Staaten, die an der Verstärkten Zusammenarbeit im Bereich der Schaffung eines einheitlichen Patentschutzes mitwirken. Im Einklang damit steht Art. 3 Abs. 1 EU-PatVO. Nach dieser Regelung haben Europäische Patente, die mit den gleichen Ansprüchen für alle teilnehmenden Mitgliedstaaten erteilt wurden, eine einheitliche Wirkung in den teilnehmenden Mitgliedstaaten, sofern ihre einheitliche Wirkung in das hierfür bestimmte Register für den einheitlichen Patentschutz eingetragen wurde. Das Einheitspatent hat gemäß Art. 3 Abs. 2 EU-PatVO einen einheitlichen Charakter und bietet einheitlichen Schutz und entfaltet gleiche Wirkung in allen teilnehmenden Mitgliedstaaten, so dass das Einheitspatent nur im Hinblick auf alle teilnehmenden Mitgliedstaaten beschränkt, übertragen oder für nichtig erklärt werden oder erlöschen kann. Dieser Grundsatz der Einheitlichkeit wird lediglich im Hinblick auf die Lizenzfähigkeit durchbrochen. Gemäß Art. 3 Abs. 3 EU-PatVO kann eine Lizenz auch nur für einen Teil des Hoheitsgebietes aller teilnehmenden Mitgliedstaaten eingeräumt werden.

---

[467] Siehe oben, S. 12 ff.
[468] Siehe oben, S. 39.

Innerhalb des Systems des EPÜ wird damit ein optionales Europäisches Patent geschaffen, welches auf Antrag eine bestimmte und nicht abänderbare Anzahl an Bestimmungsstaaten von derzeit 26 Vertragsstaaten vorsieht. Das Einheitspatent soll in allen teilnehmenden Mitgliedstaaten einheitliche Geltung über die Staatsgrenzen hinweg erlangen. Dieses Einheitspatent erreicht seine territorialen Grenzen nicht an den jeweiligen Grenzen der einzelnen Benennungsstaaten, sondern erst an den Außengrenzen aller teilnehmenden Mitgliedstaaten. Es besteht also ein länderübergreifender „Binnenschutzbereich". Insofern wird das vor allem im Patentrecht geltende Territorialitätsprinzip zumindest in einem Teilgebiet Europas durchbrochen. Im Gegensatz zum klassischen Europäischen Bündelpatent kann man also bei einem Einheitspatent als Antragssteller nicht mehr selbst gemäß Art. 3 EPÜ wählen, in welchem EPÜ-Staat das Patent Geltung erlangen soll. Entweder erlangt das Einheitspatent für alle der 26 teilnehmenden EPÜ-Staaten Geltung oder gar nicht. Das Einheitspatent kann nicht mehr in einzelne nationale Patente aufgeteilt werden und unabhängig in den einzelnen Mitgliedstaaten weiter bestehen. Vielmehr handelt es sich um ein einzelnes Rechtsobjekt, über das lediglich im Ganzen verfügt werden kann. Das Schicksal eines Einheitspatents im Rechtsverkehr kann damit ebenfalls nur einheitlich sein. Damit überwindet das Europäische Patent mit einheitlicher Wirkung als Einheitspatent den Charakter des Europäischen Patents als ein Bündelpatent[469].

Einheitspatente können zudem erst mit dem Inkrafttreten der Europäischen Patentverordnung für Erfindungen erteilt werden, die zu diesem Zeitpunkt dem Neuheitserfordernis genügen. Eine „Umwandlung" eines klassischen Europäi-

---

[469] Allerdings wird gemäß Art. 18 Abs. 2 S. 2 EU-PatVO das Europäische Einheitspatent abweichend von Art. 3 Abs. 1 und 2 EU-PatVO nur einheitliche Wirkung in den teilnehmenden Mitgliedstaaten erlangen, in denen das Einheitliche Patentgericht am Tag der Eintragung über die ausschließliche Zuständigkeit für das Einheitspatent verfügt. Da nicht davon auszugehen ist, dass mit der allein für das Inkrafttreten des PGÜ erforderlichen 13. Ratifizierung durch Deutschland die weiteren 13 Unterzeichnerstaaten das PGÜ ebenfalls ratifizieren werden, wird das Europäische Einheitspatent dennoch nicht sofort mit Inkrafttreten der EU-PatVO einheitliche Wirkung in allen 26 Unterzeichnerstaaten haben. Das Einheitspatent wird in seiner Reichweite von dem Ratifizierungsstand am Tag seiner Eintragung abhängen, vgl. EPO, Leitfaden zum Einheitspatent, Rn, 11 f., abrufbar unter: https://www.epo.org/law-practice/legal-texts/html/upg/d/uppg_a_v_2.html, zuletzt aufgerufen am 27.08.2019.

schen Bündelpatents in ein Einheitspatent ist in der EU-PatVO nicht vorgesehen[470].

II. Wirkungen

1. EU-PatVO

Im Gegensatz zu den bisherigen Regelungen im EPÜ wird in der EU-PatVO nicht mehr lediglich festgelegt, dass das Einheitspatent die Wirkung eines nationalen Patents in jedem einzelnen Mitgliedstaat hat. Für das Einheitspatent werden die Rechte zunächst einheitlich in Kapitel II der Verordnung selbst im Einzelnen festgeschrieben. Ist ein Einheitspatent erteilt, dann sollen sich die aus dem Patent abzuleitenden Rechte anders als beim Bündelpatent demnach zumindest vordergründig nicht mehr nach den nationalen Rechtsordnungen richten. Art. 5 Abs. 1 EU-PatVO bestimmt hierzu, dass das Einheitspatent seinem Inhaber das Recht verleiht, Dritte daran zu hindern, Handlungen zu begehen, gegen die dieses Patent innerhalb der Hoheitsgebiete der teilnehmenden Mitgliedstaaten, in denen das Patent einheitliche Wirkung besitzt, vorbehaltlich geltender Beschränkung Schutz bietet. Gegen welche Handlungen das Einheitspatent Schutz bieten soll, wird näher in Abs. 3 erörtert. Diese Handlungen sollen sich ebenso wie die Beschränkungen nach den Rechtsvorschriften bestimmen, die für Einheitspatente in dem teilnehmenden Mitgliedstaat gelten, dessen nationales Recht auf das Einheitspatent als Gegenstand des Vermögens nach Art. 7 der Verordnung anwendbar ist. Erneut wird damit festgelegt, dass sich die konkreten Rechte des Patentinhabers letztlich doch aus nationalem Recht ergeben sollen[471]. Das zugrunde zu legende nationale Recht ist dabei nach Art. 7 EU-PatVO zu ermitteln.

Art. 7 EU-PatVO ordnet bezüglich der Bestimmung der konkreten nationalen Rechtsordnung eine absteigende Reihenfolge an: Gemäß Art. 7 Abs. 1 EU-PatVO ist das Einheitspatent als Gegenstand des Vermögens „in seiner Gesamtheit und in allen teilnehmenden Mitgliedstaaten wie ein nationales Patent des teilnehmenden Mitgliedstaats zu behandeln, in dem dieses Patent einheitliche Wirkung hat, und in dem, gemäß dem Europäischen Patentregister, der Patentanmelder zum Zeitpunkt der Einreichung einer Anmeldung eines Europäischen

---

[470] Eine zunächst entsprechende, im Art. 5 des Vorschlags für eine Verordnung des Europäischen Parlaments und des Rates über die Umsetzung der Verstärkten Zusammenarbeit im Bereich der Schaffung eines einheitlichen Patentschutzes, KOM (211) 215 endg. vom 13.04.2011, vorgesehene Ausnahme zum Art. 54 EPÜ wurde ersatzlos gestrichen.
[471] *Müller-Stoy/Paschold*, GRUR Int. 2014, 646, 647; *Tilmann*, GRUR 2015, 527, 529.

Patents seinen Wohnsitz oder den Sitz seiner Hauptniederlassung hat (a), oder wenn dieses nicht gegeben sein sollte, überhaupt eine Niederlassung hatte (b). Sind mehrere Patentanmelder vorhanden, bestimmt sich die Wirkung des Patents nach dem Recht des Staates nach der Reihenfolge der Anmelder und der Bestimmung ihrer Sitze oder ihrer Hauptniederlassung. Erst wenn kein Anmelder einen Sitz oder eine Hauptniederlassung in einem teilnehmenden Mitgliedstaat aufweist, wird Art. 7 Abs. 1 b EU-PatVO entsprechend auf die Niederlassungen der Anmelder in Reihenfolge der Benennung angewendet, Art. 7 Abs. 2 EU-PatVO.

Wenn aber kein Anmelder einen Sitz, eine Hauptniederlassung oder aber eine Niederlassung im Gebiet eines teilnehmenden Mitgliedstaats hat, hat das Einheitspatent dieselbe Wirkung wie ein nationales Patent des Staates, in dem die Europäische Patentorganisation gemäß Art. 6 Abs. 1 EPÜ ihren Sitz hat, Art. 7 Abs. 3 EU-PatVO. Ist demnach der Patentanmelder oder sind sogar alle Patentanmelder eines Einheitspatents in einem Drittstaat ansässig, bestimmen sich die Wirkungen des Einheitspatents – da die EPO gemäß Art. 6 Abs. 1 EPÜ ihren Sitz in München hat – nach den deutschen Patentvorschriften, die im Sinne des Art. 5 Abs. 3 EU-PatVO für Einheitspatente anwendbar sind. Das deutsche materielle Patentrecht wird damit als Auffangrechtsordnung von zentraler Bedeutung für das Einheitspatent sein[472].

Nationale Vorschriften, die auf Einheitspatente bereits Anwendung finden, existieren bislang weder in Deutschland noch in einem anderen an der Verstärkten Zusammenarbeit teilnehmenden Mitgliedstaat. Auch diese müssten also von den nationalen Gesetzgebern erst geschaffen werden[473]. Gemäß Art. 5 Abs. 3 EU-PatVO sollen die existierenden Vorschriften, die auf die jeweiligen nationalen Patente Anwendung finden, auf das Einheitspatent keine Anwendung finden. Art. 5 Abs. 3 EU-Pat-VO grenzt diese bereits sprachlich von den Rechtsvorschriften, die für das Einheitspatent gelten, ab.

Das Ziel einer einheitlichen Wirkung des Einheitspatents würde durch diese Anordnung der Anwendbarkeit von nationalen Patentvorschriften nicht gefährdet werden. Gegenüber einem Bündelpatent hat diese Lösung das beabsichtigte Ziel erreicht, dass hinsichtlich der Wirkungen eines Patents nur noch eine Rechtsordnung entscheidend ist und nicht mehr in jedem Land eine andere Rechtsordnung. Beispielsweise hätte ein Einheitspatent, dessen Patentinhaber in Deutschland wohnt, auch in den weiteren teilnehmenden Staaten nur die Wirkungen, die ihm das deutsche Recht zuweist.

---

[472] *Tochtermann*, in: Benkard PatG, Internationaler Teil – Das internationale Patentrecht Rn. 195; *Müller-Stoy/Paschold*, GRUR Int. 2014, 646, 646.
[473] Hierzu siehe unten, S. 108.

Dennoch könnten sich aufgrund unterschiedlicher Bestimmungen in den nationalen Rechtsordnungen Unterschiede hinsichtlich der konkreten Rechtsfolgen ergeben. Die in Art. 5 EU-PatVO gefundene Regelung eröffnet den Patentanmeldern durch die Wahl ihres Sitzes oder der Niederlassung und die Reihenfolge der Benennung der Patentanmelder erneut die Möglichkeit, die Rechtsordnung zu wählen, die nach ihrem Dafürhalten ihren Interessen am ehesten entsprechen würde. Aus Sicht der Patentanmelder könnte das Mitgliedsland als Sitz- bzw. Niederlassungsstaat zu wählen sein, das dem Patentinhaber die umfassendsten Rechte gewährt oder auch nur das vertrauteste und verlässlichste Rechtsumfeld bietet. Ein solches Vorgehen hätte eine für die Wirtschaftskraft der Mitgliedstaaten der EU nicht tragbare Konsequenz der Verschiebung und Konzentration der Erfindungstätigkeit innerhalb der teilnehmenden Mitgliedstaaten auf einzelne Staaten zur Folge. Es entstände ein „Law-Shopping".

Diese Entwicklung dürfte langfristig auch nicht durch die statische Anknüpfung des anwendbaren nationalen Rechts zum einen an den Wohnsitz bzw. Sitz des Patentanmelders „gemäß dem Europäischen Patentregister" und zum anderen an den Zeitpunkt der „Einreichung der Patentanmeldung"[474] abgefangen werden. Das maßgebliche nationale Recht wird für die gesamte Lebensdauer des Einheitspatents festgelegt[475], so dass die dadurch gewonnene Rechtssicherheit weitere Anreize für das „Law-Shopping" schafft[476].

2. EPGÜ

Diese Konsequenz eines möglichen „Law-Shoppings" soll – was durchaus als überraschend bezeichnet werden kann – durch die Festlegung von Rechtsfolgen im EPGÜ[477] teilweise verhindert werden. Die Handlungen, gegen die das Einheitspatent Schutz bieten soll, werden nämlich in Art. 25 ff. EPGÜ konkretisiert.

a. Schutz des Patentinhabers gemäß Art. 25 ff. EPGÜ

aa. Schutzumfang des Europäischen Patents mit einheitlicher Wirkung

Art. 25 EPGÜ gewährt dem Patentinhaber das Recht, andere von der unmittelbaren Benutzung des Patents auszuschließen. Ohne Zustimmung des Patentin-

---

[474] *Müller-Stoy/Paschold*, GRUR Int. 2015, 646, 649 ff.
[475] *Müller-Stoy/Paschold*, GRUR Int. 2014, 646, 649.
[476] Vgl. *Müller-Stoy/Paschold*, GRUR Int. 2014, 646, 653.
[477] Siehe unten, S. 108 f.

habers ist es damit verboten, ein Erzeugnis, das Gegenstand des Patents ist, herzustellen, anzubieten, in Verkehr zu bringen, zu gebrauchen oder zu diesen Zwecken einzuführen oder zu besitzen, Art. 25 a EPGÜ. Entsprechendes gilt für ein Erzeugnis, welches durch die Anwendung eines Verfahrens, das Gegenstand eines Patents ist – also mittels Anwendung eines Verfahrenspatents – entstanden ist, Art. 25 c EPGÜ. Auch ein Verfahren, welches Gegenstand eines Patents ist, darf gemäß Art. 25 c EPGÜ nicht ohne Zustimmung des Patentinhabers angewendet werden oder aber zur Anwendung auf dem Territorium der teilnehmenden Mitgliedstaaten angeboten werden. Art. 26 EPGÜ schützt den Patentinhaber eines Europäischen Patents auch vor der mittelbaren Nutzung seines Patents durch Unbefugte. So hat ein Patentinhaber gemäß Art. 26 Abs. 1 EPGÜ auch das Recht, einem Dritten zu verbieten, einen Patentverletzer mit Mitteln zu beliefern oder anzubieten, die der Patentverletzung dienen. Art. 27 EPGÜ schränkt den Patentschutz gegenüber bestimmten Handlungen zu Gunsten berechtigter Interessen der Allgemeinheit wieder ein.

bb. Vergleich mit dem deutschen Patent

Es stellt sich die Frage, ob und inwiefern hinsichtlich des Schutzumfangs des Einheitspatents Unterschiede zu den bereits bestehenden nationalen Patenten entstehen werden. Vergleicht man die Art. 25 EPGÜ ff. mit den §§ 9 ff. des deutschen PatG fällt auf, dass die gewählten Formulierungen nur nahezu, aber nicht vollständig übereinstimmen.

(1) Art. 25 EPGÜ und § 9 PatG

So formuliert § 9 S. 1 PatG positiv das ausschließliche Nutzungsrecht des Patentinhabers:

> „Das Patent hat die Wirkung, dass allein der Patentinhaber im Rahmen des geltenden Rechts befugt ist, die patentierte Erfindung im Rahmen des geltenden Rechts zu benutzen."

Dem ausschließlichen alleinigen Benutzungsrecht des Patentinhabers nach § 9 S. 1 PatG folgt in § 9 S. 2 PatG sein Verbietungsrecht gegenüber Dritten:

"Jedem Dritten ist es verboten, ohne seine Zustimmung (...)" das Patent zu nutzen.

Art. 25 EPGÜ regelt demgegenüber explizit nur Folgendes:

„Ein Patent gewährt seinem Inhaber das Recht, Dritten zu verbieten, ohne seine Zustimmung (...)" das Patent zu nutzen.

Diese schlichte Formulierung könnte auf den ersten Blick vermuten lassen, dass ein Patentinhaber erst aktiv ein Verbot aussprechen muss, um eine Patentnutzung zu einer unzulässigen Handlung zu machen. Ein Patentinhaber hätte die Wahl, ob er eine unerlaubte Nutzung auch verbietet.

Eine solche Auslegung des offenen Wortlauts des EPGÜ ist indes nicht vertretbar. Wäre ein aktives Verbot für die Annahme einer tatbestandsmäßigen Verletzungshandlung notwendig, dann würde ein etwaiger Schadensersatzanspruch erst durch ein aktives Verbot begründet und auch erst ab diesem Zeitpunkt geltend gemacht werden können. Die bereits vor einem aktiven Verbot erlittenen Schäden würden außer Betracht bleiben müssen und der in diesem Zeitraum durch den unerlaubten Patentnutzer erwirtschaftete Gewinn würde bei diesem nicht abgeschöpft werden können. Dieses würde selbst dann gelten, wenn der Patentverletzer wissentlich ein fremdes Patent unerlaubt benutzt hat. Eine solche Bevorzugung des Patentverletzers bereits auf Tatbestandsebene ist nicht zu rechtfertigen.

Die Annahme, dass die Mitgliedstaaten nicht von einer Wahlmöglichkeit des Patentinhabers ausgingen, wird durch die Regelung zum Schadensersatz in Art. 68 EPGÜ bestätigt. Danach kann das Patentgericht einem geschädigten Patentinhaber Schadensersatz nur zuerkennen, wenn der Patentverletzer „wusste oder vernünftigerweise hätte wissen müssen, dass er eine Patentverletzung vornahm". Setzt eine tatbestandsmäßige Verletzungshandlung hingegen ein aktives und damit auch ein ausdrückliches Verbot gegenüber einem Patentbenutzer voraus, bleibt für eine Patentverletzung ohne Kenntnis kein Raum.

Auch aus einer historischen Betrachtung kann die Voraussetzung eines aktiven Verbots durch den Patentinhaber für eine Patentverletzung nicht ernsthaft in Erwägung gezogen werden. Schon in dem ersten historisch belegten Patent war es einem Dritten per se und damit von Gesetzes wegen verboten, das Patent ohne Zustimmung des Patentinhabers zu nutzen[478]. Dieses Verständnis liegt auch der Charakterisierung des Patents als absolutem Recht zugrunde[479]. Anhaltspunkte dafür, dass die Mitgliedstaaten von dem historisch gewachsenen Verständnis mit der nun gewählten Wortwahl abweichen wollten und damit ein Patent in die Nähe eines nur relativen Rechtes rücken wollten, liegen dagegen nicht vor. Es ist daher weiterhin von einem Nutzungsverbot mit Erlaubnisvorbehalt auszugehen.

Darüber hinaus wird sich in der Praxis hinsichtlich des Verfahrenspatents die Frage stellen, wann die in Art. 25 b EPGÜ gewählte Formulierung des Wissens oder Wissen-Müssens („falls der Dritte weiß oder hätte wissen müssen") eines Verbotes der Anwendung eines Verfahrens, das Gegenstand eines Patents ist, erfüllt ist. Im Hinblick auf die bisherige deutsche Regelung, die im Gegensatz dazu von Wissen oder Offensichtlichkeit („weiß oder es auf Grund der Umstände offensichtlich ist") spricht, wird zu diskutieren sein, ob es sich hierbei um die gleichen Maßstäbe handelt und damit auch die zu dieser Norm ergangenen Entscheidungen auf das Verständnis des Art. 25 b EPGÜ übertragen werden können[480]. Zumindest nach dem Wortlaut dürfte dieses zweifelhaft sein. Es spricht viel dafür, dass die Hürden für eine Patentverletzung i.S.d. Art. 25 b EPGÜ niedriger anzusetzen sind und bereits jede Form der Fahrlässigkeit ausreicht, um zu einer Patentverletzung zu gelangen.

(2) Art. 26 EPGÜ und § 10 PatG

Das Vorgesagte gilt auch für das Verbot von mittelbaren Benutzungshandlungen ohne Zustimmung des Patentinhabers in Art. 26 EPGÜ. Auch diese Vorschrift formuliert im Gegensatz zu § 10 EPGÜ erneut kein generelles Verbot, sondern spricht vom „Recht auf Verbot der mittelbaren Benutzung der Erfindung", das dem Patentinhaber das „Recht gewährt, Dritten zu verbieten, ohne seine Zustimmung" das Patent mittelbar zu nutzen, also nichtberechtigten Personen „Mittel, die sich auf ein wesentliches Element der Erfindung beziehen, zur Benutzung der Erfindung in diesem Gebiet anzubieten oder zu liefern". Es werden echte subjektivrechtliche Ansprüche im Gegensatz zu den deutschen objektivrechtlichen Verbotsnormen formuliert[481]. Ebenso wie Art. 25 b EPGÜ setzt die mittelbare Patentverletzung nach Art. 26 Abs. 1 EPGÜ aber auch voraus, dass der Dritte, also der Lieferant und potentielle mittelbare Patentverlet-

---

[478] Siehe oben, S. 5 f.
[479] *Bacher*, in: Benkard PatG, § 1 Rn. 2 c.
[480] Vgl. zum deutschen Recht *Scharen*: in Benkard PatG, § 9 Rn. 51.
[481] *Schröer*, GRUR Int. 2013, 1102, 1108.

zer, weiß oder hätte wissen müssen, dass die von ihm gelieferten Mittel dazu geeignet und bestimmt sind, für die Benutzung der Erfindung verwendet zu werden. Auch hier legt das deutsche Recht dem Wortlaut nach strengere Maßstäbe an, wenn es vom Dritten das positive Wissen oder aber die Offensichtlichkeit der Eignung und Bestimmung der gelieferten Mittel für die unmittelbare Patentverletzung verlangt.

Art. 26 Abs. 2 EPGÜ scheint im Gegensatz dazu bei der Lieferung von allgemein im Handel erhältlichen Erzeugnissen das positive Wissen des Dritten oder die Offensichtlichkeit der bevorstehenden Patentverletzung nicht ausreichen lassen zu wollen. Vielmehr ist sogar eine bewusste Veranlassung des Dritten zur Patentverletzung notwendig. Eine mittelbare Patentverletzung läge bei Lieferung von allgemein im Handel erhältlichen Erzeugnissen nur vor, wenn der Belieferte dadurch „bewusst veranlasst" wurde, eine unmittelbare Verletzungshandlung zu begehen. Ebenso wie in § 10 Abs. 2 PatG soll damit allein das Anbieten oder die Lieferung von allgemein im Handel erhältlichen Erzeugnissen zur Benutzung der Erfindung also noch keine mittelbare Patentverletzung begründen, wenn der Anbieter oder Lieferant weiß, dass die angebotenen oder gelieferten Mittel geeignet und vom Empfänger dazu bestimmt sind, zur Benutzung der Erfindung verwendet zu werden. Auch § 10 Abs. 2 PatG fordert die bewusste Veranlassung des Belieferten zur unberechtigten Benutzung der Erfindung[482]. Diese liegt indes nur dann vor, wenn der Dritte in Kenntnis des Patents und der mangelnden Berechtigung des Belieferten, die Erfindung zu benutzen, beim Belieferten den Entschluss geweckt hat, eine unmittelbare Patentverletzung zu begehen[483]. § 10 Abs. 2 PatG und Art. 26 Abs. 2 EPGÜ sanktionieren damit nur die bewusste Anstiftungshandlung. Eine Beihilfehandlung reicht demgegenüber – unabhängig davon, ob bewusst oder lediglich offensichtlich – nicht aus, um einen Lieferanten eines unmittelbaren Patentverletzers in Anspruch nehmen zu können[484].

(3) Art. 27 EPGÜ und § 11 PatG

In Art. 27 EPGÜ finden sich entsprechend dem § 11 PatG die „Beschränkungen der Wirkungen des Patents" wieder. Dabei spricht Art. 27 EPGÜ erneut nicht von der Wirkung eines Patents, sondern von Handlungen, auf die „die Rechte aus einem Patent" sich nicht erstrecken. In den dort enthaltenen Ausnahmetat-

---

[482] *Mes*, § 10 PatG Rn. 34.
[483] *Scharen*, in: Benkard PatG, § 10 Rn. 23.
[484] *Ensthaler*, in: BeckOK PatentR, § 10 PatG Rn. 14.

beständen[485] finden das Interesse an einer privaten Nutzung (a), an der ungehinderten technischen Fortentwicklung und Forschung (b, c), das Interesse an der Gesundheitsförderung und an der Gesundheit einzelner (d, e) und das Interesse an einem ungehinderten Schiffs-, Luft- und Landverkehr (f, g, h) Berücksichtigung. Insoweit gleicht Art. 27 EPGÜ im Ergebnis den Regelungen in § 11 PatG. Jedoch sieht Art. 27 EPGÜ in den literae i bis l noch weitere Ausnahmetatbestände vor. Zusätzliche Berücksichtigung finden damit das Interesse an einer ungehinderten Landwirtschaft (i, j) und an der Nutzung von Computerprogrammen und der Förderung der Kompatibilität von Computerprogrammen (k) sowie an der Freiheit von notwendigen biotechnologischen Produkten (l). Allerdings beruhen die in Art. 27 i, k und l EPGÜ postulierten Ausnahmetatbestände auf bereits bestehenden Europäischen Verordnungen bzw. Richtlinien. Daher finden sich diese Ausnahmen zwar nicht im § 11 PatG selbst, aber in § 9 c Abs. 1 PatG[486], in den §§ 69 d, e UrhG [487] oder aber in § 9 b PatG[488] wieder. Auch Art. 27 j EPGÜ hat sein nationales Gegenstück in § 9 c Abs. 2 PatG.

(4) Fazit

Das Einheitspatent wird auch weiterhin ein absolutes gegen jedermann geltendes Recht auf die ausschließliche Nutzung der patentierten Erfindung und auf das gesetzliche Verbot der unerlaubten Nutzung sein. Die Art. 25 ff. EPGÜ weisen nach ihrem Wortlaut nur wenige Unterschiede zu dem derzeit geltenden nationalen deutschen Patentrecht auf[489]. Lediglich die subjektiven Anforderungen an eine unmittelbare und mittelbare Patentverletzung sind gegenüber den deutschen Regelungen geringer. Gemäß Art. 63 Abs. 1 EPGÜ kann das Gericht bei Feststellung einer Patentverletzung gegen den Verletzer eine Verfügung erlassen, durch die die Fortsetzung der Verletzung untersagt wird.

b. Umwandlung der Art. 25 ff. EPGÜ in innerstaatlich anwendbares Recht

Dass materielles Patentrecht nunmehr in einem völkerrechtlichen Vertrag geregelt wird, der als „Übereinkommen über ein einheitliches Patentgericht" bezeichnet wird, erscheint zunächst überraschend. Aufgrund der Bezeichnung

---

[485] Str., siehe zum Streitstand und § 11 PatG als „negative Geltungsanordnung" und somit Teil des Grundtatbestandes *Scharen*, in: Benkard PatG, § 11 Rn. 2.
[486] *Mes*, § 9 c PatG Rn. 2.
[487] *Von Lewinski*, in: Loewenheim, § 54 Rn. 5 ff.
[488] *Mes*, § 9 b PatG Rn. 1.
[489] Vgl. *Fuchs*, S. 239.

würde man dort grundsätzlich keine materiellen Regelungen vermuten[490]. Allein die Bezeichnung kann aber der gewählten Art der Umsetzung eines einheitlichen Patentschutzes nicht entgegenstehen. Ebenso bestünde die Möglichkeit, ein einheitliches materielles Patentrecht im Zuge eines zweiten völkerrechtlichen Vertrags zwischen den teilnehmenden Mitgliedstaaten zu vereinbaren. Insoweit ist die Aufsplittung der zu regelnden Bereiche zur Erreichung des Ziels eines einheitlichen Patentschutzes in weitere Regelungseinheiten neben den bereits bestehenden zwei EU-Verordnungen, dem EPGÜ und der Verfahrensordnung, zu begrüßen.

Da es sich jedoch beim EPGÜ um einen völkerrechtlichen Vertrag handelt, müssen dessen Vorgaben in das nationale Recht der jeweiligen Mitgliedstaaten integriert werden, also per nationalem Recht umgesetzt werden, um innerstaatlich zur Anwendung gelangen zu können. Dies gilt zumindest in den teilnehmenden Mitgliedstaaten, die den Grundsatz der unmittelbaren Anwendung ratifizierter internationaler Verträge nicht kennen[491].

Art. 5 Abs. 3 EU-PatVO i.V.m. Art. 7 EU-PatVO verweist bezüglich der Wirkungen eines Einheitspatents, wie bereits dargelegt[492], zwar auf nationales Recht, dieses ist jedoch aufgrund der vertraglichen Regelungen im EPGÜ zu harmonisieren. Der gewählte Mechanismus zur Vereinheitlichung auch des materiellen Patentrechts wirft indes die Frage auf, ob die Regelung des materiellen Patentrechts in einem völkerrechtlichen Vertrag die vorbeschriebene Gefahr des Forum-Shoppings und der daraus folgenden, zumindest abstrakt gegebenen Gefahr der Konzentration der Unternehmen in einzelnen Mitgliedstaaten durch ein „Law-Shopping" tatsächlich verhindern kann.

Die Beantwortung dieser Frage hängt nicht zuletzt von der konkreten Umsetzung der Vorgaben der Art. 25 ff. EPGÜ in innerstaatliches Recht durch die teilnehmenden Mitgliedstaaten ab. Es darf jedoch davon ausgegangen werden, dass die teilnehmenden Mitgliedstaaten die betreffenden Regelungen wortgleich in ihr jeweiliges nationales Recht aufnehmen werden. In Deutschland würde, wie auch beschlossen[493], ein Zustimmungsgesetz i.S.d. Art. 59 Abs. 2 S. 1 GG ausreichen, durch welches die normativen Regelungen des völkerrechtlichen Vertrags in innerstaatliches Recht auf die Ebene eines Bundesgesetzes transformiert werden und entsprechend anzuwenden sind[494]. Eine Änderung des Wortlautes der Normen wäre nicht zu befürchten.

---

[490] Vgl. *Eck*, GRUR Int. 2014, 114, 115; zum Hintergrund siehe unten, S. 110.
[491] *Tilmann*, GRUR 2015, 527, 529.
[492] Siehe oben, S.101.
[493] Siehe oben, S. 2.
[494] Vgl. *Pieper*, in: BeckOK GG, Art. 59 Rn. 41.

Die wortgleiche Aufnahme der Regelungen ins nationale Recht ist nicht nur im Interesse des Ziels eines harmonisierten Binnenmarktes erforderlich. Sollte ein Land abweichende Regelungen treffen, stünde auch der Vorwurf des Vertragsbruchs im Raum, welcher allerdings mangels eines für diese Fälle zuständigen Gerichtssystems nicht unmittelbar gerichtlich überprüfbar wäre. Insbesondere stünde, da das EPGÜ eben keine europäische Regelung darstellt, der EuGH nicht für eine Überprüfung im Wege eines Vertragsverletzungsverfahrens zur Verfügung. Die Gefahr einander widersprechender Entscheidungen soll in dem neuen System aber bereits dadurch gebannt werden, dass die Rechtsprechung nicht mehr durch einzelne nationale Gerichte erfolgen wird, sondern durch das Einheitliche Patentgericht. Der einheitliche Instanzenzug wird sich bei der Auslegung der dann nationalen Normen maßgeblich an den Regelungen der Art. 25 ff. EPGÜ orientieren. Nichtsdestotrotz werden die Gerichte nationale Normen anwenden und auslegen müssen.

Andere Kontrollmöglichkeiten der einzelnen Mitgliedstaaten hinsichtlich der materiellrechtlichen Regelungen des Einheitspatents hätten hingegen bestanden, wenn – wie ursprünglich vorgesehen – die Regelungen in der EU-PatVO getroffen worden wären. Die Rechte aus einem Einheitspatent sollten sich ursprünglich ausschließlich und abschließend aus den Regelungen der EU-PatVO ergeben. Der Europäische Rat hat jedoch in seiner Tagung vom 28.06./29.06.2012 vorgeschlagen, die Art. 6-8 EU-PatVO aus der Verordnung zu streichen[495]. Dieser Vorschlag beruhte auf Befürchtungen von zukünftigen Nutzerkreisen, dass durch die Aufnahme des materiellen Patentrechts in den Verordnungstext das Tor für eine unvorhersehbare Zahl von Vorlagefragen zum EuGH[496] im materiellen Patentrecht eröffnet werden würde. Zuvor sei den Nutzerkreisen zugesagt worden, dass es über das bestehende EU-Recht hinaus keine Ausdehnung der Vorabentscheidungskompetenz des EuGH auf weitere Rechtsfragen geben werde[497]. Man scheute hier die Entscheidungszuständigkeit eines vermeintlich nicht hinreichend qualifizierten Gerichts. Die zukünftigen Nutzer waren der Ansicht, dass mangels nachgewiesenen spezialisiertem Wissen und Erfahrung im betroffenen Rechtsgebiet dem Gericht die Kompetenz fehle, über patentrechtliche Streitigkeiten zu entscheiden[498]. Daher wurde die Verlagerung des materiellen Patentrechts aus dem Verordnungstext in das Übereinkommen zur Errichtung

---

[495] Schlussfolgerungen des Europäischen Rates der Tagung vom 28.06./29.06.2012, EUCO 76/2/12 REV2, S. 2.
[496] *Pagenberg*, GRUR 2012, 582, 586.
[497] *Pagenberg*, GRUR 2012, 582, 587.
[498] *Tochtermann*, in: Benkard PatG, Internationaler Teil – Das internationale Patentrecht Rn. 158; zu den Einzelheiten der historischen Entwicklung und einzelnen Stellungnahmen von Industrieverbänden siehe *Pagenberg*, GRUR 2012, 582, 586 f.

des einheitlichen Patentgerichts vorgeschlagen, um dem EuGH die Entscheidungskompetenz über das materielle Patentrecht zu entziehen[499]. Die Art. 6-8 PatVO finden sich nahezu wortidentisch nunmehr in Art. 25-27 EPGÜ wieder. Die Einrichtung eines Fachsenats beim EuGH[500] wäre wohl die bessere Alternative gewesen.

Mit dieser „Entkernung" der EU-PatVO von materiellrechtlichen Vorschriften haben die Mitgliedstaaten die Chance vertan, dem materiellen Patentrecht parallel zu den bereits bestehenden Unionsrechtsgütern in einer Regelung ohne Umsetzungsakt unmittelbare Wirkung zu verleihen. Ob diese materiellrechtlichen Regelungen nun tatsächlich der Auslegungskompetenz des EuGH entzogen werden und damit das durch die Auslagerung verfolgte Ziel erreicht wird, ist bislang offen[501].

Jedenfalls besteht abstrakt die Gefahr einer sich von Mitgliedstaat zu Mitgliedstaat unterscheidenden Umsetzung ins nationale Recht. Ungeklärt ist ebenfalls die Frage, welches Verhältnis diese neuen nationalen Regelungen zu den bereits bestehenden nationalen Patentgesetzen haben sollen. Ein Mitgliedstaat könnte sich z.B. dazu entschließen, für das Einheitspatent ein neues Gesetz neben die bereits bestehenden Patentgesetze für nationale Patente treten zu lassen. Es würden in jedem Vertragsstaat zwei unterschiedliche Patentrechte anzuwenden sein[502]. Einem Vertragsstaat stünde es auf der anderen Seite offen, sein bereits bestehendes, für nationale Patente geltendes nationales Patentgesetz an das EPGÜ anzugleichen und dieses für nationale, Europäische Bündel- und Einheitspatente gleichermaßen für anwendbar zu erklären.

Zwar ist der zweite in Betracht kommende Weg, alle Patente einheitlich zu behandeln, aus Vereinfachungsgründen durchaus attraktiv.[503] Doch ist zweifelhaft, ob es aufgrund der aktuell noch bestehenden Unterschiede der nationalen Patentrechte hierzu kommen wird.

Die Entscheidung, wie die Vorgaben des EPGÜ nun umgesetzt werden sollen, wird auch von den anderen teilnehmenden Mitgliedstaaten vorzunehmen sein. Diese Überlegungen betreffen allerdings nur die materiellen Regelungen der Art. 25 ff. EPGÜ und damit nur einen geringen Teil des materiellen Patent-

---

[499] *Thiem*, GRUR-Prax 2012, 182, 183.
[500] *Pagenberg*, GRUR 2009, 314, 316.
[501] *Tochtermann*, in: Benkard PatG, Internationaler Teil – Das internationale Patentrecht Rn. 158.
[502] *Eck*, GRUR Int. 2014, 114, 116.
[503] Vgl. *Romandini/Hilty/Lamping*, GRUR Int. 2016, 554, 559.

rechts. Viele Bereiche bleiben gänzlich ungeregelt[504]. Beispielsweise sind Regelungen zu den einzelnen aus einer Patentverletzung resultierenden Ansprüchen nicht im EPGÜ, aber auch nicht in der EU-PatVO oder aber im EPÜ zu finden. Auch wenn man das „Recht auf Verbot" der Art. 25 EPGÜ und Art. 26 EPGÜ als Anspruch des Patentinhabers auf Unterlassung der patentverletzenden Handlung interpretiert, blieben aus deutscher Sicht beispielsweise die Fragen nach einem Vernichtungsanspruch (§ 140 a PatG) und einem Auskunftsanspruch (§ 140 b PatG) sowohl in deren Voraussetzungen als auch in deren Umfang ungeregelt. Der Schadensersatzanspruch findet sich erst in Art. 68 EPGÜ nicht mehr als Anspruch, sondern als eine „Anordnungsbefugnis des Gerichts" wieder[505]. Entsprechendes gilt gemäß Art. 63 EPGÜ für einen etwaigen Unterlassungsanspruch. Demnach „kann" das Gericht bei einer Verletzung eine Verfügung erlassen, durch die die Fortsetzung der Verletzung untersagt wird. Wie diese Regelungen sich in die nationalen Rechtsordnungen einfügen und in der Praxis ausgelegt werden, ist unsicher[506] und bleibt abzuwarten. Soweit die teilnehmenden EU-Mitgliedstaaten einem Patentinhaber weitere Ansprüche zubilligen, die im deutschen Recht keine Entsprechung haben, wird sich zudem die Frage stellen, welche Ansprüche ein Einheitspatent für den Patentinhaber begründen können soll.

Gemäß Art. 7 EU-PatVO wird nationales Recht auch auf Verwertungsfragen unmittelbare Anwendung finden[507]. Ein diesbezüglicher aus dem EPGÜ resultierender Harmonisierungsdruck besteht indes nicht. Das nationale Recht wird nur insoweit vereinheitlicht, wie es in Art. 25 ff. EPGÜ vorgesehen ist. Folglich werden weiterhin die nationalen Rechtsordnungen und die in diesen für das Einheitspatent vorgesehenen Vorschriften entscheidend sein. Auch das europäisch harmonisierte materielle Patentrecht wird das „Law-Shopping" damit nicht verhindern können.

Ob sich diese Gefahr des „Law-Shoppings" realisieren wird, lässt sich nur vermuten. Das anzuwendende Patentrecht wird lediglich ein Aspekt von vielen sein, der bei der Entscheidung des Patentinhabers eine Rolle spielen wird. Insbesondere bei größeren Gesellschaften, bei denen eine Ausrichtung des Sitzes nach dem Patentrecht zumindest möglich erscheint, ist davon auszugehen, dass im Vordergrund die gesellschaftsrechtliche und steuerrechtliche Situation im Anmeldestaat stehen wird. Die rechtliche Durchsetzung einzelner Patente dieser

---

[504] *Tochtermann*, in: Benkard PatG, Internationaler Teil – Das internationale Patentrecht Rn. 190.
[505] *Eck*, GRUR Int. 2014, 114, 118.
[506] Vgl. *Eck*, GRUR Int. 2014, 114, 118.
[507] *Müller-Stoy/Paschold*, GRUR Int. 2014, 646, 648 f.

Anmelder dürfte aufgrund möglicher anderer Vorteile in einem anderen Mitgliedstaat mit einem „besseren" Patentrecht zweitrangig sein. Dies gilt erst recht, wenn man annimmt, dass die Mitgliedstaaten auch im Übrigen eine Angleichung des materiellen Patentrechts anstreben werden.

c. Auswirkungen der Art. 25 ff. EPGÜ auf das Europäische Patent

Die Art. 25 ff. EPGÜ regeln das „Patent" und meinen damit gemäß Art. 2 g EPGÜ nicht nur das neue Einheitspatent, sondern auch das klassische Europäische Patent i.S.d. bislang geltenden EPÜ. Es sollen also die Rechtswirkungen eines Bündelpatents nicht mehr, wie noch in Art 2 Abs. 2 EPÜ vorgesehen, dieselbe Wirkung haben und denselben Vorschriften unterliegen wie ein nationales Patent des Staates, für dessen Territorium es erteilt wurde. Es soll vielmehr die Rechtswirkungen eines Einheitspatents haben[508]. Art. 2 Abs. 2 EPÜ könnte damit nur bestehen bleiben, wenn sämtliche nationalen Rechtsordnungen die Art. 25 ff. EPGÜ unverändert auch in die für die nationalen Patente geltenden Gesetze übernehmen würden; denn nur dann könnte auch die in Art. 2 Abs. 2 EPÜ postulierte Gleichbehandlung des Europäischen Patents und des nationalen Patents aufrecht erhalten werden[509].

Eine Angleichung der Regelungen für die jeweiligen nationalen Patente ist jedoch bislang nicht angedacht und erscheint aufgrund des Vorgesagten als höchst zweifelhaft und unwahrscheinlich. Es bleibt abzuwarten, wie die Vertragsstaaten mit diesem offensichtlichen Konflikt zwischen EPGÜ und EPÜ[510] umgehen werden, wenn die für nationale Patente geltenden Gesetze nicht angeglichen werden. Es bliebe dann nur eine Änderung des Wortlauts des Übereinkommenstextes des EPÜ.

Die Vereinheitlichung der Rechtswirkungen eines Europäischen Patents in Art. 25 ff. EPGÜ wird aber auch die teilweise Aufgabe des Charakters eines Europäischen Patents als Bündelpatent zur Folge haben. Wenn sich in allen teilnehmenden Mitgliedstaaten die Rechtswirkungen des Europäischen Patents gleichen, können sich die nationalen Unterschiede höchstens noch aus den Rechtsfolgen etwaiger Patentverletzungen ergeben. Ein Europäisches Patent im klassischen Sinne wird es damit in Zukunft nicht mehr geben.

Gleichzeitig wird sich die Frage stellen, ab wann und ob überhaupt eine etwaige Angleichung der Rechtswirkungen an Art. 25 ff. EPGÜ auch für ein bei Inkraft-

---

[508] *Eck*, GRUR Int. 2014, 114, 119.
[509] Vgl. *Haedicke*, GRUR Int. 2013, 609, 611.
[510] Vgl. *Vissel*, GRUR 2015, 619, 620.

treten des EPGÜ bereits bestehendes Bündelpatent Wirkung entfalten soll. Fraglich ist also, ob auch für bereits bestehende Bündelpatente materielle Änderungen eintreten.

Art. 83 EPGÜ bietet für diese Frage keine Antwort. Dieser regelt nicht den Eintritt der materiellen Rechtswirkungen. Er bestimmt lediglich eine Übergangsregelung im Hinblick auf die internationale Zuständigkeit des zu schaffenden Einheitlichen Patentgerichts in Abgrenzung zu den einzelstaatlichen Gerichten[511]. Auch die EU-PatVO beantwortet diese Frage für bereits bestehende Bündelpatente nicht. Es ist anzunehmen, dass die in Art. 25 ff. EPGÜ vorgesehenen Änderungen der materiellen Wirkungen ausnahmslos für alle Bündelpatente unabhängig von ihrem Entstehungszeitpunkt Geltung erlangen sollen[512]. Hierfür spricht der Wortlaut des Art. 3 c EPGÜ. Danach soll das Übereinkommen für alle Europäischen Patente, „die zum Zeitpunkt des Inkrafttretens dieses Übereinkommens noch nicht erloschen sind oder die nach diesem Zeitpunkt erteilt werden", Geltung erhalten. Das ist indes vor dem Hintergrund des Vertrauensschutzes und der Rechtssicherheit[513] bedenklich.

Die Nichtanwendbarkeit der Art. 25 ff. EPGÜ für bereits bestehende Bündelpatente hätte allerdings zur Konsequenz, dass weiterhin die alten nationalen Vorschriften Anwendung finden müssten. In Deutschland würden beispielsweise insbesondere die §§ 9 ff. PatG weiterhin anzuwenden sein. Dies würde zu einer unübersichtlichen Situation von Patenten in Europa führen. Es würden dann nämlich für geraume Zeit insgesamt vier verschiedene Arten von Patenten in Europa bestehen. Neben dem nationalen Patent würde das Europäische Patent als klassisches Bündelpatent nach den rein nationalen Patentgesetzen, das Europäische Patent mit Wirkung nach den Art. 25 ff. EPGÜ und das Einheitspatent nach den Art. 25 ff. EPGÜ existieren.

Diese unüberschaubare Rechtslage sollte dringend verhindert werden, zumal nicht ersichtlich ist, dass dies von den Vertragsstaaten beabsichtigt worden wäre. Art. 25 ff. EPGÜ sollten mithin auch auf bereits bei Inkrafttreten des EPGÜ bestehende Europäische Patente angewendet werden[514].

---

[511] Vgl. Prepratory Committee, Interpretative note – Consequences of the application of Article 83 UPCA vom 29.01.2014; abrufbar unter: https://www.unified-patent-court.org/news/interpretative-note-%E2%80%93-consequences-application-article-83-upca, zuletzt aufgerufen am 27.08.2019.
[512] so auch *Augenstein/Haertel/Kiefer*, in: BeckOK PatentR, Art. 1 EPGÜ Rn. 2.
[513] *Vissel*, GRUR 2015, 619, 621.
[514] A.A. wohl *Vissel*, GRUR 2015, 619, 621.

III. Erteilungsverfahren

Die Erteilung des Einheitspatents soll wie bisher beim Bündelpatent[515] durch das Europäische Patentamt in München auf einen entsprechenden Antrag hin erfolgen. Dies folgt aus Art. 2 c EU-PatVO und der grundsätzlichen Charakterisierung des Patents als Europäisches Patent mit einem einheitlichen Geltungsbereich. Hinsichtlich des Erteilungsverfahrens für das Einheitspatent wird also auf die Bestimmungen des EPÜ verwiesen. Auch an den vom Patentamt zu prüfenden Erteilungsvoraussetzungen wird sich gegenüber denen des Bündelpatents nichts ändern. Denn das Einheitspatent ist unter den gleichen Voraussetzungen zu erteilen, wie das bereits bekannte Europäische Bündelpatent. Insbesondere muss auch hinsichtlich eines Einheitspatents die Neuheit eingehend geprüft werden, bevor ein entsprechendes Patent erteilt wird. Es handelt sich – wie aus dem deutschen Recht bekannt – um ein „Prüfpatent"[516]. Hinsichtlich des Erteilungsverfahrens kann daher auf die Ausführungen zum Erteilungsverfahren eines Bündelpatents verwiesen werden[517]. Allerdings wird das Einheitspatent nicht in das bereits bestehende Register für Europäische Patente eingetragen werden. Es wird gemäß Art. 2 e EU-PatVO ein „Register für den einheitlichen Patentschutz" beim EPA geführt werden, welches zum Europäischen Patentregister gehören soll. Damit ist das neu zu schaffende Register lediglich eine Unterkategorie des Europäischen Patentregisters.

IV. Beschwerde- und Einspruchsverfahren

Wie erörtert ist das Einheitspatent im Ausgangspunkt ein klassisches Europäisches Patent. Es unterscheidet sich nur in seiner Wirkung vom existierenden Bündelpatent und wird in demselben Erteilungsverfahren wie ein klassisches Europäisches Patent geschaffen. Damit ist auch die Entscheidung des EPA am Ende des Erteilungsverfahrens mit einer Beschwerde durch den Antragssteller oder aber durch einen Einspruch eines Dritten angreifbar. Auch hinsichtlich des Beschwerde- und des Einspruchsverfahrens kann folglich auf die Ausführungen zum klassischen Bündelpatent verwiesen werden. Da die zugrundeliegenden Entscheidungen des EPA bereits in Bezug auf das Bündelpatent nur einheitlich angegriffen werden können[518], ergeben sich aus der einheitlichen Wirkung des neuen Europäischen Patents auch keine Besonderheiten gegenüber der bisherigen Rechtslage in diesem Verfahrensstadium.

---

[515] Siehe oben, S. 40 ff.
[516] Siehe oben, S. 57.
[517] Siehe oben, S. 40 ff.
[518] Siehe oben, S. 43.

V. Fazit

Das zukünftige Einheitspatent ist ein europäischer Rechtstitel, der auf dem gesamten Gebiet der teilnehmenden Mitgliedstaaten einen einheitlichen Schutz für Erfindungen bieten soll. Die EU-PatVO schafft materiell einheitliches Patentrecht lediglich insoweit, als sie hinsichtlich der Rechtswirkungen einer Erteilung eines Einheitspatents auf das nationale Recht eines der teilnehmenden Mitgliedstaaten verweist. Dieses soll auf der Grundlage der Art. 25 ff. EPGÜ in allen teilnehmenden Mitgliedstaaten weiter harmonisiert werden. Auch das klassische Europäische Patent wird von diesen Neuerungen im EPGÜ betroffen sein und seinen Charakter als Bündelpatent durch den angeordneten Gleichlauf seiner Wirkung mit denen des Einheitspatents teilweise aufgeben müssen.

Weitere materielle Vorschriften enthalten jedoch weder die EU-PatVO noch das EPGÜ. Die materiellen Regelungen des EPGÜ bleiben indes fragmentiert und decken nicht alle Verletzungsfragen ab, so dass der Rückgriff auf das genuin nationale Recht erfolgen muss[519]. Dies könnte insbesondere hinsichtlich der Beurteilung der Rechtsfolgen einer Patentverletzung besondere Probleme aufwerfen und birgt die Gefahr eines „Law-Shoppings".

B. Erfordernis und Ziele eines einheitlichen Patentgerichtssystems

Wie bereits ausgeführt[520], soll das Projekt des einheitlichen Patentschutzes in Europa durch das EPGÜ vom 11.01.2013 abgerundet werden. Es entsteht damit eine Regelungstrias aus zwei europäischen Verordnungen (EU-PatVO und EU-PatÜVO) und einem völkerrechtlichen Übereinkommen[521].

Die hinter dem Projekt stehenden Beweggründe und Ziele der Schaffung eines einheitlichen Patentgerichts werden in den Erwägungsgründen des zu betrachtenden Übereinkommens zusammenfassend umschrieben[522]. Das Bestreben nach der Schaffung eines einheitlichen Patentgerichtssystems in Europa sei von der Erwägung getragen, durch die Zusammenarbeit der EU-Mitgliedstaaten auf dem Gebiet des Patentwesens einen wesentlichen Beitrag zum Integrationspro-

---

[519] A.A. *Yan*, S. 156.
[520] Siehe oben, S. 1.
[521] *Eck*, GRUR Int. 2014, 114, 115.
[522] Übereinkommen über ein einheitliches Patentgericht (Dokument Nr. 16351/12 vom 11.1.2013 über ein Einheitliches Patentgericht; ABl. 2013 C 175/1).

zess in Europa zu leisten. Der fragmentierte Markt für Patente und die signifikanten Unterschiede zwischen den nationalen Gerichtssystemen wirkten sich bislang nachteilig auf Innovationen, insbesondere für kleine und mittlere Unternehmen aus. Die Patentdurchsetzung und Verteidigung gegenüber unberechtigten Klagen sei für kleinere und mittlere Unternehmen erschwert. Der Wunsch der Mitgliedstaaten sei es, durch die Schaffung eines gemeinsamen Patentgerichts für Rechtsstreitigkeiten über Patentverletzungen und die Gültigkeit von Patenten, deren Durchsetzung und die Verteidigung gegenüber unbegründeten Klagen und zu widerrufenden Patenten zu verbessern. Das Maß an Rechtssicherheit soll gesteigert werden. Das neue einheitliche Patentgericht soll daher so ausgestaltet werden, dass schnelle und hochqualifizierte Entscheidungen sichergestellt und gewährleistet seien[523].

Das EPGÜ selbst spricht damit ausdrücklich die bereits dargelegten massiven Schwächen des bestehenden Durchsetzungssystems für Europäische Patente auch im Vergleich zur Durchsetzung der anderen existierenden unionsweiten Schutzrechte an[524]. Die nationalen Unterschiede, z.B. zwischen den Rechtssystemen Deutschlands, Frankreichs, Englands und der Schweiz führen zur Einschränkung der „Freizügigkeit" von patentgeschützten Waren und fehlendem effektivem Rechtsschutz der Patentinhaber.

C. Rechtsnatur des Einheitlichen Patentgerichts – supranational oder mitgliedstaatlich?

Das neue Rechtsprechungssystem soll gemäß Art. 1, Art. 3 EPGÜ für Europäische Bündelpatente und Einheitspatente gelten. Gemäß Art. 1 Abs. 2 EPGÜ soll das Einheitliche Patentgericht ein gemeinsames Gericht aller teilnehmenden Mitgliedstaaten sein und als solches denselben Bestimmungen des Gemeinschaftsrechts unterliegen wie jedes nationale Gericht der Mitgliedstaaten. Dies ist auch den Erwägungen zum EPGÜ zu entnehmen. Dort heißt es im siebten Erwägungsgrund:

> „IN DER ERWÄGUNG, dass das Einheitliche Patentgericht ein gemeinsames Gericht der Vertragsmitgliedstaaten und somit Teil ihres

---

[523] Erwägungsgrund 24 Verordnung (EU) Nr. 1257/2012.
[524] Siehe oben, S. 46 ff.

Rechtswesens sein sollte und dass es mit einer ausschließlichen Zuständigkeit für europäische Patente mit einheitlicher Wirkung und für die nach dem EPÜ erteilten Patente ausgestattet sein sollte (...)"

Das Einheitliche Patentgericht wird also ein gemeinsames Gericht aller Mitgliedstaaten sein und als solches in die jeweiligen nationalen Rechtssysteme integriert werden. Auch die Rechtsdurchsetzung des Bündelpatents, welche bislang jedem einzelnen Mitgliedstaat oblag, soll in das neue System eingegliedert werden und damit in die gemeinsame Zuständigkeit aller Mitgliedstaaten fallen. Damit würden die teilnehmenden Mitgliedstaaten des EPÜ ihre Zuständigkeit an das neue gemeinsame Gericht abgeben und das geschilderte System[525] der nationalen Rechtsdurchsetzung für diese teilweise wegfallen.

Fraglich ist, ob hierin tatsächlich eine Abgabe von Zuständigkeiten liegt. Dies wäre nur der Fall, wenn das Einheitliche Patentgericht zumindest kein nationales Gericht ist. Mit dem Einheitlichen Patentgericht könnte nämlich auch ein „vielmitgliedstaatliches", „gemeinsames" Gericht und damit ein für das deutsche Verständnis neues Gericht eigener Art geschaffen werden.

Diese Frage nach der Rechtsnatur des Einheitlichen Patentgerichts wird zentrale Bedeutung für die Zuständigkeitsbestimmung dieses Gerichts im Verhältnis zu den nationalen Gerichten der beteiligten Vertragsstaaten und den Gerichten der Drittstaaten haben. Auch ist die Frage nach der Rechtsnatur des Einheitlichen Patentgerichts aus deutscher Sicht für die Frage nach der Verfassungsmäßigkeit des Gerichts entscheidend.

Handelt es sich um ein supranationales Gericht, ist eine unmittelbare Grundrechtsbindung des Gerichts ausgeschlossen[526], denn Adressatin der Grundrechte ist die deutsche öffentliche Gewalt[527]. Handelt es sich hingegen um ein deutsches Gericht, dann ist nach Art. 1 Abs. 3 GG eine Grundrechtsbindung gegeben. Aber wie kann ein Gericht, welches personell international besetzt ist, rein mitgliedstaatlich sein und wie kann dieses an das Grundgesetz gebunden sein bzw. wäre dann im Umkehrschluss das Gericht an die Verfassung aller Unterzeichnerstaaten gebunden? Welche Auswirkungen auf das Vorhaben hätte eine gegebenenfalls fehlende Verfassungsmäßigkeit?

---

[525] Siehe oben, S. 51 ff.
[526] *Manssen*, S. 94.
[527] *Hufen*, S. 94.

I. Das Einheitliche Patentgericht aus europarechtlicher Sicht

1. Das EuGH-Gutachten 1/09

Die nunmehr beschlossene Fassung des Übereinkommens ist Folge des bereits erwähnten[528] Rechtsgutachtens des EuGH über den ihm ehemals vorgelegten Entwurf eines einheitlichen Patentgerichtssystems[529].

Der Rat der Europäischen Union hatte dem EuGH folgende Frage zur Entscheidung vorgelegt:

> „Ist das geplante Übereinkommen zur Schaffung eines einheitlichen Patentgerichtssystems (gegenwärtig „Gericht für europäische Patente und Gemeinschaftspatente" genannt) mit den Bestimmungen des Vertrags zur Gründung der Europäischen Gemeinschaft vereinbar?"

Zu beurteilen war zwar insbesondere der Entwurf eines Übereinkommens über das Gericht für Europäische Patente und Gemeinschaftspatente und der Entwurf der dazugehörigen Satzung vom 23.03.2009[530]. Dem Antrag wurden aber sowohl der Vorschlag für eine Verordnung des Rates über das Gemeinschaftspatent vom 07.04.2009[531] als auch die Empfehlung der Kommission an den Rat zur Ermächtigung der Kommission zur Aufnahme von Verhandlungen über ein Übereinkommen „zur Schaffung eines einheitlichen Patentgerichtssystems"[532] beigefügt.

In Art. 14 a Abs. 1 EPGÜ a.F. hieß es zu diesem Zeitpunkt:

---

[528] Siehe oben, S. 17.
[529] EuGH, Gutachten vom 08.03.2011 – C-1/09, ECLI:EU:C:2011:123 = BeckEuRS 2011, 561012.
[530] Entwurf eines Übereinkommens über das Gericht für Europäische Patente und Gemeinschaftspatente und Entwurf der Satzung – Rat der Europäischen Union, Dokument-Nr. 7928/09 vom 23.03.2009.
[531] Überarbeiteter Vorschlag für eine Verordnung des Rates über das Gemeinschaftspatent – Rat der Europäischen Union, Dokument-Nr. 8588/09 vom 07.04.2009.
[532] Empfehlung der Kommission an den Rat zur Ermächtigung der Kommission zur Aufnahme von Verhandlungen über ein Übereinkommen zur Schaffung eines einheitlichen Patentgerichtssystems" – Rat der Europäischen Union, Dokument-Nr. 7927/09 vom 23.03.2009.

„Anwendbares Recht

Im Falle von Rechtssachen, bei denen das Gericht nach diesem Übereinkommen angerufen wird, beachtet es das Gemeinschaftsrecht und stützt seine Entscheidung auf:

dieses Übereinkommen;

das unmittelbar anwendbare Gemeinschaftsrecht, insbesondere die Verordnung ... des Rates über das Gemeinschaftspatent, und auf die einzelstaatlichen Rechtsvorschriften der Vertragsstaaten zur Umsetzung des Gemeinschaftsrechts; (...)"

Art 15 EPGÜ a.F. bestimmte bezüglich der gerichtlichen Zuständigkeit:

„(1) Das Gericht besitzt die ausschließliche Zuständigkeit für (...)
(2) Die nationalen Gerichte der Vertragsstaaten sind für Klagen im Zusammenhang mit Gemeinschaftspatenten und europäischen Patenten zuständig, die nicht in die ausschließliche Zuständigkeit des Gerichts fallen."

Art. 48 EPGÜ a.F. bestimmte:

„(1) Wird vor dem Gericht erster Instanz eine Frage zur Auslegung des EG-Vertrags oder zur Gültigkeit und Auslegung von Rechtsakten der Organe der Europäischen Gemeinschaft aufgeworfen, kann das Gericht erster Instanz, wenn es dies für erforderlich hält, um eine Entscheidung treffen zu können, den Gerichtshof ersuchen, über die Frage zu befinden. Wird eine solche Frage vor dem Berufungsgericht aufgeworfen, so ersucht es den Gerichtshof, über die Frage zu befinden.

(2) Die Entscheidung des Gerichtshofs zur Auslegung des EG-Vertrags oder zur Gültigkeit und Auslegung von Rechtsakten der Organe der Europäischen Gemeinschaft ist für das Gericht erster Instanz und für das Berufungsgericht bindend."

Der EuGH hat die ihm gestellte Frage negativ beantwortet und hielt das bis dahin vorgeschlagene System eines Einheitlichen Patentgerichts, an dem sich nicht nur die Mitgliedstaaten der EU, sondern auch die EU selbst und die am

EPÜ beteiligten Nicht-EU-Staaten beteiligen sollten, nicht für mit den Bestimmungen des EUV und des AEUV vereinbar.

Insbesondere in Art. 19 EUV sah der EuGH ein unüberwindbares Hindernis für die bis dahin geplante Umsetzung. Gemäß Art. 19 Abs. 1 EUV haben nämlich der Gerichtshof und die Gerichte der Mitgliedstaaten über die Wahrung dieser Rechtsordnung und des Gerichtssystems der Union zu wachen. Insoweit sei es Sache der nationalen Gerichte und des Gerichtshofs, die volle Anwendung des Unionsrechts in allen Mitgliedstaaten und den Schutz der Rechte zu gewährleisten, die den Einzelnen aus dem Unionsrecht erwachsen[533]. Das geplante Patentgericht sei jedoch außerhalb dieses institutionellen und gerichtlichen Rahmens der EU zu verorten. Das Patentgericht sei eine Einrichtung, die kraft Völkerrechts mit eigener Rechtspersönlichkeit ausgestattet sei[534]. Das Gericht hat das geplante Einheitliche Patentgericht damit als supranationale Organisation eingestuft.

Dem Einheitlichen Patentgericht würden indes Rechtsprechungskompetenzen der Mitgliedstaaten übertragen werden. Das Patentgericht würde für seinen Bereich an die Stelle der mitgliedstaatlichen Gerichte treten. Den Gerichten der Vertragsstaaten des EPGÜ einschließlich jener der Mitgliedstaaten der EU würden folglich diese Zuständigkeiten genommen. Ihnen würden nur die Befugnisse verbleiben, die nicht in die ausschließlichen Zuständigkeiten des Patentgerichts fallen[535]. Zudem soll das Patentgericht das Unionsrecht anwenden. Die Wahrung der Einheit des Unionsrechts, welche durch den EuGH zu leisten sei, sei durch das außerhalb des Gerichtssystems der EU stehende Gericht mithin gefährdet. Auch die zuvor für die mitgliedstaatlichen Gerichte bestehende Vorlagekompetenz und -möglichkeit bei einer unionsrechtlichen Rechtsfrage wäre durch die Übertragung der Zuständigkeit auf das Patentgericht nicht mehr gegeben[536]. Gleichzeitig könne eine das Unionsrecht verletzende Entscheidung des Patentgerichts weder Gegenstand eines Vertragsverletzungsverfahrens sein

---

[533] EuGH, Gutachten vom 08.03.2011 – C-1/09, ECLI:EU:C:2011:123 = BeckEuRS 2011, 561012, Rn. 68.
[534] EuGH, Gutachten vom 08.03.2011 – C-1/09, ECLI:EU:C:2011:123 = BeckEuRS 2011, 561012, Rn. 71.
[535] EuGH, Gutachten vom 08.03.2011 – C-1/09, ECLI:EU:C:2011:123 = BeckEuRS 2011, 561012, Rn. 72.
[536] EuGH, Gutachten vom 08.03.2011 – C-1/09, ECLI:EU:C:2011:123 = BeckEuRS 2011, 561012, Rn. 79 ff..

noch zu irgendeiner vermögensrechtlichen Haftung eines oder mehrerer Mitgliedstaaten führen[537].

Im Ergebnis handele es sich mithin bei der geplanten Übertragung der Zuständigkeiten auf das Patentgericht um eine Verfälschung der Zuständigkeiten, die die Verträge den Unionsorganen und den Mitgliedstaaten zuwiesen und die für die Wahrung der Natur des Unionsrechts wesentlich seien[538].

Den Ausführungen des EuGH waren damit folgende unionsrechtliche Anforderungen an das zu schaffende Einheitliche Patentgericht zu entnehmen:

1. Das Patentgericht muss in die „nationalen Gerichtssysteme integriert" sein und darf nicht mit einer eigenen Rechtspersönlichkeit ausgestattet werden, da es ansonsten ein nicht mitgliedstaatliches Gericht darstellt, welches gemäß Art. 19 AEUV nicht zur Entscheidung über Unionsrecht berufen sein darf.

2. Drittstaaten, also Nichtmitgliedstaaten der EU, dürfen mangels Vorlagebefugnis/-pflicht zum EuGH grundsätzlich nicht am EPGÜ beteiligt sein; auch sind sie nicht zur Entscheidung über Unionsrecht berufen.

3. Zur Wahrung des Unionsrechts muss das Vorabentscheidungsverfahren im EPGÜ ausreichend verankert sein; für das Patentgericht muss sich aus dem AEUV eine Vorlagepflicht ergeben.

4. Ein Vertragsverletzungsverfahren gegen die teilnehmenden Vertragsstaaten für unionrechtswidrige Rechtsakte des Gerichts muss gewährleistet sein.

2. Umsetzung der EuGH-Vorgaben im EPGÜ

In Folge des EuGH-Gutachtens wurden zunächst die Drittstaaten von jeder Art der Beteiligung am EPGÜ ausgeschlossen, um insbesondere der Anforderung der „Integration in die nationalen Gerichtssysteme" der Mitgliedstaaten und der sich aus der fehlenden Vorlageverpflichtung und -befugnis ergebenden fehlenden Beteiligungsfähigkeit von Drittstaaten zu genügen. Vertragsstaaten sollen

---

[537] EuGH, Gutachten vom 08.03.2011 – C-1/09, ECLI:EU:C:2011:123 = BeckEuRS 2011, 561012, Rn. 88.
[538] EuGH, Gutachten vom 08.03.2011 – C-1/09, ECLI:EU:C:2011:123 = BeckEuRS 2011, 561012, Rn. 89; Insgesamt kritisch hierzu *Gaster*, EuZW 2011, 394 ff.

und können nur noch die EU-Mitgliedstaaten sein. Fraglich ist allerdings, ob – wie allerdings teilweise vertreten wird[539] – dieser Ausschluss von Drittstaaten allein ausreicht, um das Integrationserfordernis des EuGH zu erfüllen. Entscheidend wird sein, ob das übrig gebliebene Gebilde sich in die Gerichtsorganisation der Mitgliedstaaten so einordnen lässt, dass dieses in einem Vorabentscheidungsverfahren gemäß Art. 267 AEUV vorlageberechtigt und -verpflichtet ist und bei einer Verletzung dieser Verpflichtung die Mitgliedstaaten haften würden.

Im verabschiedeten Vertragstext des EPGÜ finden sich zur Beantwortung dieser Fragen folgende Bestimmungen:

Art. 1 Abs. 2 EPGÜ:

„Das Einheitliche Patentgericht ist ein gemeinsames Gericht der Vertragsmitgliedstaaten und unterliegt somit denselben Verpflichtungen nach dem Unionsrecht wie jedes nationale Gericht der Vertragsmitgliedstaaten."

Art. 4 Abs. 1 EPGÜ:

„Das Gericht besitzt in jedem Vertragsmitgliedstaat Rechtspersönlichkeit und die weitestgehende Rechts- und Geschäftsfähigkeit, die juristischen Personen nach dessen Rechtsvorschriften zuerkannt wird."

Art. 21 EPGÜ:

„Als gemeinsames Gericht der Vertragsmitgliedstaaten und Teil ihres Gerichtssystems arbeitet das Gericht – wie jedes nationale Gericht – mit dem Gerichtshof der Europäischen Union zur Gewährleistung der konkreten Anwendung und einheitlichen Auslegung des Unionsrechts insbesondere im Einklang mit Art. 267 AEUV zusammen. Entscheidungen des Gerichtshofs der Europäischen Union sind für das Gericht bindend."

---

[539] *Tilmann*, GRUR Int. 2011, 499, 499.

Art. 23 EPGÜ:

„Handlungen des Gerichts sind jedem Vertragsmitgliedstaat einzeln, einschließlich für die Zwecke der Art. 258, 259 und 260 AEUV, und allen Vertragsmitgliedstaaten gemeinsam unmittelbar zuzurechnen."

3. Vorlagebefugnis und -pflicht im Vorabentscheidungsverfahren gemäß Art. 267 Abs. 2 AEUV

Gemäß Art. 267 Abs. 2 AEUV entscheidet der EuGH im Wege der Vorabentscheidung über die Auslegung der Verträge, wenn eine derartige Frage von „einem Gericht eines Mitgliedstaats" gestellt wird und dieses Gericht eine Entscheidung darüber zum Erlass seines Urteils für erforderlich hält. Es ist mithin nur das „Gericht eines Mitgliedstaates" im Vorabentscheidungsverfahren vorlageberechtigt. Wird eine derartige Frage in einem schwebenden Verfahren bei einem einzelstaatlichen Gericht gestellt, dessen Entscheidungen selbst nicht mehr mit Rechtsmitteln des innerstaatlichen Rechts angefochten werden können, so ist dieses Gericht gemäß Art. 267 Abs. 3 AEUV zur Anrufung des Gerichtshofs verpflichtet. Das letztinstanzliche „einzelstaatliche Gericht" ist daher sogar vorlagepflichtig. Der AEUV verwendet hier die Wendungen „Gericht eines Mitgliedstaates" und „einzelstaatliches Gericht" gleichwertig nebeneinander. Ob die Begriffe aber miteinander gleichgesetzt werden können, also als Synonyme zu verstehen sind, ist fraglich und noch zu klären. Bereits an dieser Stelle ist jedoch hervorzuheben, dass – entsprechend den Ausführungen des EuGH in dem vorerwähnten Gutachten – zumindest Drittstaaten bzw. Gerichte von Drittstaaten oder auch internationale Organisationen schon gemäß Art. 267 AEUV nicht vorlageberechtigt sind[540].

a. Begriff des Gerichts i.S.d. Art. 267 AEUV

Die Vorlageberechtigung des Art. 267 AEUV setzt vor der „Mitgliedstaatlichkeit" bzw. „Einzelstaatlichkeit" des vorlegenden Organs zunächst voraus, dass es sich bei dem vorlegenden Organ überhaupt um ein Gericht handelt. Diese Frage ist anhand eines autonom unionsrechtlich bestimmten Gerichtsbegriffs zu bestimmen und nicht nach einem nationalen Verständnis der EU-Mitgliedstaaten. Das nationale Verständnis ist unbeachtlich, so dass der EuGH in der Vergangenheit auch schon abweichend von der innerstaatlichen Betrach-

---

[540] *Schwarze*, in: NomosKomm-EU, Art. 267 AEUV Rn. 27; vgl. *Ullrich*, EuR 2010, 573, 577 f.

tung eines Spruchkörpers diesem Gerichtsqualität i.S.d. Art. 267 AEUV zuerkannt hat[541].

Der EuGH hatte für die Beantwortung der Frage bereits vor dem Gutachten 1/09 im Laufe seiner Rechtsprechungstätigkeit Gelegenheit, den Begriff des Gerichts i.S.d. Art. 267 AEUV näher zu definieren. Danach müsse ein Gericht zum einen auf einer gesetzlichen Grundlage beruhen. Zum anderen müsse es sich um eine ständige und obligatorische Gerichtsbarkeit handeln, welche einen vor ihr anhängigen Rechtsstreit in einem rechtsstaatlich geordneten Verfahren in richterlicher Unabhängigkeit potentiell rechtskräftig entscheide[542]. Maßgeblich ist, dass das Verfahren zur Entscheidung eines Rechtsstreits auf eine Entscheidung mit Rechtsprechungstätigkeit abzielt. Ein Gericht, wenn es auch national als solches bezeichnet wird, muss also auch im konkreten Fall als solches handeln und seine Aufgabe als Rechtsprechungsorgan wahrnehmen und nicht etwa lediglich behördlich tätig werden.[543] Soll ein Gericht eine Entscheidung treffen, welche behördlichen Charakter hat, so ist dieses Gericht in dem konkreten Verfahren bzgl. einer etwaig auftretenden Frage zum Unionsrecht weder vorlageberechtigt noch vorlageverpflichtet.

Das Einheitliche Patentgericht wird zumindest in Deutschland aufgrund des Zustimmungsgesetzes auf einer gesetzlichen Grundlage beruhen. Es soll sich auch um eine ständige und obligatorische Gerichtsbarkeit insbesondere in Patentstreitigkeiten über Europäische Patente und Europäische Patente mit einheitlicher Wirkung (vgl. Art. 1 EPGÜ) handeln. Es wird also Rechtsprechungsaufgaben wahrnehmen und die Patentstreitigkeiten in einem Verfahren zu einem rechtskräftigen Abschluss bringen. Es handelt sich bei dem Einheitlichen Patentgericht also unzweifelhaft um ein Gericht i.S.d. Art. 267 AEUV[544].

b. „Gericht eines Mitgliedstaates" i.S.d. Art. 267 AEUV

Problematischer ist demgegenüber die Frage, ob es sich beim Einheitlichen Patentgericht auch um ein Gericht eines Mitgliedstaates i.S.d. Art. 267 AEUV handelt. Das Gericht eines Mitgliedstaates kann dem Wortlaut nach nicht eine kraft Völkerrechts mit eigener Rechtspersönlichkeit ausgestattete Einrichtung sein. Auf der anderen Seite muss das Einheitliche Patentgericht aber auch in der Lage sein, seine fiskalischen Geschäfte auszuführen, um die praktische Organi-

---

[541] *Ehricke*, in: Streinz, Art. 267 AEUV Rn. 30.
[542] *Wegener*, in: Callies/Ruffert, Art. 267 AEUV Rn. 19.
[543] EuGH, Urteil vom 19.10.1995, Rs. C-111/94, ECLI:EU:C:1995:340 = BeckRS 2004, 74140, Rn. 9 – Job Centre Coop. ARL.
[544] Ebenso *Amort*, EuR 2017, 56, 69.

sation des Gerichts im Wege fiskalischen Handelns überhaupt zu gewährleisten. Das Gericht muss – ebenso wie jedes rein mitgliedstaatliche Gericht – über die nötige Rechtspersönlichkeit verfügen, so dass Art. 4 Abs. 1 EPGÜ allein der Annahme einer Integration in die nationalen Rechtssysteme nicht entgegensteht. Nur als Rechtsprechungsorgan darf das Einheitliche Patentgericht nach dem Sinn und Zweck der Entscheidung des EuGH nicht als supranationales Organ einer supranationalen Organisation agieren. Das Gericht eines Mitgliedstaates muss in Abgrenzung zu dem Organ einer supranationalen Organisation in das nationale Gerichtssystem integriert sein.

Nach der Rechtsprechung des EuGH ist es aber nicht zwingend, dass es sich bei dem Gericht um ein Gericht nur eines einzelnen Mitgliedstaates handelt. Vielmehr kann es auch das gemeinsame Gericht mehrerer EU-Mitgliedstaaten sein[545], was das Einheitliche Patentgericht gemäß Art. 1 Abs. 2 EPGÜ auch sein soll. Insoweit sind die Internationalität des Einheitlichen Patentgerichts im Hinblick auf die beteiligten Mitgliedstaaten, seine Besetzung und seine Standorte keine Hindernisse für die Annahme der Europarechtskonformität. Es dürfen allerdings nur solche Staaten an dem Gericht beteiligt sein, die auch Mitgliedstaaten der Europäischen Union sind. Nur die Gerichte der Mitgliedstaaten der Europäischen Union sind vorlageverpflichtet und vorlageberechtigt. Durch den nach dem Gutachten des EuGH erfolgten Ausschluss aller Drittstaaten ist auch diese Voraussetzung beim Einheitlichen Patentgericht nunmehr erfüllt.

Als Beispiel für ein gemeinsames Gericht von EU-Mitgliedstaaten und damit als erfolgreiche Integration eines internationalen Gerichts in das nationale Gerichtssystem nennt der EuGH in seinem Gutachten explizit den Benelux-Gerichtshof[546]. Dieser ist durch den am 19.03.1962 zwischen Belgien, Luxemburg und den Niederlanden geschlossenen Benelux-Vertrag über Warenzeichen und den am 31.03.1965 geschlossenen Vertrag über die Errichtung eines Benelux-Gerichtshofes (BeneluxGH-Vertrag) entstanden. Gemäß Art. 6 Abs. 3 BeneluxGH-Vertrag soll dieser über Vorlagen der nationalen Gerichte bezüglich Fragen der Auslegung des Beneluxgesetzes befinden. Die Entscheidungen über die Auslegungsfragen sind für die nationalen Gerichte der Vertragsstaaten gemäß Art. 7 Abs. 2 BeneluxGH-Vertrag verbindlich. Das bedeutet konkret, dass das vorlegende Gericht in dem spezifischen Rechtsstreit an die Auslegungsentscheidung des Benelux-Gerichtshofs gebunden ist. In anderen Verfahren sind die nationalen Gerichte, soweit sie als letztinstanzliche Gerichte fungieren, in-

---

[545] EuGH, Urteil vom 04.11.1997, Rs. C-337/95, ECLI:EU:C:1997:517 = GRUR Int. 1998, 140, Rn. 60 – Parfums Christian Dior SA und Christian Dior BV v. Evora BV.
[546] EuGH, Gutachten vom 08.03.2011 – C-1/09, ECLI:EU:C:2011:123 = BeckEuRS 2011, 561012.

soweit an die Entscheidungen des Benelux-Gerichtshofs gebunden, als sie die Auslegungsfrage erneut vorlegen müssen, wenn sie von einer vorangegangenen Entscheidung des Benelux-Gerichtshofs abweichen wollen, Art. 6 Abs. 3 BeneluxGH-Vertrag[547]. Der Benelux-Gerichtshof entscheidet aber nicht letztinstanzlich über Rechtsstreitigkeiten, sondern vor ihm wird lediglich ein Zwischenverfahren auf Vorlage der einzelnen nationalen Gerichte geführt. Nachdem dieses beendet ist, wird der Rechtsstreit also vor den nationalen Gerichten fortgesetzt. Insoweit ist das Vorlagesystem der Benelux-Staaten an den Benelux-Gerichtshof mit dem der Vorabentscheidungsvorlage an den EuGH vergleichbar[548].

Bei dem Einheitlichen Patentgericht handelt es sich im Gegensatz zu dem Benelux-Gerichtshof allerdings nicht um ein reines Vorlagegericht. Vielmehr verfügt das Einheitliche Patentgericht über einen eigenen Instanzenzug und damit insbesondere auch über eine eigene Eingangsinstanz. Während beim Benelux-Gerichtshof nur Zwischenfragen bzgl. bestimmter Auslegungsfragen anhängig zu machen sind, soll vor dem Einheitlichen Patentgericht der gesamte Rechtsstreit geführt werden. Schon der Rechtsstreit an sich ist also nur vor den Lokal- und Regionalkammern oder auch der Zentralkammer des Einheitlichen Patentgerichts erstinstanzlich anhängig zu machen. Eine Verknüpfung auf der Ebene der Eingangsinstanz oder auch der Berufungs- und Revisionsinstanz zu den rein nationalen Gerichten, wie etwa aus deutscher Sicht zu einem Oberlandesgericht oder dem Bundesgerichtshof, weist das Einheitliche Patentgericht nicht auf[549]. Durch das Einheitliche Patentgericht wird damit ein neuer Gerichtszweig geschaffen. Es ist insoweit nicht mit dem Benelux-Gerichtshof vergleichbar.

Dies schließt nicht aus, dass das Einheitliche Patentgericht ein Gericht eines Mitgliedstaates im Sinne des Art. 267 AEUV ist. Anderenfalls wäre es den EU-Mitgliedstaaten nicht möglich, ihr jeweiliges nationales Gerichtssystem neu zu gestalten, ohne dass die geschaffenen Gerichte ihren Status als mitgliedstaatliche Gerichte gefährdeten. Die EU-Mitgliedstaaten wären auf die Schaffung von bloßen „Vorlagegerichten" beschränkt. Es ist zweifelhaft, ob der AEUV den Mitgliedstaaten den Aufbau eines solch bestimmten Gerichtssystems vorschreibt[550]. Das gewählte Gerichtssystem kann – wie ein Vergleich der Gerichtssysteme im Hinblick auf die Patentgerichtsbarkeit zeigt[551] – strukturell unterschiedlich ausgestaltet sein. Allerdings müssen die Gerichtssysteme aus

---

[547] *Linhart*, S. 109.
[548] EuGH, Urteil vom 4.11.1997, Rs. C-337/95, ECLI:EU:C:1997:517 = GRUR Int. 1998, 140, Rn. 60 – Parfums Christian Dior SA und Christian Dior BV v. Evora BV.
[549] *Gruber*, GRUR Int. 2015, 323, 325.
[550] *Schadendorf*, EuZW, 2011, 672, 673.
[551] Siehe oben, S. 51 ff.

europarechtlicher Sicht den Mindestanforderungen des AEUV genügen. Ein bis ins Detail bestimmter und sogar unabänderbarer Aufbau ist zur Erreichung des Ziels des Art. 267 AEUV nicht zwingend erforderlich. Art. 267 AEUV soll lediglich sicherstellen, dass das Unionsrecht in sämtlichen Mitgliedstaaten einheitlich ausgelegt und angewendet wird und statuiert hierfür die richterliche Zusammenarbeit der nationalen und auch europäischen Richter[552]. Im Vorabentscheidungsverfahren nimmt der EuGH sein Auslegungsmonopol für das Unionsrecht wahr[553].

Auch der EuGH scheint nicht nur gemeinsame „Vorlagegerichte" als neue mitgliedstaatliche Gerichte i.S.d. Art. 267 AEUV anzusehen. Der EuGH hat in seiner sog. „Miles"-Entscheidung nicht darauf abgestellt, ob das gemeinsame Gericht mehrerer Staaten eine Verbindung zu den innerstaatlichen Gerichten durch ein Zwischenverfahren aufweist. Vielmehr war entscheidend, ob es sich bei dem Gericht um ein Organ einer internationalen Organisation handelt und als solches von der EU und den Mitgliedstaaten formell getrennt ist, so dass es keine Vorlagebefugnis aufweisen kann[554]. Das Einheitliche Patentgericht soll aber keine solche von den Vertragsstaaten getrennte internationale Organisation, sondern gemäß Art. 1 Abs. 2, 21 EPGÜ ein gemeinsames Gericht der Vertragsstaaten sein.

Das Ziel der Sicherung des Auslegungsmonopols des EuGH für das Unionsrecht kann hingegen schon mit der Verankerung der Vorlageberechtigung und -pflicht der Kammern des Einheitlichen Patentgerichtssystems in Art. 21 EPGÜ erreicht werden[555]. Zwar ist dieser Artikel im Kern identisch mit der alten Regelung der Vorlagefrage in Art. 48 EPGÜ a.F., allerdings lag hier das Problem darin, dass diese Regelung noch die Nicht-EU-Mitgliedstaaten mitumfassen sollte, die nicht an Art. 267 AEUV gebunden sind und damit auch nicht für eine etwaige Verletzung haften konnten. Nach dem Ausschluss der Drittstaaten ist indes auch die u.a. in Art. 23 EPGÜ geregelte Frage der Haftung für Handlungen des Einheitlichen Patentgerichts nicht mehr problematisch.

Es bleibt nach dem Vorgesagten festzuhalten, dass das Einheitliche Patentgericht auch als gemäß Art. 1 Abs. 2 EPGÜ gemeinsames Gericht der Vertragsmitgliedstaaten ein mitgliedstaatliches Gericht i.S.d. Art. 267 AEUV ist[556]. Dieses Ergebnis mag zwar aufgrund der strukturell nicht erfolgten Integration in die

---

[552] *Schwarze*, in: NomosKomm-EU, Art. 267 AEUV Rn. 3 f.
[553] *Ehricke*, in: Streinz, Art. 267 AEUV Rn. 6.
[554] EuGH, Urteil vom 14.06.2011, Rs. C-196/09, ECLI:EU:C:2011:388 = EuZW 2011, 670, Rn. 39, 43 – Paul Miles u.a. v. Écoles européennes.
[555] Ebenso: *Haedicke*, GRUR Int. 2013, 609, 614.
[556] A.A. *Amort*, EuR 2017, 56, 74.

nationalen Rechtssysteme merkwürdig anmuten[557]. Jedoch reicht es aus europarechtlicher Sicht für die Erreichung der Ziele des AEUV aus, dass ein neuer, von den anderen nationalen Gerichtszweigen unabhängiger Gerichtszweig geschaffen wird. Eine Verbindung des Einheitlichen Patentgerichts zu den nationalen Gerichtssystemen ist zwar so nicht mehr erkennbar, für die Erreichung der europarechtlichen Vorgaben aber auch nicht erforderlich[558].

c. „Einzelstaatliches Gericht" i.S.d. Art. 267 AEUV

Wird eine Frage i.S.d. Art. 267 Abs. 1 AEUV in einem schwebenden Verfahren bei einem einzelstaatlichen Gericht gestellt, dessen Entscheidungen selbst nicht mehr angefochten werden können, so ist dieses Gericht gemäß Art. 267 Abs. 3 AEUV zur Anrufung des EuGH verpflichtet. Zweck des Abs. 3 ist lediglich die Abgrenzung der Vorlageberechtigung zur Vorlageverpflichtung. Die Gerichte des Abs. 2 sind daher mit den in Abs. 3 genannten Gerichten identisch[559]. Es soll durch Abs. 3 nur sichergestellt werden, dass im Falle einer streiterheblichen unionsrechtlichen Auslegungsfrage zum Zwecke der Wahrung der Einheit und der Einhaltung des Unionsrechts[560] zumindest das letztinstanzliche Gericht an den EuGH vorlegt. Es soll kein Ermessen des Gerichts mehr gegeben sein. Insoweit kann also jedes „Gericht eines Mitgliedstaates" im Sinne des Abs. 2 auch ein „einzelstaatliches Gericht" i.S.d. Abs. 3 sein[561]. Die Begriffe sind inhaltlich deckungsgleich. Es kommt allein auf die Frage an, ob das Gericht eine letztinstanzliche Entscheidung treffen soll, wofür die Vorlagefrage streiterheblich ist. Es bleibt damit bei der Vorlageberechtigung und -verpflichtung des Einheitlichen Patentgerichts als einzelstaatliches Gericht i.S.d. Art. 267 Abs. 3 AEUV.

---

[557] Nicht zuletzt aus diesem Grunde wie auch zugunsten einer Sicherstellung der Anwendbarkeit der EuGVVO sowie aus Gründen der Vorhersehbarkeit der Zuständigkeit des Einheitlichen Patentgerichts mit seinen in ganz Europa verteilten Kammern für einen Beklagten wurde bereits im Vorschlag für eine Verordnung des Europäischen Parlaments und des Rates über die Umsetzung der Verstärkten Zusammenarbeit im Bereich der Schaffung eines einheitlichen Patentschutzes, KOM (2011) 215 endg. vom 13.04.2011 ein diesbezügliches Klarstellungsbedürfnis gesehen, das schließlich auch in Art. 71 a EuGVVO seinen Niederschlag gefunden hat.
[558] A.A. *Gruber*, GRUR Int. 2015, 323, 325.
[559] *Wegener*, in: Calliess/Ruffert, Art. 267 AEUV Rn. 19.
[560] *Karpenstein*, in: Grabitz/Hilf/Nettesheim, Art. 267 AEUV Rn. 2.
[561] Vgl. *Ehricke*, in: Streinz, Art. 267 AEUV Rn. 28.

4. Fazit

Das nunmehr vorliegende EPGÜ erfüllt die vom EuGH in Bezug auf Art. 267 AEUV aufgestellten Anforderungen allein durch den Ausschluss der Drittstaaten vom EPGÜ. Die Bindung der teilnehmenden Mitgliedstaaten an die Verpflichtung aus dem AEUV ist damit sichergestellt. Auch wenn aufgrund der Unabhängigkeit des Einheitlichen Patentgerichts von den nationalen Gerichtssystemen von einer strukturellen Integration des Einheitlichen Patentgerichts in die mitgliedstaatlichen Gerichtssysteme keine Rede sein kann, steht dieses der Schaffung des Einheitlichen Patentgerichts zumindest aus europarechtlicher Sicht nicht entgegen. Der gewählte Grad an „Integration" genügt.

II. Das Einheitliche Patentgericht aus Sicht des Grundgesetzes

Nachdem die Frage nach der Vereinbarkeit des EPGÜ mit den europarechtlichen Vorgaben des AEUV positiv beantwortet wurde, stellt sich aus deutscher Sicht die weitere Frage, ob das gefundene Konstrukt auch aus nationaler Sicht den verfassungsrechtlichen Anforderungen genügt. Das Einheitliche Patentgericht dürfte nur dann in die grundgesetzliche Systematik einzuordnen sein, wenn dieses, wie es nach dem Willen der Vertragsmitgliedstaaten sein soll, tatsächlich ein nationales Gericht Deutschlands auch im Sinne des Grundgesetzes wäre. Diese Frage ist hinsichtlich der Zuständigkeitsverteilung zwischen dem Einheitlichen Patentgericht und den eigenen, sowie fremden nationalen Gerichten zu klären. Ebenso relevant ist die Einordnung des Einheitlichen Patentgerichts für die Verfassungsmäßigkeit des für die Umsetzung des EPGÜ erforderlichen Zustimmungsgesetzes i.S.d. Art. 59 Abs. 2 S. 1 GG.

1. Gerichtsorganisation i.S.d. Art. 92 GG

Art. 92 GG ist die verfassungsrechtliche Grundnorm für die Rechtsprechung[562]. Gemäß Art. 92 GG ist die rechtsprechende Gewalt den Richtern anvertraut. Sie wird durch das Bundesverfassungsgericht, durch die im Grundgesetz vorgesehenen Bundesgerichte und durch die Gerichte der Länder ausgeübt. Art. 20 Abs. 2 GG bestimmt, dass die Staatsgewalt u.a. durch besondere Organe der Rechtsprechung ausgeübt wird. Art. 92 GG weist die rechtsprechende Gewalt organisatorisch den Richtern zu. Die Richter üben diese Gewalt durch Gerichte aus[563]. Art. 92 2. Hs. GG verteilt die Organisationsgewalt im Bereich der

---

[562] *Hopfauf*, in: Schmidt-Bleibtreu/Klein, Art. 92 Rn. 1.
[563] *Wolff*, in: NomosKomm-GG, Art. 92 Rn. 1, 4.

Gerichte zwischen dem Bund und den Ländern. Grundsätzlich haben die Länder die Verantwortung der Gerichtsorganisation. Für die Gerichte des Bundes besteht ein Verfassungsvorbehalt, so dass diese Gerichte explizit im Grundgesetz vorgesehen sein müssen[564].

Das Einheitliche Patentgericht ist nicht im Grundgesetz als Bundesgericht verankert. Demnach bleibt für die verfassungsrechtliche Zulässigkeit – wenn man eine Verfassungsänderung vermeiden will – die Möglichkeit, das Einheitlichen Patentgericht als ein Gericht der Länder einzuordnen. Hierfür könnte sprechen, dass in Deutschland die jeweiligen Kammern des Einheitlichen Patentgerichts rein tatsächlich in Düsseldorf, München, Hamburg und Mannheim und damit an den Standorten von Landgerichten, welche bislang bereits als Patentgerichte fungierten, angebunden werden sollen[565]. Allein die faktische Anbindung einer lokalen Kammer an einem bestimmten Landgerichtsstandort kann das gesamte Einheitliche Patentgericht mit seinen weiteren Kammern in anderen EU-Mitgliedstaaten aber schwerlich zu einem Landgericht machen.

Auch nach der grundgesetzlichen Kompetenzverteilung müssten, wenn das Einheitliche Patentgericht ein Gericht des Landes sein sollte, die Bundesländer selbst die Kammern des Einheitlichen Patentgerichts schaffen und nicht etwa die EU-Mitgliedstaaten. Die lokalen Kammern bilden aber nicht das gesamte Einheitliche Patentgericht, sondern sind lediglich Organisationseinheiten eines einheitlichen Gerichts. Auch sind diese Kammern in ihrem Gerichtsbezirk nicht mehr an die jeweiligen Landgerichtsbezirke gebunden. Stattdessen würde einer Kammer als Landgericht eines Bundeslandes auch die Rechtsprechungstätigkeit in einem anderen Bundesland oder gar in der EU übertragen werden. Das Einheitliche Patentgericht lässt sich damit nicht in die in Art. 92 GG vorgesehene Gerichtsorganisation einordnen.

Ein Gericht Deutschlands kann es dann aber nach Art. 92 GG nicht mehr sein. Bereits an diesem Punkt kann festgehalten werden, dass unabhängig von der internationalen Besetzung der Spruchköper der einzelnen Kammern das Einheitlichen Patentgericht nicht als deutsches Gericht i.S.d. GG subsumiert werden kann. Insofern scheidet auch eine bindende Verweisung eines Rechtsstreits bsp. gemäß Art. 71 a GVG an das Einheitliche Patentgericht durch ein deutsches Gericht von vornherein aus. Auch umgekehrt sieht die Verfahrensordnung des Einheitlichen Patentgerichts eine Verweisung an die Gerichte der Vertragsstaaten des EPGÜ nicht vor.

---

[564] *Morgenthaler*, in: Beck-OK GG, Art. 92 Rn. 34.
[565] Entwurf eines Gesetzes zu dem Übereinkommen vom 19. Februar 2013 über ein Einheitliches Patentgericht vom 13.02.2017, BT-Drucks. 18/1137, S. 2.

2. Hoheitsrechtsübertragung gemäß Art. 23 Abs. 1 GG

Gemäß Art. 23 Abs. 1 GG wirkt Deutschland zur Verwirklichung eines vereinten Europas bei der Entwicklung der Europäischen Union mit, die demokratischen, rechtsstaatlichen, sozialen und föderativen Grundsätzen und dem Grundsatz der Subsidiarität verpflichtet ist und einem dem Grundgesetz im Wesentlichen vergleichbaren Grundrechtsschutz gewährleistet. Der Bund kann hierzu durch Gesetz mit Zustimmung des Bundesrates Hoheitsrechte übertragen. Diese Ermächtigung umfasst aber nur die Übertragung von Hoheitsrechten auf eine Europäische Union nicht zwingend i.S.d AEUV, aber i.S. einer staatsrechtlichen Organisation eines entsprechenden Zusammenschlusses der Mitgliedstaaten, also einer Europäischen Union als supranationale Organisation[566]. Das Einheitliche Patentgericht, das durch einen völkerrechtlichen Vertrag geschaffen wird, der nur die Mitgliedstaaten der Europäischen Union beteiligt, ist hingegen kein Organ der bislang nur in Frage kommenden Europäischen Union[567]. Die Europäische Union wird am EPGÜ auch nicht beteiligt. Insoweit handelt es sich nicht um eine Übertragung von Hoheitsrechten auf die Europäische Union. Art. 23 Abs. 1 GG kann daher nicht die Schaffung des Einheitlichen Patentgerichts durch einen völkerrechtlichen Vertrag ohne Beteiligung der EU erfassen. Das Einheitliche Patentgericht ist folglich auch kein Gericht der Europäischen Union[568].

3. Hoheitsrechtsübertragung gemäß Art. 24 Abs. 1 GG

Gemäß Art. 24 Abs. 1 GG kann der Bund durch Gesetz auch Hoheitsrechte auf zwischenstaatliche Einrichtungen übertragen. Damit ermöglicht Art. 24 Abs. 1 GG die Beteiligung Deutschlands an internationalen Einrichtungen unter Übertragung von Hoheitsrechten („Verfassungsentscheidung für eine internationale Zusammenarbeit")[569].

---

[566] Vgl. *Scholz*, in: Maunz/Dürig, Art. 23 Rn. 67.
[567] Vgl. Art. 13 Abs. 1 EUV.
[568] Stellungnahme Nr. 1 Januar 2018 der Bundesrechtsanwaltskammer zur Verfassungsbeschwerde des Herrn I.B.S. gegen das Gesetz zu dem Übereinkommen vom 19.02.2013 über ein Einheitliches Patentgericht i.V.m. dem Übereinkommen über ein Einheitliches Patentgericht und Antrag auf Erlass einer einstweiligen Anordnung, Az.: 2 BvR 739/17 S. 16, abrufbar unter: https://www.brak.de/zur-rechtspolitik/stellungnahmen-pdf/stellungnahmen-deutschland/2018/januar/stellungnahme-der-brak-2018-01.pdf, zuletzt abgerufen am 27.08.2019.
[569] BVerfG, Beschluss vom 23.06.1981, Az.: 2 BvR 1107/77, 2 BvR 1124/77, 2 BvR 195/79, NJW 1982, 507, 511.

Damit Art. 24 Abs. 1 GG greift, muss es sich bei dem Einheitlichen Patentgericht um eine zwischenstaatliche Einrichtung i.S.d. Art. 24 Abs. 1 GG handeln. Als derartige Einrichtung ist jede durch Verträge zwischen Völkerrechtssubjekten geschaffene Organisation anzusehen, an deren Tätigkeit Deutschland diskriminierungsfrei beteiligt ist, und die Aufgaben erfüllt, die traditionell im Rahmen nationaler öffentlicher Gewalt ausgeübt werden[570]. Diese müssen mindestens ein die Handlungsfähigkeit begründendes Organ haben, und fähig sein, selbst Träger völkerrechtlicher Rechte oder Pflichten zu sein. Auf einen anderen Staat dürfen Hoheitsrechte aber nicht übertragen werden[571].

Gemäß Art. 1 Abs. 2 EPGÜ ist das Einheitliche Patentgericht ein gemeinsames Gericht der Vertragsmitgliedstaaten. Gemäß Art. 4 Abs. 1 EPGÜ besitzt das Gericht in jedem Vertragsmitgliedstaat Rechtspersönlichkeit und die weitestgehende Rechts- und Geschäftsfähigkeit, die juristischen Personen nach dessen Vorschriften zuerkannt wird. Das Einheitliche Patentgericht kann damit als eine zwischenstaatliche Einrichtung i.S.d. Art. 24 Abs. 1 GG eingeordnet werden[572].

Auf diese zwischenstaatliche Einrichtung müssten gemäß Art. 24 Abs. 1 GG auch Hoheitsrechte übertragen werden. Der Begriff der Hoheitsrechte umfasst nicht etwa nur die Legislative und Exekutive, sondern auch die rechtsprechende Gewalt, die Judikative[573]. Dabei muss die Ausübung der Hoheitsgewalt nicht vollkommen „übertragen" werden. Es muss kein ausschließlicher Verzicht auf die Ausübung von Hoheitsgewalt durch deutsche Organe erfolgen. Vielmehr genügt es, wenn die Hoheitsgewalt zumindest auch durch fremde Organe wahrgenommen werden soll. Mit der „Übertragung" von Hoheitsrechten ist lediglich die Rücknahme bzw. der Verzicht auf die ausschließliche Ausübung hoheitlicher Gewalt durch deutsche Organe gemeint. Dies soll die Ausübung fremder Hoheitsgewalt im innerstaatlichen Bereich ermöglichen und einem außerstaatlichen Rechtsakt unmittelbare Geltung und Anwendung verschaffen[574]. An der Ausübung fremder Hoheitsgewalt im innerstaatlichen Bereich fehlt es indes,

---

[570] *Wolff*, in: NomosKomm-GG, Art. 24 Rn. 2.
[571] *Heintschel von Heinegg*, in: BeckOK GG, Art. 24 Rn. 12 ff.
[572] Stellungnahme Nr. 1 Januar 2018 der Bundesrechtsanwaltskammer zur Verfassungsbeschwerde des Herrn I.B.S. gegen das Gesetz zu dem Übereinkommen vom 19.02.2013 über ein Einheitliches Patentgericht i.V.m. dem Übereinkommen über ein Einheitliches Patentgericht und Antrag auf Erlass einer einstweiligen Anordnung, Az.: 2 BvR 739/17, S. 16, abrufbar unter: https://www.brak.de/zur-rechtspolitik/stellungnahmen-pdf/stellungnahmendeutschland/2018/januar/stellungnahme-der-brak-201801.pdf, zuletzt abgerufen am 27.08.2019.
[573] *Classen*, in: von Mangoldt/Klein/Starck, Art. 24 Rn. 5.
[574] *Heintschel von Heinegg*, in: BeckOK GG, Art. 24 Rn. 11.

wenn diese keine direkten innerstaatlichen Befugnisse hat. Eine bloße völkerrechtliche Verpflichtung gegenüber anderen Vertragsstaaten reicht nicht aus, um von einer „Übertragung" i.S.d. Art. 24 Abs. 1 GG zu sprechen[575].

Dem Einheitlichen Patentgericht wird mit dem EPGÜ die Rechtsprechungsgewalt über klassische Europäische Patente übertragen, die bislang – aufgrund ihrer Qualifizierung als Bündelpatente – in die jeweiligen Zuständigkeiten der nationalen Gerichte gefallen ist. Das Einheitliche Patentgericht nimmt damit eine unmittelbare Rechtsprechungsgewalt wahr. Der deutsche Gesetzgeber entscheidet sich insoweit zur „Aufgabe" seiner diesbezüglichen Gerichtsbarkeit. In der Begründung zu Art. 1 des Entwurfs des Zustimmungsgesetzes gemäß Art. 59 Abs. 2 S. 1 GG heißt es dementsprechend, dass „mit der Schaffung der Gerichtsbarkeit des Einheitlichen Patentgerichts durch das Übereinkommen Hoheitsrechte im Sinne von Artikel 24 Abs. 1 des Grundgesetzes übertragen werden.[576]" Die Voraussetzungen des Art. 24 Abs. 1 GG sind erfüllt.

4. Zwischenergebnis

Es handelt sich bei dem Einheitlichen Patentgericht nicht um ein nationales Gericht, sondern um eine zwischenstaatliche Einrichtung i.S.d. Art. 24 Abs. 1 GG. Als lediglich zwischenstaatliche Einrichtung ist – mangels direkter Ausübung einer deutschen Hoheitsgewalt – das Gericht auch nicht unmittelbar an das Grundgesetz gebunden. Es muss nur dem vom Grundgesetz geforderten Mindeststandard genügen und insbesondere „nur" den Wesensgehalt der Grundrechte garantieren[577]. Damit ist zweifelhaft, ob eine verfassungsrechtliche Überprüfung der Entscheidungen des Einheitlichen Patentgerichts durch das Bundesverfassungsgericht stattfinden wird[578]. Davon zu trennen ist die – im Rahmen dieser Arbeit aber nicht zu behandelnde – Frage, ob nicht bereits das gemäß Art. 24 Abs. 1 GG erforderliche Bundesgesetz an verfassungsrechtlichen Vorgaben scheitert. Diese Frage ist Gegenstand der derzeit vor dem Bundesverfassungsgericht anhängigen und bereits erwähnten Verfassungsbeschwerde[579]. Sollte das Bundesverfassungsgericht das Zustimmungsgesetz für verfassungs-

---

[575] *Wolff*, in: NomosKomm-GG, Art. 24 Rn. 2.
[576] Entwurf eines Gesetzes zu dem Übereinkommen vom 19. Februar 2013 über ein Einheitliches Patentgericht vom 13.02.2017, BT-Drucks. 18/1137, S. 8.
[577] BVerfG, Beschluss vom 24.07.2018, Az.: 2 BvR 1961/09, ECLI:DE:BVerfG:2018:rs20180724.2bvr196109 = NJW 2018, 3376, Rn. 27.
[578] A.A. wohl *Broß/Lamping*, GRUR Int. 2018, 907, 908.
[579] BVerfG, Az. 2 BvR 739/17.

widrig und damit nichtig befinden, würde eine Bindung Deutschlands an das EPGÜ nicht eintreten[580].

III. Fazit

Das Einheitliche Patentgericht ist weder ein nationales noch ein europäisches Organ. Es fügt sich insbesondere nicht in die bisherige nationale Gerichtsstruktur ein. Eine verfahrensrechtliche Verbindung des Einheitlichen Patentgerichts zu den fünf in Art. 95 GG vorgesehenen Rechtswegen besteht nicht. Vielmehr nimmt es eine Zwitterstellung auf der Grenze des nationalen und internationalen/europäischen Rechtssubjektes ein. Während es aus europarechtlicher Sicht als nationales Gericht betrachtet werden muss, für das die Mitgliedstaaten einzustehen haben, ist es aus verfassungsrechtlicher Sicht ein zwischenstaatliches Gebilde mit eigener Rechtspersönlichkeit, welches nicht unmittelbar an das Grundgesetz gebunden sein wird.

Dieses Ergebnis ist kurios. Während die europarechtlichen Vorgaben erfordern, dass es sich bei dem Einheitlichen Patentgericht um ein nationales Gericht handeln muss, dieses also nationale Hoheitsgewalt ausüben muss, für das die Mitgliedstaaten als eigenes Handeln zu haften haben, wird das Einheitliche Patentgericht aus verfassungsrechtlicher Sicht nicht nationale, sondern vielmehr originär eigene, aber „übertragene" Hoheitsgewalt als fremde Hoheitsgewalt ausüben. Aus europarechtlicher Sicht werden mit dieser Konstruktion die noch vom EuGH in seinem Gutachten 1/09[581] geäußerten Bedenken ausgeräumt. Die verfassungsrechtliche Einordnung als nationales Gericht kann diese Konstruktion jedoch nicht erreichen.

Aufgrund der Regelungen der internationalen Zuständigkeiten in internationalen Regelungswerken (wie bsp. der EuGVVO oder dem EPGÜ) ist für die weitere Untersuchung der internationalen Zuständigkeit des Einheitlichen Patentgerichts allein die völkerrechtliche und hier insbesondere die vertragskonforme Qualifizierung des Einheitlichen Patentgerichts entscheidend. Demnach ist das Einheitlichen Patentgericht nachfolgend dennoch als ein nationales Gericht anzusehen.

---

[580] *Broß/Lamping*, GRUR Int. 2018, 907.
[581] EuGH, Gutachten vom 08.03.2011 – C-1/09, ECLI:EU:C:2011:123 = BeckEuRS 2011, 561012.

D. Gerichtsaufbau

I. Richterpool

1. Anforderungen für das Amt eines „EU-Patentrichters"

Art. 15 EPGÜ legt die Auswahlkriterien für die Bestellung der Richter und Richterinnen fest, mit denen die entstehenden Spruchkörper am Einheitlichen Patentgericht besetzt werden sollen. Gemäß Art. 15 Abs. 1 S. 1 EPGÜ sollen die Spruchkörper sowohl aus rechtlich als auch aus technisch qualifizierten Richtern zusammengesetzt werden. Die rechtlich qualifizierten Richter müssen die für richterliche Ämter in einem Vertragsmitgliedstaat erforderlichen Voraussetzungen erfüllen (Art. 15 Abs. 2 EPGÜ). Die technisch qualifizierten Richter müssen über einen Hochschulabschluss und nachgewiesene Erfahrung auf einem Gebiet der Technik verfügen. Sie müssen außerdem über nachgewiesene Kenntnisse des für Patentstreitigkeiten relevanten Zivil- und Zivilverfahrensrechts verfügen (Art. 15 Abs. 3 EPGÜ). Technische und rechtlich qualifizierte Richter sollen gleichermaßen die höchste fachliche Qualifikation bieten und über nachgewiesene Erfahrung auf dem Gebiet der Patentstreitigkeiten verfügen (Art. 10 Abs. 1 S. 2 EPGÜ).

2. Auswahlverfahren

Wer die Anforderungen an einen EU-Patentrichter erfüllt, wird zunächst von dem nach Art. 14 EPGÜ beim Einheitlichen Patentgericht zu schaffenden beratenden Ausschuss beurteilt. Dieser hat gemäß Art. 16 Abs. 1 EPGÜ eine Liste mit den am besten geeigneten Kandidaten für die Ernennung zum Patentrichter am Einheitlichen Patentgericht zu erarbeiten. Auf der Grundlage dieser Liste soll der Verwaltungsausschuss die Richter des Einheitlichen Patentgerichts einvernehmlich benennen (Art. 16 Abs. 2 EPGÜ). Sind die Richter in das Amt des Patentrichters berufen, dann können sie ihr Amt in Vollzeit oder Teilzeit ausüben. Vollzeitrichter und die Teilzeitrichter, die juristisch qualifiziert sind, dürfen gemäß Art. 17 Abs. 2 EPGÜ grundsätzlich keiner anderen Beschäftigung nachgehen. Technische Teilzeitrichter können gemäß Art. 12 Abs. 4 EPGÜ gleichzeitig jeder anderen Tätigkeit nachgehen, sofern hierdurch kein Interessenkonflikt entsteht. Die juristisch qualifizierten Richter sollen allerdings andere richterliche Aufgaben auf nationaler Ebene ausüben können (Art. 12 Abs. 3 EPGÜ).

Unabhängig von der getroffenen Einteilung bilden alle berufenen Richter den sogenannten Richterpool, aus dem sie zu den einzelnen Kammern des Gerichts erster Instanz durch dessen Präsidenten zugewiesen werden (Art. 18 Abs. 3

EPGÜ). Die Verteilung der Richter soll sich dabei nach deren juristischer oder technischer Fachkompetenz, Sprachkenntnissen und einschlägigen Erfahrung richten. Außerdem soll die Zuweisung der Richter die gleich hohe Qualität der Arbeit und ein gleich hohes Niveau von rechtlicher und technischer Kompetenz in allen Spruchkörpern des Gerichts erster Instanz gewährleisten.

II. Instanzenzug

Das gemeinsame Patentgerichtssystem soll zweistufig ausgestaltet werden. Das Einheitliche Patentgericht umfasst gemäß Art. 6 Abs. 1 EPGÜ neben einer Kanzlei, welche keine Rechtsprechungsaufgaben wahrzunehmen hat, sowohl ein Gericht erster Instanz als auch ein Berufungsgericht.

1. Das Gericht erster Instanz

Art. 7 und Art. 8 EPGÜ enthalten die Regelungen zum Gericht erster Instanz des Einheitlichen Patentgerichts. Das Gericht erster Instanz soll sich aus einer Zentralkammer sowie Lokal- und Regionalkammern zusammensetzen (Art. 7 Abs. 1 EPGÜ). Auf einen Antrag hin kann jeder Mitgliedstaat eine Lokalkammer errichten (Art. 7 Abs. 3 EPGÜ). Je nach Anzahl der zu behandelnden Patentverfahren können bis zu vier örtliche Kammern in einem Vertragsstaat eingerichtet werden (Art. 7 Abs. 4 EPGÜ). Zwei oder mehr Vertragsstaaten können sich aber auch dafür entscheiden, sich zusammenzuschließen und lediglich gemeinsam eine einzige, dann nämlich eine sogenannte Regionalkammer des Gerichts erster Instanz aufzubauen (Art. 7 Abs. 5 EPGÜ). Während die Lokal- und Regionalkammern damit mitgliedstaatsbezogen organisiert werden, soll die Zentralkammer keinen unmittelbaren räumlichen Bezug zu den Vertragsstaaten haben.

Nach langem Ringen der teilnehmenden EU-Mitgliedstaaten hat man sich auf der Tagung des Europäischen Rates am 28.06. und 29.06.2012 in Brüssel darauf geeinigt, dass der Sitz der Zentralkammer in Paris sein wird[582]. Paris soll aber lediglich der Hauptsitz der Zentralkammer werden. Neben dem dortigen Hauptsitz sollen gleich zwei weitere Fachabteilungen gegründet werden, von denen die eine in London (zuständig für Chemie einschließlich Arzneimittel, IPC-Klasse C und täglicher Lebensbedarf, IPC-Klasse A) und die andere in München (zuständig für Maschinenbau, IPC-Klasse F) ihren ständigen Sitz finden soll. Die Einheit der Zentralkammer in Paris soll für die IPC-Klassen (B) Ar-

---

[582] Schlussfolgerungen des Europäischen Rates der Tagung vom 28.06./29.06.2012, EUCO 76/2/12 REV2, S. 2.

beitsverfahren; Transportieren, (D) Textilien; Papier, (E) Bauwesen; Erdbohren; Bergbau, (G) Physik und (H) Elektrotechnik zuständig sein. Gleichzeitig soll in Paris auch der Amtssitz des Präsidenten des Einheitlichen Patentgerichts sein. Diese Entscheidungen haben in Art. 7 Abs. 2 EPGÜ ihren Niederschlag gefunden.

Unabhängig davon, ob es sich nun um einen Spruchkörper einer Lokal- oder Regionalkammer oder gar um einen Spruchkörper der Zentralkammer des Gerichts erster Instanz handelt, soll sich jeder Spruchkörper der ersten Instanz aus drei Richtern zusammensetzen und multinational besetzt sein (Art. 8 Abs. 1 EPGÜ). Allerdings soll sich die Zusammenstellung der drei Richter nach deren Qualifikation und Staatsangehörigkeit je nach Kammer unterscheiden.

a. Mitgliedstaatsbezogene Kammern

aa. Lokalkammer

Die Besetzung der Spruchkörper der Lokalkammern hängt von der Anzahl der Verfahren während eines Zeitraums von drei aufeinander folgenden Jahren vor oder nach Inkrafttreten des Übereinkommens ab. Die Spruchkörper einer Lokalkammer in einem Mitgliedstaat, in welchem während dieses Zeitraums weniger als fünfzig Verfahren pro Jahr anhängig waren, sollen mit einem rechtlich qualifizierten Richter des betreffenden Mitgliedstaates und zwei weiteren rechtlich qualifizierten Richtern anderer Mitgliedstaaten besetzt werden. Diese werden von Fall zu Fall aus dem Richterpool gemäß Art. 18 Abs. 3 EPGÜ dem Spruchkörper zugewiesen (Art. 8 Abs. 2 EPGÜ).

Bei Lokalkammern eines Mitgliedstaates, in dem fünfzig oder mehr Verfahren pro Jahr im genannten Zeitraum anhängig waren, kehrt sich hingegen das Verhältnis der Richter um. Hier sollen zwei juristisch qualifizierte Richter der gastgebenden Nation und nur ein juristisch qualifizierter Richter aus dem Richterpool und einer anderen Nation entstammen (Art. 8 Abs. 3 EPGÜ). Dieser dritte Richter soll nach dem Wortlaut des Art. 8 Abs. 3 EPGÜ nur in Ausnahmefällen der Lokalkammer „langfristig" zugewiesen werden. Dies soll nämlich nur dann geschehen, wenn dies für eine „effiziente Arbeit von Kammern mit hoher Arbeitsbelastung notwendig ist".

Diese Regelungen zeigen, dass die Mitgliedstaaten bei der Besetzung der einzelnen Spruchkörper der Lokalkammern deren voraussichtliche Belastung berücksichtigen wollen. Je größer die Belastung, desto länger soll die Zuweisung erfolgen, um eine gewisse Flexibilität der Richter und eine größere Einsatzmöglichkeit dieser zu ermöglichen. Eine starre Zuweisung an einzelne Kammern soll nicht erfolgen.

Sowohl die Übereinkommensformulierung der „langfristigen" Zuweisung, wenn dies für eine „effiziente Arbeit von Kammern mit hoher Arbeitsbelastung notwendig ist", als auch die Formulierung „von Fall zu Fall" lässt indes nicht unerhebliche Beurteilungsspielräume offen. Aus deutscher Sicht stellt sich – anders als beispielsweise in der Schweiz[583] – die grundrechtsrelevante Frage nach dem gesetzlichen Richter i.S.d. Art. 101 Abs. 1 S. 2 GG, sollte dieses justizielle Grundrecht zu dem Mindeststandard des Grundgesetzes gehören, dem auch das Einheitliche Patentgericht als zwischenstaatliche Einrichtung i.S.d. Art. 24 GG genügen müsste[584]. Sollte dies der Fall sein, wäre eine Zuweisung von rechtlich qualifizierten Richtern zu den einzelnen Spruchkörpern nur dann unbedenklich, wenn die Zuweisung nicht in Ansehung des konkreten Falles, sondern abstrakt vorgenommen werden würde. Im Rahmen dieser Arbeit soll aber dieser Frage nicht weiter nachgegangen werden.

bb. Regionalkammer

Die Zusammensetzung der Richterbank eines Spruchkörpers einer Regionalkammer lehnt sich an die Besetzung des Spruchkörpers einer örtlichen Kammer i.S.d. Art. 8 Abs. 2 EPGÜ an. Sie berücksichtigt aber, dass eine Regionalkammer gemäß Art. 7 Abs. 5 EPGÜ nicht nur für einen Vertragsstaat, sondern für mindestens zwei Vertragsstaaten beantragt und begründet werden kann. Daher sollen die Spruchkörper einer Regionalkammer gemäß Art. 8 Abs. 4 EPGÜ aus zwei rechtlich qualifizierten Richtern, welche aus einer besonderen regionalen Liste ausgewählt werden und Staatsangehörige eines der betreffenden Vertragsmitgliedstaaten sind, und einem rechtlich qualifizierten Richter, der nicht Staatsangehöriger eines der betreffenden Vertragsmitgliedstaaten ist und aus dem allgemeinen Richterpool ausgewählt wird, zusammengesetzt werden. Dies gewährleistet, dass die Spruchkörper der Regionalkammern mit zwei Richtern der an der Regionalkammer beteiligten Staaten besetzt werden. Diese können auch demselben Mitgliedstaat angehören. Das Erfordernis einer unterschiedlichen Staatsangehörigkeit der beiden Richter ist nicht im Vertragstext verankert worden. Selbst wenn die aus der regionalen Liste auszuwählenden Richter zwei unterschiedlichen Staaten angehören sollten, bleibt ab einer Beteiligung von drei Staaten an einer Regionalkammer mindestens ein beteiligter Vertragsstaat bei der Besetzung des Spruchkörpers unberücksichtigt.

---

[583] Siehe oben, S.69.
[584] Siehe oben, S. 134 f.; i.E. wohl verneinend *Kolonko*, S. 62.

cc. Zusätzliche technische Richter als Option

Es steht gemäß Art. 8 Abs. 5 EPGÜ im Ermessen der drei – nach dem Vorgesagten ausschließlich rechtlich qualifizierten – Richter eines Spruchkörpers einer mitgliedstaatsbezogenen Kammer, ob sie in einem anhängigen Rechtsstreit beim Präsidenten des Gerichts erster Instanz um die Zuweisung eines auch technisch qualifizierten Richters ersuchen. Sollte nur eine Partei die Hinzuziehung eines technischen Richters zu dem Rechtsstreit beantragen, so hat die entsprechende Beiordnung zu erfolgen. Diese Regelung wird in der Regel 33 der Verfahrensordnung des Einheitlichen Patentgerichts[585] weiter konkretisiert. Das ursprünglich begründete Ermessen der juristisch qualifizierten Richter reduziert sich mit Antragstellung – vorausgesetzt der Antrag wurde rechtzeitig gestellt – auf Null.

Der technische Richter mit Qualifikationen und Erfahrung auf dem in Frage stehenden technischen Gebiet soll stets aus dem Kreis des Richterpools ausgewählt werden. Bestimmte Anforderungen an die Staatsangehörigkeit der zum Einsatz kommenden technischen Richter sieht das EPGÜ anders als beim juristisch qualifizierten Richter nicht vor.

Folglich bleibt der Spruchkörper einer mitgliedstaatsbezogenen Kammer nur im Hinblick auf die „gesetzten" juristisch qualifizierten Richter für die Parteien eines Rechtsstreits vorhersehbar. Während die Frage des „Ob" einer Besetzung mit einem technisch qualifizierten Richter noch in gewissen Grenzen von den Parteien beeinflusst werden kann, wird die Frage des „Wer" nur noch insoweit vorhersehbar sein, als dass ein Kreis möglicher in Frage kommender technischer Richter benannt werden kann. Wer gemäß Art. 18 Abs. 3 EPGÜ vom Präsidenten des Gerichts erster Instanz als technischer Richter im Einzelfall beigeordnet wird, steht vorab nicht fest.

b. Zentralkammer

Auch die Spruchkörper der Zentralkammer sollen gemäß Art. 8 Abs. 6 EPGÜ aus drei juristisch qualifizierten Richtern verschiedener Staatsangehörigkeiten bestehen. Dieses gilt jedoch nur für Klagen, die sich gegen Entscheidungen des EPA nach Art. 9 EU-PatVO richten (Art. 8 Abs. 6 S. 2 EPGÜ i.V.m. Art. 32 Abs. 1 i EPGÜ). In allen anderen Fällen sollen zwar auch drei Richter eine Entscheidung treffen; jedoch soll der Spruchkörper dann lediglich aus zwei juristischen und einem technischen Richter aus dem Richterpool entsprechend dem betroffenen technischen Fachgebiet gebildet werden. Den Regelfall der Richter-

---
[585] Siehe zur Verfahrensordnung S. 19.

bank bei der Zentralkammer bildet damit im Gegensatz zu den Richterbanken bei den mitgliedstaatsbezogenen Spruchkörpern nicht die ausschließlich aus juristisch qualifizierten Richtern bestehende Besetzung.

c. Einzelrichter nach Parteivereinbarung

Unabhängig davon, ob ein Rechtsstreit vor einer regionalen oder örtlichen Kammer oder der Zentralkammer anhängig ist, können sich die Parteien gemäß Art. 8 Abs. 7 EPGÜ darauf einigen, dass ihr Rechtsstreit nur durch einen juristisch qualifizierten Einzelrichter entschieden werden soll. Inwieweit das betroffene Gericht an diese Vereinbarung der Parteien gebunden ist oder ob nicht das Gericht ungeachtet der Vereinbarung weiterhin als Kollegialorgan entscheiden kann, wird erst durch die Regel 345 Ziff. 6 VerfO geklärt. Sie lautet:

> „Einigen sich alle Parteien darauf, die Klage vor einem Einzelrichter zu verhandeln, weist der Vorsitzende Richter des Spruchkörpers, dem die Klage zugewiesen ist, die Klage einem rechtlich qualifizierten Richter des Spruchkörpers zu."

Danach bleibt dem Spruchkörper bezüglich der Übertragung der Sache auf einen Einzelrichter kein Ermessen. Allerdings stellt sich auch hier die Frage, nach welchen Kriterien der Einzelrichter vom Vorsitzenden Richter auszuwählen ist bzw. ob dieser eine Wahl bei der Benennung des Einzelrichters haben sollte.

2. Berufungsgericht

Jeder Spruchkörper des Berufungsgerichts soll gemäß Art. 9 Abs. 1 EPGÜ grundsätzlich in einer Besetzung von fünf Richtern verhandeln. Drei dieser Richter müssen rechtlich qualifiziert und auch Staatsangehörige dreier unterschiedlicher Vertragsstaaten sein. Die zwei übrigen Richter müssen technisch qualifizierte Richter sein, welche Qualifikationen und Erfahrungen auf dem streitgegenständlichen technischen Gebiet haben.

Lediglich bei Klagen, die sich gegen Entscheidungen des EPA nach Art. 9 EU-PatVO richten, sollen sich – wie bei der Zentralkammer – nur die drei juristisch qualifizierten Richter mit dem Rechtsstreit befassen (Art. 9 Abs. 2 EPGÜ i.V.m. Art. 32 Abs. 1 i EPGÜ).

3. Fazit

Das Einheitliche Patentgericht wird aus zwei Instanzen, dem Gericht erster Instanz und dem Berufungsgericht, bestehen. Ein weiteres ordentliches Rechtsmittel gegen die Entscheidung des Berufungsgerichts ist im EPGÜ nicht vorgesehen. Den Parteien wird im Vergleich zum deutschen System, in dem im Patentverletzungsverfahren grundsätzlich der BGH als Revisionsinstanz zur Verfügung steht, eine Instanz genommen. Die Patentstreitigkeiten werden sich in der ersten Instanz zwischen den mitgliedstaatlichen Kammern (Lokal- und Regionalkammern) sowie der Zentralkammer aufteilen. Die Kammern werden sich in der Besetzung der Spruchkörper sowohl in Anzahl als auch Qualifikation unterscheiden. Erst in der Berufungsinstanz wird eine zentrale Stelle über die Patentstreitigkeiten abschließend zu entscheiden haben.

Die Besetzung der Spruchkörper des Einheitlichen Patentgerichts mit juristisch und technisch qualifizierten Richtern wird nicht anhand einer abstrakt generellen Regelung vorgenommen werden. Die Zuweisung der Richter in Anzahl und Identität an die einzelnen Kammern kann „von Fall zu Fall" aus dem Richterpool erfolgen. Für die Parteien eines Patentstreits ist die konkrete Zusammensetzung der entscheidenden Kammer mithin nicht anhand eines Geschäftsverteilungsplans vorhersehbar. Das in Art. 101 Abs. 1 S. 2 GG verankerte justizielle Grundrecht auf den gesetzlichen Richter wird aus deutscher Sicht nicht gewahrt. Es ist jedoch zweifelhaft, ob das Einheitliche Patentgericht als zwischenstaatliche Einrichtung gemäß Art. 24 GG sich an Art. 101 Abs. 1 S. 2 GG messen lassen muss. Es ist anzunehmen, dass zumindest aus schweizerischer Sicht die Mindestanforderungen des Rechts auf den gesetzlichen Richter erfüllt sind.

§ 5 Die internationale Zuständigkeit des Einheitlichen Patentgerichts nach Art. 31 EPGÜ

Die internationale Zuständigkeit des Einheitlichen Patentgerichts wird in Art. 31 EPGÜ geregelt. Dieser lautet:

„Die internationale Zuständigkeit des Gerichts wird im Einklang mit der Verordnung (EU) Nr. 1215/2012 oder gegebenenfalls auf Grundlage des Übereinkommens über die gerichtliche Zuständigkeit und die Anerkennung und Vollstreckung von Entscheidungen in Zivil- und Handelssachen (Lugano-Übereinkommen) bestimmt."

Demnach ist die internationale Zuständigkeit des Einheitlichen Patentgerichts entweder nach der EuGVVO oder aber nach dem Lugano-Übereinkommen zu bestimmen. Entscheidend ist, ob die jeweilige Nation als Mitgliedstaat der EU an deren Verordnung oder aber als Vertragsstaat des Lugano-Übereinkommens an dieses gebunden ist.

Art. 31 EPGÜ zielt dabei nicht auf die EuGVVO oder das Lugano-Übereinkommen in ihren noch im Jahr 2014 geltenden Fassungen ab. Die bis dahin geltende EuGVVO und das Lugano-Übereinkommen regelten die internationale Zuständigkeit der nationalen Gerichte der Mitglied-/Vertragsstaaten und teilten damit die Rechtsstreitigkeiten lediglich zwischen den einzelstaatlichen Gerichten auf. Weder die EuGVVO noch das Lugano-Übereinkommen nahmen zum Zeitpunkt der Vertragsunterzeichnung des EPGÜ am 19.02.2013 eine Zuständigkeitsverteilung zwischen einem gemeinsamen Gericht der Mitgliedstaaten und den einzelstaatlichen Gerichten der Mitglied- und Vertragsstaaten vor. Eine solche Zuständigkeitsverteilung wird durch die Schaffung des Einheitlichen Patentgerichts aber notwendig.

Auch Art. 22 Abs. 4 EuGVVO a.F., der die internationale Zuständigkeit über die Entscheidung einer Patentnichtigkeitsklage ausschließlich den Gerichten des Registrierungsstaates zuwies, konnte bei einem Europäischen Einheitspatent keine unmittelbare Geltung beanspruchen, da dies in allen teilnehmenden Mitgliedstaaten einheitliche Geltung erlangen soll. Entsprechendes musste aber auch für das klassische Europäische Bündelpatent gelten, da auch dieses von der Zuständigkeit des Einheitlichen Patentgerichts umfasst sein soll.

Daher bestimmt Art. 89 Abs. 1 EPGÜ, dass das Inkrafttreten des Übereinkommens nicht nur von der ausreichenden Anzahl von Ratifikations- oder Beitrittsurkunden inklusive derjenigen Frankreichs, des Vereinigten Königreichs und

Deutschlands abhängig sein soll, sondern auch von dem Inkrafttreten der Änderung der EuGVVO.

Eine solche Änderung des Verordnungstextes in seiner erst seit dem 12.12.2012 beschlossenen Neufassung ist vorgesehen gewesen[586] und inzwischen auch in Form der Verordnung Nr. 542/2014 vom 15.05.2014 umgesetzt worden. Diese ist, wie die Verordnung (EU) Nr. 1215/2012 selbst, auch am 10.01.2015 in Kraft getreten[587]. Um keine weiteren Divergenzen im Verhältnis zu der Schweiz, Norwegen und Island entstehen zu lassen, sollte auch das Lugano-Übereinkommen revidiert werden[588].

Bereits im elften Erwägungsgrund der Verordnung Nr. 1215/2012 wurde das bislang weitgehend unbekannte Phänomen der „gemeinsamen Gerichte mehrerer Mitgliedstaaten" erwähnt. Auch diese sollten nun für die Zwecke der Verordnung zu den Gerichten der Mitgliedstaaten zählen[589]. Konkreter heißt es im vierten Erwägungsgrund des Vorschlags zur Änderung der Verordnung Nr. 1215/2012, dass das Einheitliche Patentgericht als Gericht im Sinne der EuGVVO betrachtet werden sollte, „um die Rechtssicherheit und Berechenbarkeit für Beklagte zu gewährleisten, die in einem anderen Mitgliedstaat als demjenigen verklagt werden können, dessen Gerichtsbarkeit aufgrund der Regeln dieser Verordnung zuständig wäre"[590]. Der vierte Erwägungsgrund ist nahezu wortidentisch in die endgültige Fassung der Änderungsverordnung übernommen worden.

Dem Ziel der Änderungsverordnung entsprechend wurde der Begriff des „gemeinsamen Gerichts" in Art. 71 a Nr. 1 EuGVVO legal definiert. Danach soll

---

[586] Siehe Vorschlag für eine Verordnung des Europäischen Parlaments und des Rates zur Änderung der Verordnung (EU) 1215/2012 über die gerichtliche Zuständigkeit und für die Anerkennung und Vollstreckung von Entscheidungen in Zivil- und Handelssachen, COM (2013) 554 final vom 26.07.2013.
[587] Verordnung (EU) 542/2014 des Europäischen Parlaments und des Rates vom 15.05.2014 zur Änderung der Verordnung (EU) 1215/2012 bezüglich der hinsichtlich des Einheitlichen Patentgerichts und des Benelux-Gerichtshofs anzuwendenden Vorschriften, ABl. 2014 L 361/1.
[588] *Staudinger/Steinrötter*, JuS 2015, 1, 1; *Luginbühl/Stauder*, GRUR Int. 2014, 885, 885.
[589] Verordnung (EU) 1215/2012 des Europäischen Parlaments und des Rates vom 12.12.2012 über die gerichtliche Zuständigkeit und die Anerkennung und Vollstreckung von Entscheidungen in Zivil- und Handelssachen (Neufassung), ABl. 2012 L 351/1.
[590] Vorschlag für eine Verordnung des Europäischen Parlaments und des Rates zur Änderung der Verordnung (EU) 1215/2012 über die gerichtliche Zuständigkeit und für die Anerkennung und Vollstreckung von Entscheidungen in Zivil- und Handelssachen, COM (2013) 554 final vom 26.07.2013.

das gemeinsame Gericht mehrerer Mitgliedstaaten als ein Gericht eines Mitgliedstaats gelten, wenn das gemeinsame Gericht gemäß der zu seiner Errichtung geschlossenen Übereinkunft eine gerichtliche Zuständigkeit in Angelegenheiten ausübt, die in den Anwendungsbereich der EuGVVO fallen. Insbesondere soll nach Art. 71 a Nr. 2 a EuGVVO das Einheitliche Patentgericht ein solches gemeinsames Gericht sein. Damit wäre das Einheitliche Patentgericht sowohl ein gemeinsames Gericht mehrerer Mitgliedstaaten als auch das Gericht eines Mitgliedstaates. Diese Zwitterstellung entspricht der Rechtsnatur des Einheitlichen Patentgerichts[591].

Gleichzeitig spricht der vierte Erwägungsgrund der Verordnung[592] bereits den Umstand an, dass nach dem EPGÜ weitere Zuständigkeiten – insbesondere mehrerer Mitgliedstaaten – begründet werden, als dies bislang in der EuGVVO der Fall war. Der Beklagte soll in zusätzlichen Fällen außerhalb seines Heimatstaates verklagt werden können. Es soll weitere Abweichungen von dem in Art. 4 Abs. 1 EuGVVO als Regelfall vorgesehenen Gerichtsstand des Beklagtenwohnsitzes geben. Darüber hinaus soll nach dem sechsten Erwägungsgrund das Einheitliche Patentgericht sogar gegenüber Beklagten zuständig sein, die nicht in einem Mitgliedstaat der EU ansässig sind. Entsprechendes wurde in Art. 71 b Nr. 2 EuGVVO geregelt[593]. Auf diese Weise wird unabhängig vom Wohnsitz des Beklagten ein einheitlicher Zugang zum Einheitlichen Patentgericht gewährleistet[594]. Die einzelnen Zuständigkeitsvorschriften sollen gleichzeitig sicherstellen, dass auch in diesen Fällen tatsächlich ein Anknüpfungspunkt zu einem der Mitgliedstaaten besteht, um eine Zuständigkeit des gemeinsamen Patentgerichts rechtfertigen zu können. Die Einzelheiten zur Ausgestaltung dieses Anknüpfungspunktes bleiben den einzelnen EuGVVO-Vorschriften vorbehalten und werden nachfolgend erörtert.

---

[591] Siehe oben, S. 117 ff.
[592] Verordnung (EU) 542/2014 des Europäischen Parlaments und des Rates vom 15.05.2014 zur Änderung der Verordnung (EU) 1215/2012 bezüglich der hinsichtlich des Einheitlichen Patentgerichts und des Benelux-Gerichtshofs anzuwendenden Vorschriften, ABl. 2014 L 361/1.
[593] *Mankowski*, GPR 2014, 330, 335; siehe unten, S. 163 ff.
[594] *Mankowski*, GPR 2014, 330, 335.

A. Verhältnis des EPGÜ zur EuGVVO (Art. 71 b ff. EuGVVO)

Die Beziehung der Gerichte der an der Verstärkten Zusammenarbeit zur Schaffung des Einheitspatents teilnehmenden EU-Staaten zu denen der nicht teilnehmenden (EU-/EPÜ-) Staaten hängt vom Verhältnis der an die neue Situation angepassten EuGVVO zum EPGÜ ab. Die EuGVVO in ihrer Neufassung sieht neben der Legaldefinition eines gemeinsamen Gerichts im Sinne der EuGVVO im Art. 71 a EuGVVO auch den Einschub der weiteren Art. 71 b, c, und d EuGVVO vor, die das Verhältnis des EPGÜ zur EuGVVO und deren Anwendbarkeit regeln sollen[595].

I. Abgeleitete Zuständigkeit gemäß Art. 71 b Nr. 1 EuGVVO

Zentrale Norm zur Klärung des neuen Verhältnisses ist Art. 71 b EuGVVO. Dabei ist zu beachten, dass sich eine internationale Zuständigkeit nach Art. 31 EPGÜ i.V.m. Art. 71 b Nr. 1 EuGVVO nur im Anwendungsbereich der EuGVVO ergeben kann. Folglich kommt es insbesondere auf die (im Wesentlichen unveränderten) Regelungen zur Eröffnung des sachlichen Anwendungsbereichs der EuGVVO an[596], bevor eine internationalen Zuständigkeit gemäß Art. 71 b Nr. 1 EuGVVO überhaupt in Betracht kommt.

Art. 71 b EuGVVO bestimmt die internationale Zuständigkeit des gemeinsamen Patentgerichts und seiner Spruchkörper mittels einer dreigliedrigen Stufenprüfung: Gemäß Art. 71 b Nr. 1 EuGVVO soll das Einheitliche Patentgericht zunächst zuständig sein, wenn die Gerichte eines Mitgliedstaats, der Partei einer Übereinkunft zur Errichtung eines gemeinsamen Gerichts ist, vorliegend also dem EPGÜ, nach Maßgabe der EuGVVO in einem unter die betreffende Übereinkunft fallenden Rechtsgebiet zuständig wären. Damit wendet sich die EuGVVO nunmehr von der ausschließlichen Verteilung der internationalen Zuständigkeit zwischen den einzelnen EU-Mitgliedstaaten ab und erweitert ihren Aufgabenbereich auf die Verteilung der internationalen Zuständigkeit zwischen gemeinsamen Gerichten einzelner Mitgliedstaaten und den einzelstaatlichen Gerichten der Mitgliedstaaten. Art. 71 b Nr. 1 EuGVVO bedient sich zur Bewältigung dieser Aufgabe einer Verweisung auf die Vorschriften des 2. Kapitels der EuGVVO. Das Einheitliche Patentgericht soll zuständig sein,

---

[595] Da sich der Art. 71 d EuGVVO ausschließlich mit der Anerkennung und Vollstreckung der Entscheidungen der Spruchkörper des Einheitlichen Patentgerichts befasst, soll dieser in der vorliegenden Arbeit unbetrachtet bleiben.
[596] Siehe oben, S. 74 ff.

wenn nach den Vorschriften des 2. Kapitels der EuGVVO die Zuständigkeit eines mitgliedstaatlichen Gerichts gegeben wäre, wenn der Mitgliedstaat auch Vertragsstaat des EPGÜ ist und der Sachverhalt in das vom EPGÜ fallende Rechtsgebiet fällt.

Es sind bei der Ermittlung der Zuständigkeit nach Art. 71 b Nr. 1 EuGVVO somit die folgenden drei Voraussetzungen zu prüfen: Zum ersten muss grundsätzlich die Zuständigkeit eines mitgliedstaatlichen Gerichts nach dem 2. Kapitel der EuGVVO vorliegen. Wenn die Zuständigkeit eines mitgliedstaatlichen Gerichts begründet ist, ist zum zweiten zu fragen, ob dieses mitgliedstaatliche Gericht einem Staat zugehörig ist, der auch Vertragsstaat des EPGÜ ist. Ist der betroffene Mitgliedstaat Vertragsstaat des EPGÜ, so ist als dritte Voraussetzung zu klären, ob der zu behandelnde Sachverhalt auch in das betreffende „Rechtsgebiet" fällt, ob mithin der sachliche Anwendungsbereich des EPGÜ eröffnet ist. Art. 71 b Nr. 1 EuGVVO nimmt damit eine Überleitung der ursprünglich begründeten internationalen Zuständigkeit eines nationalen Gerichts für ein bestimmtes Rechtsgebiet auf ein gemeinsames Gericht vor, an dem der Heimatstaat des nationalen Gerichts beteiligt ist.

Es ist zweckmäßig, die Prüfung der Frage, ob das Einheitliche Patentgericht international zuständig sein könnte, mit der Prüfung der Vertragszugehörigkeit des Staates, in dem das angerufene oder das in Erwägung gezogene Gericht seinen Sitz hat, zu beginnen. Ist der Staat nicht Mitgliedstaat des EPGÜ, so scheidet eine Überleitung auf das Einheitliche Patentgericht von vornherein aus. Ebenso verhält es sich, wenn der sachliche Anwendungsbereich des EPGÜ überhaupt nicht eröffnet ist. In diesem Fall könnte also das Einheitliche Patentgericht als zuständiges Gericht ausgeschlossen werden und es wäre nur noch die Frage der Zuständigkeit zwischen den weiteren nationalen Gerichten nach dem 2. Kapitel der EuGVVO zu klären.

1. EU-Mitgliedstaat als Vertragsstaat des EPGÜ

Eine internationale Zuständigkeit des Einheitlichen Patentgerichts kommt nur in Betracht, wenn der hypothetische Gerichtsstand in einem EU-Mitgliedstaat liegt, der durch Ratifizierung auch Vertragsstaat des EPGÜ geworden ist. Problematisch wird die Überleitung eines Gerichtsstandes dann, wenn nach den Zuständigkeitsvorschriften des 2. Kapitels der EuGVVO die Zuständigkeit eines Gerichts auch oder sogar ausschließlich in einem Nichtvertragsmitgliedstaat begründet ist. Denkbar und aufgrund der nicht unerheblichen Anzahl an europäischen Patentanmeldungen[597] relevant ist beispielsweise die Begründung der ausschließlichen oder auch konkurrierenden Zuständigkeit eines spanischen Gerichts.

Ist die Zuständigkeit des spanischen Gerichts nach dem 2. Kapitel der EuGVVO begründet, dann kann eine Überleitung an das Einheitliche Patentgericht nicht stattfinden. Dies gilt in der Absolutheit aber nur für die Begründung eines ausschließlichen Gerichtsstands in Spanien nach dem 2. Kapitel der EuGVVO, also insbesondere dann, wenn ein Europäisches Patent mit Geltung in Spanien mit einer Nichtigkeitsklage angegriffen wird. Wenn für die Rechtsstreitigkeit lediglich der allgemeine oder ein besonderer Gerichtsstand in Spanien neben einem Gerichtsstand in einem anderen EU-Mitgliedstaat, der Vertragsstaat des EPGÜ ist, gegeben ist, entscheidet die Wahl des Klägers, ob sich entweder die spanischen Gerichte oder aber das Einheitliche Patentgericht mit der Sache befassen muss. Insoweit werden das Einheitliche Patentgericht und die spanischen Gerichte zukünftig miteinander um die Gunst des potentiellen Klägers bzw. der am möglichen Rechtsstreit beteiligten Parteien konkurrieren[598].

Von besonderer Relevanz könnte dabei eine Zuständigkeit aufgrund einer Gerichtsstandsvereinbarung (Art. 25 EuGVVO) oder einer rügelosen Einlassung (Art. 26 EuGVVO) sein. Auch auf diese Weise könnte man versuchen, dem Einheitlichen Patentgericht die internationale Zuständigkeit zu entziehen, sofern es sich um keine Patentnichtigkeitssache handelt. Ebenso könnten seit Jahren bestehende Gerichtsstandsvereinbarungen zu einer Zuständigkeitsbegründung der Gerichte eines Nichtvertragsstaates führen. Insbesondere Patentverletzungssachen könnten vor den nationalen Gerichten der Nichtvertragsstaaten ausgefochten werden.

Die vorstehend aufgeworfene Frage bezüglich Gerichtsstandsvereinbarungen im Verhältnis zu Nichtvertragsstaaten betrifft die grundsätzliche Zulässigkeit von Gerichtsstandsvereinbarungen im Spannungsfeld zwischen der EuGVVO und dem EPGÜ. Sie soll zunächst zurückgestellt und umfassend an anderer Stelle auch für alle anderen EU-Staaten geklärt werden[599]. Allein der Umstand, dass der prorogierte EU-Mitgliedstaat nicht Vertragsstaat des EPGÜ ist, ist für die

---

[597] 1776 Patentanmeldungen im Jahr 2018 (Statistik abrubar unter: https://www.epo.org/about-us/annual-reports-statistics/annual-report/2018/statistics/patent-applications_de.html#tab2; zuletzt aufgerufen am 27.08.2019).
[598] Entsprechendes gilt auch für die Gerichte Polens, welches – trotz Teilnahme an der Verstärkten Zusammenarbeit – das PGÜ nicht unterzeichnet hat. Ebenso in Konkurrenz zum Einheitlichen Patentgericht treten die Gerichte der PGÜ-Unterzeichnerstaaten, die zum Zeitpunkt seines Inkrafttretens noch keine Ratifizierung vorgenommen haben.
[599] Siehe unten, S. 157 ff.

Frage der Wirkung einer solchen Prorogation auf die internationale Zuständigkeit des Einheitlichen Patentgerichts nicht von entscheidender Bedeutung. Vielmehr stellt sich die Frage, ob eine Gerichtsstandsvereinbarung zugunsten der Gerichte eines Staates generell zu einer Überleitung gemäß Art. 71 b Nr. 1 EuGVVO führen kann.

2. „Rechtsgebiet" des EPGÜ

Für die Überleitung einer bestehenden Zuständigkeit eines nationalen Gerichts nach dem 2. Kapitel der EuGVVO auf das Einheitliche Patentgericht ist neben der Vertragsmitgliedschaft des betroffenen EU-Staates auch die Einschlägigkeit des „Rechtsgebiets" des EPGÜ erforderlich. Damit wird insbesondere Bezug genommen auf Art. 1 EPGÜ und Art. 3 EPGÜ, die zusammen den Geltungsbereich des Übereinkommens festlegen.

Das Einheitliche Patentgericht wird gemäß Art. 1 EPGÜ für die Regelung von Streitigkeiten über Europäische Patente und Europäische Patente mit einheitlicher Wirkung errichtet[600]. Dementsprechend gilt das Übereinkommen gemäß Art. 3 EPGÜ auch für alle Europäischen Patente mit einheitlicher Wirkung (Art. 3 a EPGÜ). Ebenso gilt es für alle ergänzenden Schutzzertifikate, die zu einem durch ein Patent geschützten Erzeugnis erteilt worden sind (Art. 3 b EPGÜ) und für alle Europäischen Patente, die zum Zeitpunkt des Inkrafttretens dieses Übereinkommens noch nicht erloschen sind oder die nach diesem Zeitpunkt erteilt werden (Art. 3 c EPGÜ). Vom Geltungsbereich umfasst werden zudem alle europäischen Patentanmeldungen, die zum Zeitpunkt des Inkrafttretens des Übereinkommens anhängig sind oder die nach diesem Zeitpunkt eingereicht werden (Art. 3 d EPGÜ). Der sachliche Anwendungsbereich des EPGÜ ist folglich eröffnet, sobald ein Europäisches Patent gleich welcher Art in Rede steht.

Die einzige Ausnahme versteckt sich hinter dem in Art. 3 c und d EPGÜ erwähnten Art. 83 EPGÜ. Dieser ermöglicht es, Europäische Bündelpatente für einen Übergangszeitraum von der Gerichtsbarkeit des Einheitlichen Patentgerichts auszuschließen[601].

---

[600] Siehe oben, S. 117.
[601] Siehe unten, S. 173 ff.

3. Zuständigkeit eines mitgliedstaatlichen Gerichts nach dem 2. Kapitel der EuGVVO

Ist der für die Europäische Patentstreitsache in Frage kommende Gerichtsstaat Vertragsstaat des EPGÜ, dann setzt eine Überleitung auf das Einheitliche Patentgericht voraus, dass ansonsten – also bei Annahme der Nichtexistenz des EPGÜ – nach den Vorschriften des 2. Kapitels der EuGVVO die innerstaatlichen Gerichte dieses Staates international zuständig wären.

a. Allgemeiner Gerichtsstand

Auch nach der Neufassung der EuGVVO begründet der Wohnsitz des Beklagten zum Zeitpunkt der Klageerhebung den Regelgerichtsstand („actor sequitur forum rei"). Zentrale Frage des Art. 4 Abs. 1 EuGVVO ist und bleibt damit, unter welchen Voraussetzungen nach der gebotenen autonomen Auslegung eine Person im Hoheitsgebiet eines EU-Staates ihren Wohnsitz genommen hat. Unerheblich ist im Umkehrschluss, ob der Kläger einem Mitgliedstaat der EU angehört oder aber, ob er in einem EU-Mitgliedstaat seinen Wohnsitz genommen hat.

b. Besondere Gerichtsstände

Auch für die Besonderen Gerichtsstände gilt, dass im Vergleich zu der bislang geltenden EuGVVO keine Änderungen im Wortlaut vorgenommen wurden, sondern lediglich eine Neunummerierung stattgefunden hat. Grundsätzlich ist daher weiterhin stets zu beachten, dass die alternative Wahl eines besonderen Gerichtsstands dem potentiellen Kläger nur dann offen steht, wenn der avisierte Beklagte auch einen Wohnsitz im Hoheitsgebiet eines EU-Mitgliedstats hat.

aa. Vertraglicher Erfüllungsort

Bezüglich des Gerichtsstands des vertraglichen Erfüllungsortes ergeben sich im Vergleich zum nationalen Streitregelungssystem[602] bei der Bestimmung des Erfüllungsortes keine Unterschiede. Zur Bestimmung des Erfüllungsortes der streitgegenständlichen vertraglichen Pflicht hat auch das Einheitliche Patentgericht als mitgliedstaatliches Gericht die Rom-I-VO heranzuziehen. Ob der geltend gemachte vertragliche Anspruch bezüglich eines Einheitspatents oder aber

---

[602] Siehe oben, S. 78 f.

eines Bündelpatents geltend gemacht wird, hat auf die Bestimmung des vertraglichen Erfüllungsortes keinen Einfluss. Sobald der vertragliche Erfüllungsort in einem Vertragsmitgliedstaat liegt, ist das Einheitliche Patentgericht gemäß Art. 71 b Nr. 1 EuGVVO international zuständig. Steht gleichzeitig eine Patentverletzung im Raum, dann kann sich die Zuständigkeit des Einheitlichen Patentgerichts aber auch aus Art. 7 Nr. 2 EuGVVO i.V.m. Art. 71 b Nr. 1 EuGVVO ergeben.

bb. Ort der unerlaubten Handlung

(1) Handlungs- und Erfolgsort einer Patentverletzung

Der ursprünglich in Art. 5 Nr. 3 EuGVVO a.F. verortete Gerichtsstand der unerlaubten Handlung findet sich nun inhaltlich unverändert in Art. 7 Nr. 2 EuGVVO[603]. Der Ort der unerlaubten Handlung wird in Patentverletzungsstreitigkeiten weiterhin von besonderer Bedeutung sein. Für das Europäische Bündelpatent sind insoweit keine Änderungen zu erwarten, weil es sich materiell nach wie vor um ein Bündel nationaler Patente handelt und der territoriale Schutzbereich weiterhin an den jeweiligen Landesgrenzen endet. Liegt der Tatortgerichtsstand in einem EPGÜ-Vertragsstaat, findet eine Überleitung der Zuständigkeit gemäß Art. 71 b Nr. 1 EuGVVO auf das Einheitliche Patentgericht statt.

Auch ein Einheitspatent ist ein Patent, dessen einheitlicher Schutzbereich auf ein bestimmtes Territorium beschränkt ist[604]. Bei einem Einheitspatent ist der Handlungs- und Erfolgsort der Verletzung entsprechend dem Geltungsbereich seiner einheitlichen Wirkung nach Art. 3 Abs. 1 EU-PatVO zu bestimmen. Auch das Einheitspatent kann entsprechend dem Schutzlandprinzip[605] daher nur in den an der Verstärkten Zusammenarbeit teilnehmende Mitgliedstaaten der EU verletzt werden. Durch eine außerhalb des territorialen Schutzbereichs vorgenommene Handlung kann das Einheitspatent nicht verletzt werden. Aufgrund der einheitlichen Binnenschutzbereichs des Patentes hat aber die Verletzung in einem teilnehmenden Mitgliedstaat gleichzeitig auch die Verletzung in den anderen Mitgliedstaaten zur Folge[606]. Befindet sich der Ort der unerlaubten Handlung im Binnenschutzbereich ist folglich das Einheitliche Patentgericht gemäß Art. 71 b Nr. 1 EuGVVO international zuständig.

---

[603] *Luginbühl/Stauder*, GRUR Int. 2014, 885, 887.
[604] Siehe oben, S. 99 f.
[605] Siehe oben, S. 7.
[606] Siehe oben, S. 99 ff.

Die Bestimmung, in welchem teilnehmenden EU-Mitgliedstaat des Binnenschutzbereichs konkret der Handlungs- oder Erfolgsort der Patentverletzung liegt, könnte gemäß Art. 33 Abs. 1 a EPGÜ für die Frage relevant werden, welche konkrete Kammer des Einheitlichen Patentgerichts für die Patentstreitigkeit zuständig ist. Diese Frage ist aber nicht Gegenstand der internationalen Zuständigkeit des Einheitlichen Patentgerichts, sondern der sachlichen Zuständigkeit seiner Kammern[607].

(2) Kognitionsbefugnis des Einheitlichen Patentgerichts im Gerichtsstand der unerlaubten Handlung

Im Unterschied zu den nationalen Gerichten, die eine Verletzung eines Europäischen Patents nach dem materiellen Recht nur ihres eigenen Landes im Gerichtsstand der unerlaubten Handlung beurteilen konnten[608] und auch auf der Rechtsfolgenseite nur auf die Rechtsfolgen erkennen konnten, die das nationale materielle Recht vorsieht[609], hat das Einheitliche Patentgericht nicht nur die Patentverletzung eines Bündelpatents oder auch eines Einheitspatents in einem EU-Mitgliedstaat zu beurteilen. Es hat eine Patentverletzung im Hinblick auf seinen gesamten räumlichen Geltungsbereich zu beurteilen. Gemäß Art. 34 EPGÜ gelten die Entscheidungen des Gerichts im Falle eines europäischen Patents für das Hoheitsgebiet derjenigen Vertragsmitgliedstaaten, für die das Europäische Patent Wirkung hat. Damit wird das Einheitliche Patentgericht in Bezug auf das Einheitspatent die Patentverletzung zwar über Art. 7 EU-PatVO anhand des materiellen Rechts eines teilnehmenden EU-Mitgliedstaates beurteilen müssen[610], jedoch ist es ihm möglich, auch über einen grenzüberschreitenden Schadensersatzanspruch zu entscheiden.

Bezüglich des Bündelpatents wird es sich dagegen, wie bisher die nationalen Gerichte auch, an den nationalen Rechtsordnungen der Benennungsstaaten zu orientieren haben, wobei diese aufgrund der Art. 25 ff. PGÜ überwiegend einheitlich zu gestalten wären[611]. Der Vorteil in Bezug auf Europäische Bündelpatente liegt für die Parteien eines Rechtsstreits lediglich darin, dass – wenn die Verletzung mehrerer nationaler Teile eines Bündelpatents im Raum stehen sollte – ein einheitlicher Spruchkörper über die Verletzung sämtlicher nationaler Teile eines Europäischen Patents entscheiden kann. Daher besteht nicht mehr

---

[607] *Luginbühl/Stauder*, GRUR Int. 2014, 885, 891.
[608] Siehe oben, S.80.
[609] Siehe oben, S. 79 f.
[610] Siehe oben, 101 ff.
[611] Siehe oben, S. 113 ff.

die Gefahr einander inhaltlich widersprechender Entscheidungen der nationalen Gerichte bezüglich des Tatbestandes einer Patentverletzung. Die Parteien sind nicht mehr gezwungen, die verschiedenen nationalen Teile eines Bündelpatents kosten- und zeitintensiv vor den einzelnen nationalen Gerichten zu verteidigen bzw. anzugreifen.

cc. Gerichtsstand der Streitgenossenschaft

Der Gerichtsstand der Streitgenossenschaft könnte für Patentverletzungsklagen durch die Schaffung des Einheitspatents wieder an Attraktivität gewinnen. Dieser Gerichtsstand wurde aufgrund der Territorialität des klassischen Europäischen Bündelpatents durch die Rechtsprechung bislang restriktiv gehandhabt[612]. Mit dem Einheitspatent erlangt dieser Gerichtsstand aber wieder einen größeren Anwendungsbereich. Das Argument der Gefahr einander widersprechender Entscheidungen greift nicht mehr. Das Einheitspatent hat in sämtlichen Vertragsstaaten grenzüberschreitend nur noch die Wirkung entsprechend den Gesetzen eines Staates[613]. Im Gegenteil würde bei einer gemeinsamen Patentverletzung die Verfolgung der sich daraus ergebenden Rechte vor unterschiedlichen nationalen Gerichten nunmehr die Gefahr widersprechender Entscheidungen in sich tragen. Auch die Spider-in-the-web-Doktrin[614] lebt damit neu auf; denn alle Unternehmen eines Konzerns würden durch eine im Konzern abgestimmte Handlung ein einheitliches Patent verletzen können, dessen Schutz und Verletzung nur noch nach den Vorschriften eines bestimmten Staates beurteilt werden müsste. Bei parallelen Patentverletzungsklagen, bei denen es an der subjektiven Abstimmung fehlt, muss es hingegen zugunsten des Beklagtenschutzes bei der Annahme eines fehlenden Sachzusammenhangs bleiben.

Da ein gemäß Art. 25 ff. EPGÜ zu vereinheitlichendes nationales Recht auf Europäischen Bündelpatente anzuwenden ist, ist erneut fraglich, ob im Falle von Patentverletzungsstreitigkeiten bezüglich verschiedener nationaler Teile nun eine einheitliche Sach- und Rechtslage angenommen werden kann. Läge eine einheitliche Sach- und Rechtslage vor, wäre die bislang bestehenden Gefahr einander widersprechender Entscheidungen gebannt.

Formal betrachtet wird sich durch die Schaffung der Art. 25 ff. EPGÜ an der bisherigen Rechtslage indes nichts ändern. Dadurch, dass die Art. 25 ff. EPGÜ in den Vertragsstaaten nicht zwingend unmittelbare Wirkung erlangen werden, sondern diese einer Umsetzung in nationales Recht bedürfen, wird nur zu einem

---

[612] Siehe oben, S. 81 ff.
[613] Siehe oben, S. 99 f.
[614] Siehe oben, S. 83.

gewissen Grad der Charakter eines Bündelpatents aufgegeben. Letztlich wird weiterhin das jeweilige nationale Recht des Registerstaates, in welchem eine Verletzung behauptet wird, zur Anwendung gelangen[615]. Das materielle Recht ist lediglich aufgrund der Vereinheitlichung durch Art. 25 ff. EPGÜ einheitlich auszulegen.

Auch bezüglich der konkreten Rechtsfolgen fehlt es weiterhin an einer einheitlichen Rechtslage, wenn verschiedene nationale Teile eines Bündelpatents durch mehrere Beklagte verletzt worden sein sollen. Eine Gefahr einander widersprechender Entscheidungen bestünde bei Beibehaltung des rein formalen Ansatzes in der bisherigen Rechtsprechung des EuGH[616] weiterhin. Diese ging bislang zumindest in Bezug auf Patentstreitigkeiten von dem Erfordernis einer totalen Übereinstimmung sowohl der Tatbestandsvoraussetzungen als auch der Rechtsfolgen aus. Einen neuen sachlichen Grund, der gegen dieses Erfordernis einer vollkommenen Übereinstimmung sowohl der Sach- als auch Rechtslage sprechen würde, bieten die Art. 25 ff. EPGÜ nicht, so dass eine abweichende Rechtsprechung des EuGH nicht zu erwarten ist.

Hinsichtlich des Europäischen Bündelpatents bleibt es also dabei, dass auch bei Deckungsgleichheit der Tathandlungen mehrere potenzielle Verletzer unterschiedlicher nationaler Teile eines Europäischen Bündelpatents nicht am Allgemeinen Gerichtsstand eines Verletzers verklagt werden können[617]. Dabei kommt es nicht darauf an, ob eine subjektive Verbindung zwischen den Personen besteht (etwa Konzernzugehörigkeit) oder nicht (parallele Patentverletzung). Lediglich bei der Verletzung ein- und desselben nationalen Teils eines Europäischen Patents kann wie bislang auch das Vorliegen einer Streitgenossenschaft die Zuständigkeit eines mitgliedstaatlichen Gerichts begründen und nach der Überleitungsvorschrift des Art. 71 b Nr. 1 EuGVVO zu einer gemeinsamen Verhandlung vor dem Einheitlichen Patentgericht führen[618].

Da Spanien nicht Vertragspartei des EPGÜ ist, ergibt sich aus dem Vorgesagten auch, dass im Falle der Begründung des allgemeinen Gerichtsstandes eines Streitgenossen in Spanien auch die übrigen Streitgenossen vor einem spanischen Gericht verklagt werden können. Es besteht folglich grundsätzlich die Möglichkeit, einen solchen Rechtsstreit der Gerichtsbarkeit des Einheitlichen Patentgerichts zu entziehen. Eine Überleitung einer vor einem spanischen Gericht erhobenen Klage gemäß Art. 71 b Nr. 1 EuGVVO scheidet in diesem Fall

---

[615] Siehe oben, S. 108 ff.
[616] Vgl. EuGH, Urteil vom 13.07.2006, Rs. C-539/03, ECLI:EU:C:2006:458, = GRUR Int. 2006, 836, Rn. 42 – Roche Nederland BV v. Primus und Goldenberg.
[617] Vgl. S. 81 ff.
[618] A.A. wohl *Fuchs*, S. 255 f.

aus. Unerheblich ist, ob es in der konkreten Patentstreitigkeit um ein Einheits- oder ein Bündelpatent geht, solange eine einheitliche Sach- und Rechtslage zu beurteilen ist.

c. Der ausschließliche Gerichtsstand des Art. 24 Nr. 4 EuGVVO

Bei den europäischen Bündelpatenten wird es bei der bisherigen Rechtslage bleiben, dass Art. 24 Nr. 4 EuGVVO zunächst in Patentnichtigkeitssachen – unabhängig von einer möglichen Überleitung der Zuständigkeit an das Einheitliche Patentgericht – die Zuständigkeit der einzelstaatlichen, nationalen Gerichte des Registrierungsstaates begründen wird. Auch hier wird die Vereinheitlichung durch die Art. 25 ff. EPGÜ keine Auswirkungen auf die Zuständigkeit der nationalen Gerichte haben. Art. 2 und Art. 64 EPÜ bestimmen weiterhin, dass ein europäisches Patent mit seiner Erteilung dieselbe rechtliche Wirkung in dem zuvor benannten Vertragsstaat erlangt wie ein nationales Patent. Gemäß Art. 66 EPÜ hat eine europäische Patentanmeldung, der ein Anmeldetag zuerkannt worden ist, in den benannten Vertragsstaaten die Wirkung einer vorschriftsmäßigen nationalen Anmeldung. Daher wird eine nach Art. 24 Nr. 4 EuGVVO begründete Zuständigkeit eines nationalen Gerichts gemäß Art. 71 b Nr. 1 EuGVVO auf das Einheitliche Patentgericht übergeleitet, wenn nicht ein Gerichtsstand eines Nichtvertragsstaats, also insbesondere, Spanien, Polen und Kroatien begründet wird.

In Bezug auf alle EU-Staaten, die nicht Vertragspartei des EPGÜ sind, ist festzuhalten, dass die Begründung einer Zuständigkeit der dortigen Gerichte weiterhin aufgrund des ausschließlichen Gerichtsstands des Art. 24 Nr. 4 EuGVVO den Ausschluss des Nichtigkeitseinwands bezüglich bestimmter nationaler Teile vor dem Einheitlichen Patentgericht zur Folge hat. Wenn etwa die Zuständigkeit in einem Patentverletzungsverfahren um ein klassisches Europäisches Bündelpatent nach dem 2. Kapitel der EuGVVO an das Einheitliche Patentgericht übergeleitet wird, bleibt der Nichtigkeitseinwand bezüglich des spanischen Teils weiterhin unzulässig. Das in Art. 24 Nr. 4 EuGVVO verfestigte Territorialitätsprinzip wird nicht durchbrochen. Folglich wäre das Führen von zwei Verfahren notwendig. Das Einheitliche Patentgericht müsste das Verfahren an das spanische Gericht aufgrund dessen ausschließlicher Zuständigkeit abgeben, um den Rechtsstreit endgültig zu klären. Umgekehrt kann auch das spanische Gericht den Rechtsstreit nicht in Bezug auf die Nichtigkeit anderer nationaler Teile eines Bündelpatents klären.

Für das Einheitspatent stellt sich hingegen die Frage, ob sich die Zuständigkeit eines mitgliedstaatlichen Gerichts nach dem Ort der tatsächlichen Registereintragung oder aber nach der „aufgrund eines Unionsrechtsakts oder eines zwischenstaatlichen Übereinkommens" anzunehmenden Fiktion der Eintragung richten soll. Wäre der Ort der Registereintragung für das Einheitspatent entscheidend, so wäre aufgrund des Sitzes des EPA in München, zunächst immer die deutsche Gerichtsbarkeit zuständig, wenn es um die Nichtigkeit eines Einheitspatents oder auch nur den diesbezüglichen Nichtigkeitseinwand geht.

Die Annahme, dass der Ort der Registereintragung des Einheitspatents beim EPA in Deutschland in Nichtigkeitssachen entscheidend sein soll, ist aber verfehlt. Sie widerspricht der Tatsache, dass ein Einheitspatent ein Europäisches Patent ist, dessen Wirkungsgebiet lediglich über die Staatsgrenzen hinaus durch Art. 3 Ziff. 1 EU-PatVO vereinheitlicht wurde. Auch die Zuständigkeit in Patentnichtigkeitssachen hinsichtlich der Einheitspatente hat sich an den Regelungen des EPÜ zur Wirkung einer Patentanmeldung zu orientieren. Damit wird weiterhin die Fiktionswirkung der Anmeldung ausschlaggebend sein.

Gemäß Art. 66 EPÜ hat eine Europäische Patentanmeldung, der ein Anmeldetag zuerkannt worden ist, in den benannten Vertragsstaaten die Wirkung einer vorschriftsmäßigen nationalen Anmeldung. Folglich hat das Einheitspatent in allen an der Verstärkten Zusammenarbeit teilnehmenden 26 Mitgliedstaaten die Wirkung einer nationalen Patentanmeldung. Sie entspricht insofern einer ebenfalls theoretisch denkbaren, aber in der Praxis nicht vorkommenden Anmeldung eines klassischen Europäischen Patents, das als Benennungsstaaten dieselben 26 Mitgliedstaaten aufweist. Der Unterschied zwischen der Anmeldung eines Einheits- und eines Bündelpatents für alle teilnehmenden Mitgliedstaaten liegt lediglich darin, dass in diesem Fall nicht nur das nationale materielle Recht eines Teilnehmerstaates für den gesamten Geltungsbereich des Patents Anwendung finden würde, sondern im gesamten Geltungsbereich begrenzt auf das jeweilige Territorium das jeweils nationale, materielle Recht der einzelnen 26 Teilnehmerstaaten[619].

Dementsprechend bestimmt Art. 3 Ziff. 1 EU-PatVO, dass ein Europäisches Patent, das mit den gleichen Ansprüchen für alle teilnehmenden Mitgliedstaaten erteilt wurde, nur dann eine einheitliche Wirkung hat, sofern diese in dem Register für den einheitlichen Patentschutz eingetragen wurde. Benennungsstaaten sind in beiden Fällen dieselben Staaten, so dass Art. 24 Nr. 4 EuGVVO zunächst zur Annahme der internationalen, ausschließlichen Zuständigkeit der Gerichte aller an der Verstärkten Zusammenarbeit teilnehmenden Mitgliedstaaten in Patentnichtigkeitssachen bezüglich Einheitspatente führt.

---

[619] Siehe oben, S. 99 ff.

Der Unterschied der so begründeten Zuständigkeit liegt in der Reichweite der Kognitionsbefugnis der jeweils angerufenen Gerichte. Während Art. 24 Nr.4 EuGVVO als Ausfluss des Souveränitätsgedankens in Bezug auf ein Europäisches Bündelpatent nur die Zuständigkeit für die Nichtigerklärung des jeweiligen nationalen Teils des Bündelpatents des betroffenen Gerichtsstaates ermöglicht, kann gemäß Art. 3 Ziff. 3 EU-PatVO ein Einheitspatent nur im Hinblick auf alle teilnehmenden Mitgliedstaaten für nichtig erklärt werden.

Tatsächlich wird damit Art. 24 Nr. 4 EuGVVO in Bezug auf Einheitspatente erheblich an Bedeutung verlieren, da die Nichtigkeit des Patents grundsätzlich von jedem Gericht der an der Verstärkten Zusammenarbeit teilnehmenden Vertragsmitgliedstaaten des EPGÜ gemäß Art. 24 Nr. 4 EuGVVO festgestellt bzw. geprüft werden kann. Bei den Vertragsstaaten des EPGÜ findet immer eine Überleitung an das Einheitliche Patentgericht statt[620].

d. Privatautonome Bestimmung der Zuständigkeit
aa. Gerichtsstandsvereinbarung gemäß Art. 25 EuGVVO

Soweit keine ausschließliche Zuständigkeit gemäß Art. 24 EuGVVO für einen Rechtsstreit begründet ist, kann sich die internationale Zuständigkeit eines angerufenen Gerichts auch aus einer wirksamen Gerichtsstandsvereinbarung i.S.d. Art. 25 EuGVVO ergeben[621]. Gemäß Art. 25 Abs. 1 S. 1, 2 EuGVVO sind die Gerichte eines Mitgliedstaates zuständig, wenn die Parteien dies für eine bereits entstandene oder für eine künftige aus einem bestimmten Rechtsverhältnis entspringende Rechtsstreitigkeit vereinbart haben. Dies gilt nicht, wenn die Vereinbarung nach dem Recht des betroffenen Mitgliedstaates materiell nichtig ist. Im Zweifel ist dann von einer ausschließlichen Zuständigkeit des prorogierten Gerichts auszugehen[622].

Die Möglichkeit, die internationale Zuständigkeit eines mitgliedstaatlichen Gerichts durch eine Parteivereinbarung zu begründen, setzt seit der Neufassung in Art. 25 EuGVVO nicht mehr voraus, dass mindestens eine beteiligte Partei ihren Wohnsitz in einem Mitgliedstaat hat. Vielmehr kommt es auf den Wohnsitz

---

[620] Nur bei Polen als Nichtunterzeichnerstaat ist eine solche Überleitung unmöglich. Aufgrund der fehlenden Beteiligung Polens am EPGÜ wird das Einheitspatent dort gemäß Art. 18 Abs. 2 S. 2 EU-PatVO allerdings auch keine einheitliche Wirkung haben. Eine Zuständigkeitsbegründung nach Art. 24 Nr. 4 EuGVVO der Gerichte Polens ist damit trotz Beteiligung an der Verstärkten Zusammenarbeit derzeit ausgeschlossen; siehe oben, S. 99 f., 146 ff.
[621] Vgl. Art. 25 Abs. 4 EuGVVO.
[622] *Geimer*, in: Zöller, Art. 25 EuGVVO Rn. 42; *Schack*, Rn. 540.

bzw. Sitz der beteiligten Parteien nicht mehr an. Die Zuständigkeitsbegründung eines mitgliedstaatlichen Gerichts durch eine Übereinkunft wurde damit auch den Parteien eröffnet, die ihren Wohnsitz bzw. Sitz in einem Drittstaat haben. Dies entsprach dem Reformziel der EuGVVO, deren Anwendbarkeit auch auf Drittstaatenansässige zu erweitern[623].

Voraussetzung für die Anwendbarkeit des Art. 25 EuGVVO ist aber weiterhin, dass die internationale Zuständigkeit eines Gerichts oder der Gerichte eines Mitgliedstaats begründet werden soll. Die Begründung der Zuständigkeit eines Drittstaatengerichts, selbst wenn beide Parteien in Mitgliedstaaten ansässig sein sollten, kann nicht auf Art. 25 EuGVVO gestützt werden. Die Wirksamkeit einer solchen Vereinbarung beurteilt sich weiterhin nach dem autonomen Recht des angerufenen Gerichts[624]. Nur im Anwendungsbereich des Art. 25 EuGVVO wird also das nationale Prozessrecht verdrängt[625].

Unter dem Gesichtspunkt der Zuständigkeitsbegründung sind zwei Fallgestaltungen denkbar, die auf ihre Zulässigkeit im künftigen System der Zuständigkeiten zu überprüfen sind. Zum einen können sich die Parteien eines (möglichen) Rechtsstreits auf die internationale Zuständigkeit des Einheitlichen Patentgerichts verständigen. Zum anderen könnten die Parteien auch ein rein nationales Gericht eines Vertragsmitgliedsstaates prorogiert haben.

(1) Prorogation des Einheitlichen Patentgerichts

Da es sich beim Einheitlichen Patentgericht auch für Zwecke der EuGVVO um ein mitgliedstaatliches Gericht handelt[626], erscheint eine Vereinbarung, nach der ausdrücklich das Einheitliche Patentgericht international zuständig sein soll, auf den ersten Blick unproblematisch. Eine auf die Zuständigkeit einer bestimmten Kammer des Einheitlichen Patentgerichts angelegte Gerichtsstandsvereinbarung scheidet aber von vornherein aus, weil die einzelnen Kammern lediglich Organisationseinheiten des Gerichts sind[627]. Rechtlich unbedenklich, aber ohne Auswirkung sind Gerichtsstandsvereinbarungen, wenn sich die internationale

---

[623] *Von Hein*, RIW 2013, 97, 101.
[624] *Von Hein*, RIW 2013, 97, 104; eine Beurteilung gem. Art. 25 EuGVVO muss aber erfolgen, wenn durch eine ausschließliche Prorogation gleichzeitig die Zuständigkeit mitgliedstaatlicher Gerichten derogiert wird, *Linke/Hau*, Rn. 6.8; vgl. *Schack*, Rn. 527, 531.
[625] *Dörner*, in: NomosKomm-ZPO, Art. 25 EuGVVO Rn. 1.
[626] Siehe oben, S. 128, 135.
[627] Siehe oben, S. 137 ff.

Zuständigkeit des Einheitlichen Patentgerichts bereits aus den weiteren Gerichtsständen der EuGVVO ergibt.

Fraglich ist hingegen, ob die internationale Zuständigkeit des Einheitlichen Patentgerichts kraft einer Gerichtsstandsvereinbarung auch gegeben ist, wenn der Anwendungsbereich des EPGÜ eigentlich nicht eröffnet ist. Folglich ist zu klären, ob die internationale Zuständigkeit des Einheitlichen Patentgerichts etwa auch in einfachen Zivilsachen gemäß Art. 25 EuGVVO begründet werden kann. Art. 71 b Nr. 1 EuGVVO ist indes lediglich eine Überleitungsnorm. Nur wenn das „Rechtsgebiet" des EPGÜ betroffen ist, soll eine Überleitung zur Gerichtsbarkeit des Einheitlichen Patentgerichts stattfinden. Der Begriff des mitgliedstaatlichen Gerichts i.S.d. Art. 25 EuGVVO könnte daher einschränkend auszulegen sein. Wenn nicht mitgliedstaatliche Gerichte, sondern „zwischenstaatliche" Gerichte prorogiert werden, wäre Art. 25 EuGVVO folglich nicht erfüllt.

Diese Lösung hätte allerdings den Nachteil, dass der Begriff des mitgliedstaatlichen Gerichts normabhängig europarechtlich unterschiedlich ausgelegt werden müsste. Bleibt man dabei, dass grundsätzlich auch das Einheitliche Patentgericht kraft Prorogation gemäß Art. 25 EuGVVO zuständig sein kann, dann würde die internationale Zuständigkeit des Gerichts immer noch an den Voraussetzungen des Art. 71 b Nr. 1 EuGVVO scheitern können. Die Gerichtsstandsvereinbarung wäre nicht nach Art. 25 EuGVVO unwirksam. Sie ginge aber gemäß Art. 71 b Nr. 1 EuGVVO ins Leere. Mangels einer wirksamen Überleitung müsste die Bestimmung der internationalen Zuständigkeit weiterhin mittels der weiteren Vorschriften des 2. Kapitels der EuGVVO erfolgen.

Die Wahrscheinlichkeit des Eintritts eines solchen Falles ist aber gering. Auch das Interesse der Parteien, ein Gericht, das lediglich in einem anderen Rechtsgebiet spezialisiert ist und auch – trotz der Expertise der ausgewählten Richter – nicht in allen Rechtsgebieten aller Rechtsordnungen Erfahrungen und Rechtskenntnisse aufweisen können wird, dürfte nicht bestehen. Es war auch nicht Ziel der Vertragsstaaten des EPGÜ, durch die Schaffung des Einheitlichen Patentgerichts ein weiteres Gerichtssystem für allgemeine zivilrechtliche Streitigkeiten neben den ansonsten zuständigen einzelstaatlichen Gerichtssystemen zu eröffnen und damit weitergehende Rechtsprechungskompetenzen abzugeben. Soweit die Zuständigkeit des Einheitlichen Patentgerichts für einen Rechtsstreit im Anwendungsbereich des EPGÜ vereinbart worden ist, begegnet dieses keinen Bedenken. Allerdings dürfte eine praktische Notwendigkeit für das Schließen einer solchen Gerichtsstandsvereinbarung nicht bestehen. In diesen Fällen wird sich zumeist eine Zuständigkeit auch aus den anderen Gerichtsständen des 2. Kapitels der EuGVVO ergeben.

(2) Prorogation eines einzelstaatlichen Gerichts

Auch die zweite Fallgestaltung der Prorogation eines rein nationalen Gerichts wirft die Frage auf, inwieweit der in einer Gerichtsstandsvereinbarung erklärte Wille der Parteien beachtlich ist. Einigen sich die Parteien einer Patentstreitigkeit im Bewusstsein der Existenz des Einheitlichen Patentgerichts auf die internationale Zuständigkeit eines einzelstaatlichen Gerichts, begegnet auch diese Derogation des Einheitlichen Patentgerichts unter dem Gesichtspunkt des Art. 25 EuGVVO grundsätzlich keinen Bedenken. Erneut würde es sich bei den dann prorogierten Gerichten um mitgliedstaatliche Gerichte handeln. Allerdings würde die so begründete Zuständigkeit bei Erfüllung der weiteren Voraussetzungen des Art. 71 b Nr. 1 EuGVVO entgegen dem erklärten Willen der Parteien erneut auf das Einheitliche Patentgericht übergeleitet werden. Die Vereinbarung der Zuständigkeit eines anderen Gerichts ginge folglich ins Leere.

Dieser Mechanismus und die damit verbundene Einschränkung der Privatautonomie der Parteien ist von den beteiligten Mitgliedstaaten gewollt. Dies folgt e contrario aus Art. 83 Abs. 1 EPGÜ. Dieser Artikel bestimmt, dass während einer Übergangszeit von sieben Jahren nach dem Inkrafttreten des EPGÜ Klagen wegen Verletzung bzw. auf Nichtigerklärung eines Europäischen Patents weiterhin bei nationalen Gerichten oder anderen zuständigen nationalen Behörden erhoben werden können. Sollte die Erhebung einer Klage vor einem nationalen Gericht nach dem Willen der beteiligten Mitgliedstaaten weiterhin generell möglich sein, dann bräuchte es den Art. 83 Abs. 1 EPGÜ, der die Zuständigkeit eines nationalen Gerichts nach den sieben Jahren ausschließt, nicht. Gäbe es diese Norm nicht, so wäre eine nationale Gerichtsbarkeit zeitlich unbegrenzt weiterhin auf Grundlage der Prorogation eines nationalen Gerichts möglich. Art. 83 Abs. 1 EPGÜ ist aber Ausdruck des Willens der Vertragsstaaten, zukünftig Patentstreitigkeiten ausschließlich vor einer einheitlichen Patentgerichtsbarkeit anhängig machen zu können.

Wäre eine Derogation des Einheitlichen Patentgerichts möglich, so würde dies auch dem zweiten Erwägungsgrund des EPGÜ widersprechen. Dort wird festgehalten, dass „die beträchtlichen Unterschiede zwischen den nationalen Gerichtssystemen sich nachteilig auf die Innovationen auswirken". Ebenso entspricht es dem Wunsch der Vertragsmitgliedstaaten, „durch die Errichtung eines Einheitlichen Patentgerichts für die Regelungen von Rechtsstreitigkeiten über die Verletzung und Rechtsgültigkeit von Patenten und die Verteidigung gegen unbegründete Klagen und Klagen im Zusammenhang mit Patenten, die für nichtig erklärt werden sollen, zu verbessern und die Rechtssicherheit zu stärken". Die Möglichkeit, durch einfache Derogation die Zuständigkeit eines nationalen

Gerichts zu begründen, würde diese Ziele und Wünsche der Vertragsstaaten unterlaufen. Daher sieht das EPGÜ keine Derogation vor.

(3) Fazit

Art. 25 EuGVVO wird für das Einheitliche Patentgericht von untergeordneter Bedeutung sein. Wenn für einen Rechtsstreit bereits eine ausschließliche Zuständigkeit eines Gerichts gemäß Art. 24 EuGVVO begründet ist, scheidet die Prorogation eines anderen Gerichts gemäß Art. 25 Abs. 4 EuGVVO aus. Eine Gerichtsstandsvereinbarung ist folglich ausgeschlossen, wenn eine Patentnichtigkeitssache i.S.d. Art. 24 Nr. 4 EuGVVO zur Entscheidung vorliegt. Da unter diesen Begriff nun explizit auch der Einwand der Patentnichtigkeit fällt[628], wird dies in den meisten Patentstreitigkeiten (weiterhin) der Fall sein.

Die internationale Zuständigkeit des Einheitlichen Patentgerichts kann im Anwendungsbereich des EPGÜ zudem weder prorogiert noch derogiert werden. Die internationale Zuständigkeit des Einheitlichen Patentgerichts ist im Anwendungsbereich des EPGÜ nicht verhandelbar, sondern zwingend.

bb. Rügelose Einlassung gemäß Art. 26 EuGVVO

Aus dem Vorgesagten folgt, dass die internationale Zuständigkeit des Einheitlichen Patentgerichts auch nicht kraft rügeloser Einlassung gemäß Art. 26 EuGVVO begründet werden kann.

(1) Rügelose Einlassung vor dem Einheitlichen Patentgericht

Die Zuständigkeit des Einheitlichen Patentgerichts kraft rügeloser Einlassung liefe bei Nichtvorliegen der weiteren Voraussetzungen des Art. 71 b Nr. 1 EuGVVO erneut ins Leere. Hier gilt das zuvor Gesagte[629]. Der Umstand, dass nicht nur der Wille der Parteien, sondern auch prozessökonomische Gesichtspunkte[630] zunächst für die Möglichkeit der rügelosen Einlassung vor dem Einheitlichen Patentgericht sprechen, helfen nicht über die zwingende Befassung der einzelstaatlichen Gerichte hinweg. Das Ziel einer prozessökonomischen Prozessführung wird zugunsten der Wahrung der Einheitlichkeit der Rechtsprechung durch die Trennung der Zuständigkeiten zwischen den rein nationalen Gerichten und dem neuen einheitlichen Patentgerichtssystem zurückgestellt.

---

[628] Siehe oben, S. 88.
[629] Siehe oben, S. 158 f.
[630] *Stürner*, GPR 2013, 305, 309.

(2) Rügelose Einlassung vor einem einzelstaatlichen Gericht

Gemäß Art. 26 EuGVVO wird ein Gericht eines Mitgliedstaates, sofern dieses nicht bereits nach anderen Vorschriften dieser Verordnung zuständig ist, zuständig, wenn sich der Beklagte vor diesem Gericht auf das Verfahren einlässt. Die Zuständigkeit eines grundsätzlich unzuständigen Gerichts wird kraft rügeloser Einlassung begründet, wenn nicht ein anderes Gericht ausschließlich zuständig ist. Im Falle einer ausschließlichen Zuständigkeit kann also auch eine rügelose Einlassung vor einem anderen einzelstaatlichen Gericht keine internationale Zuständigkeit des angerufenen Gerichts begründen. Selbst wenn es sich bei dem angerufenen Gericht um ein nach dem 2. Kapitel der EuGVVO, insbesondere nach Art. 24 Nr. 4 EuGVVO zuständiges, rein nationales Gericht handelte, würde bei Erfüllung der weiteren Voraussetzungen des Art. 71 b Nr. 1 EuGVVO eine Zuständigkeit des Einheitlichen Patentgerichts begründet und der Wille des Beklagten ignoriert werden.

Auch eine rügelose Einlassung vor einem zunächst nach der EuGVVO unzuständigen Gericht führt dann gemäß Art. 26 EuGVVO zur Zuständigkeit eines mitgliedstaatlichen Gerichts i.S.d. Art. 71 b Nr. 1 EuGVVO und damit zur Zuständigkeit des Einheitlichen Patentgerichts. Könnte eine rügelose Einlassung vor einem unzuständigen, einzelstaatlichen Gericht die Zuständigkeit des einzelstaatlichen Gerichts begründen, so würde auch dies dem in Art. 83 Abs. 1 EPGÜ zum Ausdruck gebrachten Willen der Vertragsstaaten widersprechen[631]. Mangels internationaler Zuständigkeit hätte das angerufene einzelstaatliche Gericht die Klage von vornherein durch Prozessurteil abzuweisen[632].

cc. Fazit

International zuständig in Patentstreitsachen über das Bündel- und das Einheitspatent ist allein das Einheitliche Patentgericht. Die internationale Zuständigkeit des Einheitlichen Patentgerichts kann weder kraft Privatautonomie prorogiert noch im Anwendungsbereich des EPGÜ derogiert werden. Art. 25 EuGVVO und Art. 26 EuGVVO finden daher im Geltungsbereich des EPGÜ keine Anwendung. Die internationale Zuständigkeit des Einheitlichen Patentgerichts für eine Patentstreitigkeit kann sich im Rahmen des Art. 71 b Nr. 1 EuGVVO nur durch die Überleitung einer nach den Abschnitten 1, 2 und 6 des 2. Kapitels der EuGVVO begründeten Zuständigkeit eines einzelstaatlichen Gerichts ergeben.

---

[631] Siehe oben, S. 160 f.
[632] Vgl. *Dörner*, in: NomosKomm-ZPO, Art. 29 EuGVVO Rn. 1.

Die in der Literatur diskutierte Gefahr eines sog. „umgekehrten Torpedos", bei welchem durch eine bloß behauptete oder gar gefälschte Gerichtsstandsvereinbarung versucht wird, den Rechtsstreit vor ein an sich international unzuständiges Gericht zu ziehen, um so die Klärung des Rechtsstreits zu verzögern[633], dürfte gebannt sein. Die Prorogationsfreiheit ist im Anwendungsbereich des EPGÜ beschränkt. Eine entsprechende Klarstellung in der EuGVVO wäre wünschenswert.

II. Drittstaatenzuständigkeit gemäß Art. 71 b Nr. 2 u. 3 EuGVVO

1. Hauptsacheverfahren

a. Fiktion des Wohnsitzes im Mitgliedstaat gemäß Art. 71 b Nr. 2 EuGVVO

Gemäß Art. 71 b Nr. 2 S. 1 EuGVVO sollen in den Fällen, in denen der Beklagte seinen Wohnsitz nicht in einem Mitgliedstaat hat und die ihn betreffende gerichtliche Zuständigkeit in dieser Verordnung nicht anderweitig geregelt ist, die Bestimmungen des 2. Kapitels in der gleichen Weise Anwendung finden, wie sie gegenüber einem Beklagten mit Wohnsitz in einem Mitgliedstaat anzuwenden wären. Es handelt sich bei Art. 71 b Nr. 2 S. 1 EuGVVO um einen Auffangtatbestand, der erst greifen soll, wenn eine internationale Zuständigkeit des Einheitlichen Patentgerichts nicht bereits nach Art. 71 b Nr. 1 EuGVVO i.V.m. dem 2. Kapitel der EuGVVO begründet worden ist. In diesen Fällen sollen die Regelungen des 2. Kapitels zum Zwecke der Überleitung der Zuständigkeit auf das Einheitliche Patentgericht gemäß Art. 71 b Nr. 1 EuGVVO entsprechend angewendet werden. Hierzu wird ein Wohnsitz des Beklagten in einem EU-Mitgliedstaat fingiert[634].

Da bereits festgestellt wurde, dass die Zuständigkeitsbegründung nach dem 2. Kapitel der EuGVVO nicht zwingend einen Wohnsitz des Beklagten in einem EU-Mitgliedstaat voraussetzt, stellt sich die Frage nach dem relevanten Anwendungsbereich für diesen Auffangtatbestand. Weder der ausschließliche Gerichtsstand des Art. 24 Nr. 4 EuGVVO noch die Zuständigkeitsbegründung kraft Gerichtsstandsvereinbarung bzw. rügeloser Einlassung setzen noch einen Wohnsitz des Beklagten in einem EU-Mitgliedstaat voraus[635]. In diesen Fällen scheidet also eine Zuständigkeitsbegründung gemäß Art. 71 b Nr. 2 S. 1 EuGVVO aus. Allerdings setzen die besonderen Gerichtsstände voraus,

---

[633] *Stürner*, GPR 2013, 305, 314 f.
[634] *Dörner*, in: NomosKomm-ZPO, Art. 71 b EuGVVO Rn. 3.
[635] Vgl. S. 155, 157 f.

dass die beklagte Partei auch einen Wohnsitz im Hoheitsgebiet eines Mitgliedstaats hat. Die besonderen Gerichtsstände treten neben den allgemeinen internationalen Gerichtsstand des Art. 4 EuGVVO am Wohnsitz des Beklagten in der EU[636].

Es kommt gemäß Art. 71 b Nr. 2 S. 1 EuGVVO daher nur eine entsprechende Anwendung der Regelungen zu den besonderen Gerichtsständen der Art. 7-26 EuGVVO in Betracht. Die besonderen Gerichtsstände werden so in ihrem Anwendungsbereich erweitert[637]. Ein Patentinhaber soll auch gegenüber einem Patentverletzer, der seinen Wohnsitz in einem Drittstaat hat, die Möglichkeit haben, diesen insbesondere auch am für Patentverletzungen wichtigen Gerichtsstand des Ortes der unerlaubten Handlung zu verklagen[638]. Bei der Verletzung eines Europäischen Bündel- oder Einheitspatents innerhalb der EU stände es dem Patentinhaber damit offen, den Patentverletzer vor dem Einheitlichen Patentgericht zu verklagen[639]. Für Patentverletzungsstreitigkeiten mit Drittstaatsangehörigen wird Art. 71 b Nr. 2 EuGVVO daher von erheblicher Bedeutung sein.

Art. 71 b Nr. 1 EuGVVO i.V.m. Art. 71 b Nr. 2 S. 1 EuGVVO führt dazu, dass Patentstreitigkeiten unabhängig von ihrer Art immer vor dem Einheitlichen Patentgericht anhängig gemacht werden können, wenn es um Europäische Patente geht. Patentstreitigkeiten betreffend Europäische Patente werden – unabhängig vom Wohnsitz des Beklagten – also am neuen Spezialgericht konzentriert.

Diese Gestaltung der Zuständigkeit ist zur Wahrung der Einheit der Rechtsordnung, die durch eine Verfolgung einer Patentverletzungsstreitigkeit um ein Europäisches Patent außerhalb der EU gefährdet wäre, zweckmäßig und zu begrüßen. Allerdings kann auch diese Wahlmöglichkeit des Klägers nicht vollkommen ausschließen, dass eine Patentverletzungsstreitigkeit über ein Europäisches Patent vor einem Drittstaatengericht anhängig gemacht wird, das dann anhand der Anwendung des für ihn fremden nationalen Patentrechts über die Frage der Patentverletzung und die Höhe eines etwaigen Schadensersatzanspruches zu entscheiden hätte. Auch könnte eine Patentnichtigkeitsklage vor dem international ausschließlich hierfür zuständigen Einheitlichen Patentgericht anhängig sein, während zwischen denselben Prozessparteien bezüglich desselben Europä-

---

[636] *Gottwald*, in: MünchKomm ZPO, Art. 4 EuGVVO Rn. 6; *Dörner*, in: NomosKomm-ZPO, Art. 7 EuGVVO Rn. 1; siehe oben, S. 78 f.
[637] *Schlosser/Hess*, Art. 71b Rn. 3; *Gottwald*, in: MünchKomm ZPO, Art. 71 b EuGVVO Rn. 5.
[638] *Schlosser/Hess*, Art. 71b Rn. 3.
[639] *Gottwald*, in: MünchKomm ZPO, Art. 71 b EuGVVO Rn. 5.

ischen Patents auch eine Klage außerhalb der EU anhängig gemacht wird. Die Gefahr der Parallelverfahren ist also nicht gebannt. Entscheidend werden die Prozesstaktik der beteiligten Parteien und das Interesse der Parteien sein, einen Rechtsstreit außerhalb der EU mit den entsprechenden Kosten zu führen. Die Attraktivität eines zweiten Rechtsstreites vor einem anderen Gericht als dem Einheitlichen Patentgericht wird freilich aufgrund des damit verbundenen Kosten- und Arbeitsaufwands gering sein. Der Patentinhaber könnte diesem Schicksal durch eine Patentverletzungsklage vor dem neuen Gericht zumindest insoweit entgehen, als über die Nichtigkeit eines Patents auch vor derselben Kammer des Einheitlichen Patentgerichts verhandelt werden könnte[640].

Ein Patentverletzungsstreit in einem Drittstaat könnte hingegen bei Erhebung des Einwands der Nichtigkeit ausgesetzt und damit verzögert werden, weil das Drittstaatengericht grundsätzlich das hoheitlich erteilte Patent in seinem Bestand zu achten hätte. Hinzu kommt die mit der Befassung eines Drittstaatengerichts verbundene Unsicherheit, die aus der regelmäßig anzunehmenden fehlenden Erfahrung der Drittstaatengerichte mit Europäischen Patenten resultiert.

Auch ein potentieller Patentverletzer könnte durch die Erhebung einer Feststellungsklage am Gerichtsstand des Drittstaates den Patentinhaber gegen dessen Willen vor ein Drittstaatengericht ziehen. Ob die Gefahr von solchen „Drittstaatentorpedos" ernsthaft zu befürchten ist, wird noch an anderer Stelle zu klären sein[641].

b. Zuständigkeit für Schäden in Drittstaaten gemäß Art. 71 b Nr. 3 EuGVVO

Der Vorteil des neuen Patentgerichtssystems liegt darin, dass ein Patentinhaber aufgrund des nunmehr einheitlichen Schutzbereichs eines Einheitspatents gegen den Patentverletzer in einem einheitlichen Verfahren alle Schäden aus einer Patentverletzung geltend machen kann[642]. Dies gilt entsprechend auch für das klassische Europäische Bündelpatent. Das Einheitliche Patentgericht kann als gemeinsames Gericht der Vertragsstaaten auch im Falle der Verletzung eines Europäischen Bündelpatents über sämtliche dem Patentinhaber innerhalb der benannten Vertragsstaaten entstandenen Schäden entscheiden. Demgegenüber bleiben die innerstaatlichen Gerichte am Gerichtsstand der unerlaubten Hand-

---

[640] Siehe unten, S. 193 ff.
[641] Siehe unten, S. 185 ff.
[642] Siehe oben, S. 152 f.

lung in ihrer Kognitionsbefugnis auf die rein „nationalen" Schäden beschränkt[643].

Um die Attraktivität der Wahl des neuen Patentgerichtsystems gegenüber möglichen anderweitigen Erwägungen der beteiligten Parteien weiter zu steigern, soll das Einheitliche Patentgericht gegenüber Drittstaatenangehörigen gemäß Art. 71 b Nr. 3 EuGVVO unter besonderen Voraussetzungen auch über solche Schäden entscheiden können, die außerhalb der Union entstanden sind. Art. 71 b Nr. 3 S. 2 EuGVVO erweitert die Kognitionsbefugnis in Patentverletzungsverfahren ausschließlich in Bezug auf beklagte Drittstaatenangehörige, in denen die Zuständigkeit des Einheitlichen Patentgerichts nach Nr. 2 begründet ist[644]. Das Einheitliche Patentgericht soll im Falle einer Patentverletzung innerhalb eines EU-Mitgliedstaates nicht mehr nur auf eine Entscheidung über die innerhalb der Union entstanden Schäden beschränkt sein.

Art. 71 b Nr. 3 S. 2 EuGVVO macht insoweit für Klagen gegen Drittstaatenangehörige eine Ausnahme von der ansonsten weiterhin geltenden „Shevill-Doktrin"[645].

Gemäß Art. 71 b Nr. 3 S. 2 EuGVVO setzt eine solche Erweiterung der Kognitionsbefugnis bezüglich der „ausländischen Schäden" voraus, dass der beklagte Drittstaatenangehörige in einem Mitgliedstaat, welcher auch EPGÜ-Vertragsstaat ist, über ein ihm gehörendes Vermögen verfügt und der Rechtsstreit „einen hinreichenden Bezug zu einem solchen Mitgliedstaat aufweist". Anderenfalls darf das Einheitliche Patentgericht weiterhin nur über die innerhalb der Union entstandenen Schäden entscheiden.

aa. Vermögen in einem Vertragsmitgliedstaat

Welche Anforderungen das in einem Mitgliedstaat belegene Vermögen des Drittstaatenangehörigen erfüllen muss und unter welchen Voraussetzungen ein hinreichender Bezug zu einem Mitgliedstaat anzunehmen ist, ist noch unklar. Aufschluss hierüber könnte der siebte Erwägungsgrund der Änderungsverordnung Nr. 542/2014 geben: Danach solle ein gemeinsames Gericht in Verfahren, in denen wegen Verletzung eines Europäischen Patents auf Schadensersatz innerhalb oder außerhalb der Union geklagt wird, auf der Grundlage einer Bestimmung über die subsidiäre Zuständigkeit über Rechtsstreitigkeiten entschei-

---

[643] *Luginbühl/Stauder*, GRUR Int. 2014, 885, 887 f.
[644] *Dörner*, in: NomosKomm-ZPO, Art. 71 b EuGVVO Rn. 4.
[645] *Luginbühl/Stauder*, GRUR Int. 2014, 885, 888; *Schlosser/Hess*, Art. 71b Rn. 6; *Mankowski*, GPR 2014, 330, 337; siehe oben, S. 79 f.

den können, an denen Beklagte aus Drittstaaten beteiligt sind. Eine solche subsidiäre Zuständigkeit solle ausgeübt werden, wenn Vermögen des Beklagten in einem Vertragsstaat belegen ist und wenn der Rechtsstreit einen ausreichenden Bezug zu diesem Staat aufweist. Ein ausreichender Bezug liege vor, wenn der Beklagte dort seinen Wohnsitz hat oder dort Beweismittel für den Rechtsstreit belegen sind. Das gemeinsame Gericht solle bei der Begründung seiner Zuständigkeit dem Wert des betreffenden Vermögens Rechnung tragen, das nicht geringfügig sein dürfe und das so hoch sein sollte, dass eine zumindest teilweise Vollstreckung der Entscheidung in den Vertragsmitgliedstaaten möglich ist[646].

Hat der Beklagte seinen Wohnsitz in einem Mitgliedstaat, dann kann sich die Zuständigkeit des Einheitlichen Patentgerichts bereits aus Art. 71 b Nr. 1 EuGVVO ergeben. Art. 71 b Nr. 2 EuGVVO setzt allerdings voraus, dass der Beklagte seinen Wohnsitz nicht in einem Mitgliedstaat hat, so dass das im Erwägungsgrund genannte Beispiel für einen hinreichenden Bezug i.S.d. Art. 71 b Nr. 3 S. 2 EuGVVO insoweit ins Leere geht.

Bezüglich der Belegenheit des Vermögens in einem Mitgliedstaat bleibt der siebte Erwägungsgrund unklar und überlässt die genaue Definition der Rechtsprechung. Der Erwägungsgrund macht lediglich deutlich, dass das Vermögen in einem gewissen Verhältnis zu dem aufgrund einer Patentverletzung vom Beklagten geforderten Schadensersatz zu stehen hat. Der Wortlaut des siebten Erwägungsgrundes, der von einer lediglich teilweise möglichen Vollstreckung spricht und auf der anderen Seite bei Geringfügigkeit keine Vollstreckungsmöglichkeit sieht, legt nahe, dass sich für eine Gerichtsstandsbegründung das Vermögen nicht zwingend auf 50 % des geltend gemachten Schadens belaufen muss. Es ist lediglich die Möglichkeit einer teilweisen Vollstreckung erforderlich. Sie darf also nicht offensichtlich „fruchtlos" sein.

Der aus der Vollstreckung zu erwartende Betrag muss damit zumindest die Kosten der Vollstreckung abdecken und darüber hinaus noch zum teilweisen Erlöschen der Forderung führen können. Die weitere konkrete Ausgestaltung des Verhältnisses des Vermögens zum Schaden ist aber klärungsbedürftig.

Diese Frage nach dem Umfang des erforderlichen Vermögens hat Art. 71 b Nr. 3 S. 2 EuGVVO letztlich mit dem artverwandten § 23 ZPO gemein. Gemäß § 23 S. 1 ZPO ist für Klagen wegen vermögensrechtlicher Ansprüche gegen eine Person, die im Inland keinen Wohnsitz hat, das Gericht zuständig, in dessen Bezirk sich das Vermögen derselben oder der mit der Klage in Anspruch genommene Gegenstand befindet. Auch hier war zunächst umstritten, welche Anforderungen an das zuständigkeitsbegründende Vermögen zu stellen sind.

---

[646] Erwägungsgrund 7 Verodnung (EU) Nr. 542/2014.

Vormals wurde hierzu teilweise vertreten, dass es aufgrund des klaren Wortlauts der Norm nicht auf das Vorliegen eines angemessenen Verhältnisses zwischen Beklagtenvermögen im Inland und klägerischer Forderung bzw. der Erwartung eines Überschusses zumindest über die Zwangsvollstreckungskosten im Falle der Zwangsvollstreckung ankäme[647]. Dieser Ansicht hat der BGH eine Absage erteilt[648]. Letztlich hat sich die Ansicht durchgesetzt, dass das Vermögen zumindest einen Überschuss über die Kosten der Zwangsvollstreckung erwarten lassen muss[649]. Angesichts des siebten Erwägungsgrundes der Verordnung, welcher eine bestimmte Höhe eines Vermögens fordert, ist diese Auffassung auch bezüglich Art. 71 b Nr. 3 S. 2 EuGVVO zu vertreten.

Indes ist das damit für die EuGVVO vorgeschriebene Erfordernis eines bestimmten Verhältnisses des Vermögens zur Klageforderung aus den gleichen Gründen, wie sie bereits zu § 23 ZPO vertreten werden, zu kritisieren. Auch hier wird zu Lasten der Anwender letztlich eine dem Prinzip der Trennung des Erkenntnis- und des Vollstreckungsverfahrens entgegenstehende, unsichere Rechtslage geschaffen. Denn die Frage, ob eine Befriedigung der Klageforderung möglich ist, ist Gegenstand des Zwangsvollstreckungsverfahrens, aber nicht des Erkenntnisverfahrens[650]. Vom Gericht wäre immer eine Prognoseentscheidung zu Beginn eines Rechtsstreits zu fordern, welche einer Sachverhaltsfeststellung bedarf. Dies belastet den Kläger mit einer unverhältnismäßigen Darlegungs- und Ermittlungstätigkeit. Der Ausgang der vom Gericht zu treffenden Prognoseentscheidung ist für den Kläger wenig vorhersehbar.

Zudem missachtet das Erfordernis eines bestimmten Verhältnisses des Vermögens zur Klageforderung die Möglichkeit und das Interesse des Gläubigers an einer späteren Vollstreckung im Inland oder Anerkennung der Entscheidung im Ausland zur dortigen Vollstreckung[651].

Zu bedenken ist allerdings, dass im Unterschied zu § 23 ZPO die in Art. 71 b Nr. 3 S. 2 EuGVVO kodifizierten Voraussetzungen des hinreichenden Mitgliedstaatenbezugs und der Vermögensbelegenheit nicht zuständigkeitsbegründend, sondern lediglich zuständigkeitserweiternd im Hinblick auf die Kognitionsbefugnis des angerufenen Gerichts wirken sollen. Selbst wenn also kein hinreichendes Vermögen oder kein hinreichender Mitgliedstaatsbezug vorläge, bliebe das Einheitliche Patentgericht international zuständig und lediglich an

---

[647] *Heinrich*, in: Musielak/Voit, § 23 ZPO Rn. 8.
[648] BGH, Beschluss vom 22.09.2005, Az.: IX ZR 1/05, BeckRS 2005, 11442.
[649] *Roth*, in: Stein/Jonas, § 23 ZPO Rn. 15.
[650] Vgl. *Wollenschläger*, IPRax 2001, 320, 321.
[651] Vgl. *Wollenschläger*, IPRax 2001, 320, 321.

einer Entscheidung über die außerhalb der Mitgliedstaaten entstanden Schäden gehindert.

Die Einschränkung der Kognitionsbefugnis in Art. 71 b Nr. 3 S. 2 EuGVVO ist insoweit wenig sinnvoll, denn auch eine Vollstreckung eines Urteils zum unionsweiten Schadensersatz wäre aufgrund der Vermögenslosigkeit des Beklagten fruchtlos.

bb. Hinreichender Bezug zum Vertragsmitgliedstaat

Da bereits die Anwendbarkeit der EuGVVO einen gewissen Gemeinschaftsbezug fordert, welcher im Allgemeinen sehr weit gefasst wird[652], ist die Voraussetzung des „hinreichenden Bezuges" kein wirksames Korrektiv. Eine Differenzierung der beiden Begriffe fällt schwer, wenn nach der beispielhaften Aufzählung im siebten Erwägungsgrund[653] der Änderungsverordnung auch das Vorliegen von Beweismitteln im Mitgliedstaat ausreichen soll, um eine Zuständigkeit bezüglich Drittstaatenangehöriger für im Unionsausland eingetretene Schäden zu begründen[654]. Eine Fallkonstellation, in der zwar aufgrund eines ausreichenden Gemeinschaftsbezuges der Anwendungsbereich der EuGVVO eröffnet, aber ein hinreichender Bezug i.S.d. Art. 71 b Nr. 3 S. 2 EuGVVO zu verneinen ist, ist letztlich schwer vorstellbar.

c. Subsidiäre Zuständigkeit deutscher Gerichte gemäß § 23 ZPO?

Dem Wortlaut nach tritt nun Art. 71 b Nr. 2, 3 EuGVVO in Konkurrenz zu § 23 ZPO, der schon zuvor eine internationale Zuständigkeit der deutschen Gerichte für Drittstaatenangehörige begründet hat, während die EuGVVO für Drittstaatenangehörige bislang keine Zuständigkeitsbegründung vorsah.

Gemäß Art. 5 Abs. 2 EuGVVO ist die Begründung eines exorbitanten internationalen Gerichtsstandes nach § 23 ZPO nur dann ausgeschlossen, wenn der Beklagte einen Wohnsitz in einem Mitgliedstaat hat. Eine Patentverletzungsklage gegen einen Drittstaatsangehörigen konnte mithin bereits zuvor unter den Voraussetzungen des § 23 ZPO vor einem deutschen Gericht anhängig gemacht werden. Eine Beschränkung der Kognitionsbefugnis des deutschen Gerichts am Ort des Vermögensgerichtsstandes ist nicht vorgesehen, so dass auch alle Schäden geltend gemacht werden könnten, welche dem Patentinhaber nicht in

---

[652] Siehe oben, S. 77.
[653] Siehe oben, S. 166 f.
[654] *Mankowski*, GPR 2014, 330, 339.

Deutschland entstanden sind. Damit stellt sich die Frage, ob § 23 ZPO weiterhin neben Art. 71 b EuGVVO Anwendung finden kann.

Ein genereller Vorrang des Art. 71 b EuGVVO aufgrund des Charakters der EuGVVO als sekundäres Europarecht scheidet aus. Zwar genießt die EuGVVO grundsätzlich weiterhin in ihrem Anwendungsbereich Vorrang, jedoch ist die Anwendbarkeit des § 23 ZPO nach dem Wortlaut des Art. 6 EuGVVO auch auf Patentstreitigkeiten gegen Drittstaatenangehörige weiterhin nicht ausgeschlossen. Nach Art. 6 Abs. 1 EuGVVO bestimmt sich die Zuständigkeit der Gerichte vorbehaltlich des Art. 18 Abs. 1, des Art. 21. Abs. 2 und der Art. 24 und 25 EuGVVO nach dem eigenen Recht der mitgliedstaatlichen Gerichte, wenn der Beklagte keinen Wohnsitz im Hoheitsgebiet eines Mitgliedstaates hat. Auch Art. 71 b EuGVVO trifft keine explizite Aussage zum Verhältnis einer im nationalen Recht vorgesehenen Zuständigkeit für Drittstaatenangehörige, so dass der Kläger bei einer Patentverletzungsklage gegen einen Drittstaatenangehörigen dem Wortlaut nach die Wahl hätte, ob er vor einem deutschen Gericht oder aber dem Einheitlichen Patentgericht klagt.

Diese Wahlmöglichkeit würde das Ziel des Art. 71 b EuGVVO unterlaufen, Patentstreitigkeiten bezüglich Europäischer Patente vor dem gemeinsamen Spezialgericht zu konzentrieren. Auch wäre eine parallele Zuständigkeit eines deutschen Gerichts nicht im Sinne der Wahrung der Einheitlichkeit der Rechtsprechung.

Zum Zwecke einer einheitlichen Rechtsprechung für den Anwendungsbereich des Art. 71 b EuGVVO sollte Art. 6 EuGVVO einschränkend dahingehend ausgelegt werden, dass auch gegen Drittstaatenangehörige die genannten innerstaatlichen Zuständigkeitsvorschriften keine Zuständigkeit eines innerstaatlichen Gerichts begründen können, soweit die internationale Zuständigkeit eines gemeinsamen Gerichts gemäß Art. 71 b Nr. 2 und 3 EuGVVO besteht. Dass Art. 6 Abs. 1 EuGVVO im Anwendungsbereich des Art. 71 b Nr. 1 EuGVVO keine Anwendung findet, ist letztlich eine Konsequenz des Art. 71 b Nr. 2 EuGVVO.[655]

Eine Klarstellung im Verordnungstext wäre denkbar und wünschenswert, um parallele Gerichtsstände mit unterschiedlichen Kognitionsbefugnissen zu vermeiden.

---

[655] *Gottwald*, in: MünchKomm ZPO, Art. 71 b Rn. 5; *Mankowski*, GPR 2014, 330, 336.

2. Einstweiliges Rechtsschutzverfahren

Art. 71 b Nr. 2 S. 1 EuGVVO bestimmt, dass das 2. Kapitel der EuGVVO im Hinblick auf die internationale Zuständigkeit des Einheitlichen Patengerichts selbst dann Anwendung finden soll, wenn mangels Wohnsitzes des Beklagten in einem EU-Mitgliedstaat eine internationale Zuständigkeit ausscheidet. Nach Art. 71 b Nr. 2 S. 2 EuGVVO können bei einem gemeinsamen Gericht einstweilige Maßnahmen einschließlich Sicherungsmaßnahmen selbst dann beantragt werden können, „wenn für die Entscheidung in der Hauptsache die Gerichte eines Drittstaats zuständig sind".

Der Wortlaut der Norm legt nahe, dass das Einheitliche Patentgericht für einstweilige Maßnahmen ohne Ausnahme international zuständig sein soll, sobald das spezifische Rechtsgebiet betroffen ist. Dieses soll auch gelten, wenn eine internationale Zuständigkeit in der Hauptsache nicht vorliegt.

Die unmittelbare Nähe zu Art. 71 b Nr. 2 S. 1 EuGVVO, der die Zuständigkeit des gemeinsamen Gerichts über die Zuständigkeit der Mitgliedstaaten hinaus auf Drittstaatenansässige erweitert, spricht dafür, dass auch der zweite Satz die Zuständigkeit des Einheitlichen Patentgerichts bezüglich des einstweiligen Rechtsschutzes erweitern soll. Fraglich ist aber, ob das gemeinsame Gericht auch im einstweiligen Rechtsschutzverfahren ohne internationale Zuständigkeit in der Hauptsache immer entscheiden können soll. Dies hätte zur Folge, dass ein Gericht, welches in der Hauptsache möglicherweise niemals zuständig wäre, eine einstweilige Maßnahme erlassen kann, welche vom Hauptsachegericht jedoch nicht überprüfbar ist.

Das Ziel der Konzentration der Rechtsstreitigkeiten spricht für eine weite Auslegung. Das Einheitliche Patentgericht soll nach dem Willen des Verordnungsgebers im einstweiligen Rechtsschutzverfahren betreffend Europäischer Patente selbst dann zuständig sein, wenn in der Hauptsache nur die internationale Zuständigkeit eines Drittstaatengerichts in Betracht kommt. Auch so wird eine einheitliche Rechtsprechung durch das Einheitliche Patentgericht über das Europäische Patent erreicht. Die im einstweiligen Rechtsschutzverfahren getroffenen Entscheidungen können nämlich eine gewisse Indizwirkung für das in der Hauptsache befasste Drittstaatengericht haben, selbst wenn das Drittstaatengericht nicht an die Rechtsprechung des Einheitlichen Patentgerichts gebunden wäre.

Dieses Verständnis wird durch den der Norm zugrundeliegenden Vorschlag der Europäischen Kommission vom 26.07.2013[656] gestützt. Dort heißt es in dem entsprechenden Art. 71 b Abs. 2 EuGVVO noch wie folgt:

> „In Fällen, in denen der Beklagte seinen Wohnsitz nicht in einem Mitgliedstaat hat und die ihn betreffende gerichtliche Zuständigkeit in dieser Verordnung nicht anderweitig geregelt ist, finden die Bestimmungen des Kapitels II in der gleichen Weise Anwendung, wie sie gegenüber einem Beklagten mit Wohnsitz in einem Mitgliedstaat anzuwenden wären. Art. 35 gilt auch dann, wenn für die Entscheidung in der Hauptsache das Gericht eines Nicht-Mitgliedstaats zuständig ist."

Im Vergleich zur beschlossenen Fassung wurde mithin lediglich klargestellt, dass eine Zuständigkeit im einstweiligen Rechtsschutz gemeint ist und die Erstreckung der Zuständigkeit auch in diesem Verfahren über Art. 35 EuGVVO hinaus auf das gesamte 2. Kapitel der EuGVVO erfolgt. Entsprechend heißt es auch zu den rechtlichen Aspekten des Vorschlags unter 3.3:

> „Darüber hinaus wird die Zuständigkeit des Einheitlichen Patentgerichts und des Benelux-Gerichtshofs für den Erlass von einstweiligen Maßnahmen einschließlich Sicherungsmaßnahmen auch dann gewährleistet, wenn die materielle Zuständigkeit bei Drittstaatengerichten liegt.[657]"

Zu beachten bleibt, dass die internationale Zuständigkeit des Einheitlichen Patentgerichts in einstweiligen Rechtsschutzverfahren im Regelfall auch seine Zuständigkeit im Hauptsacheverfahren voraussetzt. Eine internationale Zuständigkeit des Einheitlichen Patentgerichts ist in Verfahren des einstweiligen Rechtsschutzes weiterhin ausgeschlossen, wenn in der Hauptsache das Gericht eines Mitgliedstaates der EU zuständig ist, dieser aber kein Vertragsstaat des

---

[656] Vorschlag für eine Verordnung des Europäischen Parlaments und des Rates zur Änderung der Verordnung (EG) 1215/2012 über die gerichtliche Zuständigkeit und für die Anerkennung und Vollstreckung von Entscheidungen in Zivil- und Handelssachen, COM (2013) 554 final vom 26.07.2013.
[657] Vorschlag für eine Verordnung des Europäischen Parlaments und des Rates zur Änderung der Verordnung (EG) 1215/2012 über die gerichtliche Zuständigkeit und für die Anerkennung und Vollstreckung von Entscheidungen in Zivil- und Handelssachen, COM (2013) 554 final vom 26.07.2013.

EPGÜ ist. Der einstweilige Rechtsschutz ist in einem solchen Fall ausschließlich von dem auch in der Hauptsache zuständigen, einzelstaatlichen Gericht des betreffenden Mitgliedstaates zu erlangen. Art. 71 b Nr. 2 S. 2 EuGVVO macht vom Grundsatz der Zuständigkeit auch im Hauptsacheverfahren nur in Bezug auf Drittstaaten eine Ausnahme.

B. Parallele Zuständigkeit während der Übergangszeit (Art. 83 EPGÜ)

Die soeben beschriebene, möglichst umfassende internationalen Zuständigkeit des Einheitlichen Patentgerichts soll für Europäische Bündelpatente während einer Übergangszeit nur eingeschränkt gelten.

I. Klägerwahl nach Art. 83 Abs. 1 EPGÜ

Gemäß Art. 83 Abs. 1 EPGÜ sollen während einer Zeit von sieben Jahren nach dem Inkrafttreten des Übereinkommens Klagen wegen der Verletzung bzw. der Nichtigerklärung eines „europäischen Patents" weiterhin bei den nationalen Gerichten oder anderen zuständigen nationalen Behörden erhoben werden können. Einheitspatente sind hiervon nicht betroffen (vgl. Art. 2 e EPGÜ). Zumindest für einen Zeitraum von sieben Jahren kann sich also ein Kläger dafür entscheiden, bei Verletzungs- oder Nichtigkeitsklagen über ein Europäisches Bündelpatent nicht das gemeinsame Patentgericht, sondern alternativ die einzelstaatlichen Gerichte anzurufen. Ein vor dem Ende der Übergangszeit angerufenes einzelstaatliches Gericht bleibt auch nach dem Ende der Übergangszeit für das bereits anhängige Verfahren zuständig, Art. 83 Abs. 2 EPGÜ.

Der Übergangszeitraum kann sich gemäß Art. 83 Abs. 5 EPGÜ um weitere sieben Jahre verlängern, wenn sich der nach Art. 12 EPGÜ zu bildende Verwaltungsausschuss für die Verlängerung der Übergangszeit entscheidet. Diese Entscheidung trifft der Verwaltungsausschuss nach der Auswertung der ersten fünf Tätigkeitsjahre des Einheitlichen Patentgerichts und insbesondere der in diesen Jahren vor den einzelstaatlichen Gerichten erhobenen Klagen. Insgesamt besteht damit die Möglichkeit, dass für einen Zeitraum von 14 Jahren die alten, einzelstaatlichen Gerichtssysteme für Rechtsstreitigkeiten über Europäische Bündelpatente optional bestehen bleiben.

Unklar ist, ob sich diese parallele Zuständigkeit lediglich auf die dem Wortlaut zu entnehmenden Patentstreitsachen beschränkt oder auch die weiteren in Art. 32 Abs. 1 EPGÜ aufgeführten Klagen von Art. 83 Abs. 1 EPGÜ erfasst werden[658]. Würde man dem Wortlaut entsprechend den nationalen Gerichten lediglich eine weiterhin bestehende internationale Zuständigkeit bezüglich der in Art. 32 Abs. 1 a EPGÜ geregelten Verletzungsklage und der in Art. 32 Abs. 1 d EPGÜ geregelten Nichtigkeitsklage zugestehen, blieben diesen insbesondere Entscheidungen über Feststellungsklagen hinsichtlich einer Nichtverletzung eines Patents (Art. 32 Abs. 1 b EPGÜ) verwehrt. Diese könnten lediglich vor dem dann ohne Übergangszeit ausschließlich international zuständigen Einheitlichen Patentgericht zulässig erhoben werden.

Angesichts des klaren Wortlauts des Art. 83 Abs. 1 EPGÜ, welcher ausdrücklich nur von „Klagen wegen Verletzung" spricht, erscheint auf den ersten Blick ausgeschlossen, hierunter auch die Klagen auf die Feststellung einer Nichtverletzung zu fassen. Der Wortlaut deckt sich mit dem Wortlaut des Art. 32 Abs. 1 a EPGÜ[659], welcher – im Umkehrschluss aus der Existenz des Art. 32 Abs. 1 b EPGÜ – nicht die Klage auf die Feststellung der Nichtverletzung umfasst. Auch kann z.B. eine Klage auf Zahlung einer Lizenzvergütung gemäß Art. 32 Abs. 1 k EPGÜ weder unter den Begriff der Verletzungs- noch unter den der Nichtigkeitsklage gefasst werden. Wären allerdings alle Klagen des Art. 32 Abs. 1 EPGÜ gemeint gewesen, wäre eine Einschränkung auf „Klagen wegen Verletzung bzw. auf Nichtigerklärung eines europäischen Patents" in Art. 83 Abs. 1 EPGÜ nicht nötig gewesen.

Indes wäre allein die Einbeziehung aller in Art. 32 Abs. 1 EPGÜ genannten Klagen in Art. 83 Abs. 1 EPGÜ sinnvoll, um unterschiedliche Klagen betreffend desselben Bündelpatents, die in der Praxis direkt voneinander abhängig sind, vor verschiedenen Gerichten zu verhindern. Die Durchführung paralleler Rechtsstreitigkeiten ist sowohl für die Parteien als auch für die beteiligten Richter nicht effizient und zweckmäßig[660].

Nach dem bisherigen Verständnis des Begriffs einer „Patentverletzungsklage" sind sowohl die negative Feststellungsklage als auch eine Schadensersatzklage[661] von diesem umfasst. Eine unterschiedliche Behandlung der Klagearten ist mit Blick auf den identischen Kern der Klagen, insbesondere bezüglich der Feststellung der Nichtverletzung eines Patents gegenüber einer Verletzungsklage, nicht nachvollziehbar. Es sind keine Gründe für die Zulässigkeit der Erhe-

---

[658] *Luginbühl/Stauder*, GRUR Int. 2014, 885, 889.
[659] „Klagen wegen tatsächlicher oder drohender Verletzung von Patenten".
[660] *Luginbühl/Stauder*, GRUR Int. 2014, 885, 889.
[661] Siehe oben, S. 48 ff, 79 ff.

bung einer Patentverletzungsklage vor einem nationalen Gericht während der Übergangszeit ersichtlich, wenn derselbe Streitgegenstand bei einer negativen Feststellungsklage lediglich unter vertauschten Prozessrollen zwingend in die Zuständigkeit des Einheitlichen Patentgerichts fällt. Entsprechendes gilt für eine Schadensersatzklage vor dem Hintergrund, dass es sich bei einem Schadensersatzanspruch um eine zentrale Verletzungsfolge handelt, welchen der Patentinhaber regelmäßig bei Verletzung eines Patents geltend macht[662].

Die Sachwidrigkeit einer nur teilweisen Einbeziehung aller in Art. 32 Abs. 1 EPGÜ genannten Klagen in Art. 83 Abs. 1 EPGÜ zeigt sich besonders deutlich daran, dass dann sogar eine Differenzierung zwischen Hauptsacheverfahren und Verfahren zum vorläufigen Rechtsschutz erforderlich wäre. Während das Hauptsacheverfahren vor den nationalen Gerichten geführt werden könnte, würden die Kläger in einstweiligen Verfügungsverfahren gemäß Art. 32 Abs. 1 c auf das Einheitliche Patentgericht verwiesen werden[663]. Auch dieses erscheint unzweckmäßig.

Die hier vertretene weite Auslegung des Begriffs der „Klagen wegen Verletzung bzw. auf Nichtigerklärung eines europäischen Patents" i.S.d. Art. 83 Abs. 1 EPGÜ wird auch durch die Entstehungsgeschichte des EPGÜ gestützt. Bereits in einem der frühen Entwürfe des Übereinkommens aus dem Jahr 2008 heißt es bezüglich der zu diesem Zeitpunkt noch in Art. 58 Abs. 1 EPGÜ geregelten Übergangszeit wie folgt:

> „During a transitional period of seven years **proceedings for infringement or validity of a European patent** may still be initiated before the national courts or other competent authority of a Contracting Party having jurisdiction under national law which for that purpose shall continue to apply to European patents effective in the Contracting Parties.[664] "

In demselben Entwurf wird die internationale Zuständigkeit des Einheitlichen Patentgerichts noch in Art. 15 EPGÜ wie folgt geregelt:

---

[662] *Schröer*, GRUR Int. 2013, 1102, 1105.
[663] *Schröer*, GRUR Int. 2013, 1102, 1105.
[664] Draft Agreement of a European Union Patent Court – Counsil of the European Union, Dokument-Nr. 11270/08 vom 30.06.2008.

„Article 15 Competence
The Court shall have exclusive competence in respect of: (a) actions for actual or threatened infringements, including counterclaims concerning licences, or for a declaration of non-infringement; (b) actions or counterclaims for revocation; (c) actions for damages or compensation derived from the provisional protection conferred by a published patent application; (d) actions relating to the use of the invention prior to the granting of the patent or to the right based on prior use of the patent; (e) actions for the grant or revocation of compulsory licences in respect of patents (f) actions on compensation for licences within the meaning of [Article 20 (1)] of Council Regulation (EC) No. ... on the Community patent; (g) actions for the grant or revocation of supplementary protection certificates issued for a patent."

Der Vergleich mit der endgültigen Fassung in Art. 32 EPGÜ zeigt, dass bis zur Endfassung zwar noch weitere Verfahrensarten in die Zuständigkeit des Einheitlichen Patentgerichts gefallen sind, insbesondere auch die Klagen auf den Erlass von einstweiligen Maßnahmen und Sicherungsmaßnahmen und einstweiligen Verfügungen. Im Wesentlichen wurde die Struktur der Norm jedoch beibehalten. In Art. 15 a des Entwurfs wurde unter der Überschrift **„Jurisdiction in respect of infringement and validity"** indes die in Art. 15 geregelte internationale Zuständigkeit des Einheitlichen Patentgerichts zwischen dessen Spruchkörpern der ersten Instanz verteilt. Mithin wurden unter den Begriff der Verletzungs- und Gültigkeitsverfahren nicht nur die klassischen Patentverletzungs- und Nichtigkeitsklagen gefasst, sondern bereits zu diesem Zeitpunkt auch die Feststellungsklage auf Nichtverletzung oder aber die Lizenzerteilungsklage etc. Insofern dürfte der enge Wortlaut des heutigen Art. 83 EPGÜ lediglich ein unerhebliches Überbleibsel aus den Anfängen des Entwurfs sein.

Art. 83 Abs. 1 EPGÜ hat auch unter dem Gesichtspunkt des Vertrauensschutzes[665] den Zweck, den Anwendern für den Übergangszeitraum, die Möglichkeit der Anrufung einer nationalen Gerichtsbarkeit als echte Alternative zu der gesamten Zuständigkeit des neuen Patentgerichtssystems zu eröffnen. Eine Beschränkung dieser Wahlmöglichkeit auf Verletzungs- und Nichtigkeitsklagen würde diesem Zweck widersprechen[666].

Die Wahl des zuständigen Gerichts durch einen Kläger i.S.d. Art. 83 Abs. 1 EPGÜ hat aber dem Wortlaut nach keine Bindungswirkung für weitere Klagen

---

[665] *Schröer*, GRUR Int. 2013, 1102, 1105.
[666] So i.E. auch *Merkle*, S. 29.

desselben oder eines anderen Klägers oder auch bezüglich desselben Europäischen Bündelpatents und ist damit sehr flexibel[667]. Daher ist es denkbar, dass unterschiedliche Kläger Nichtigkeitsklagen vor dem Einheitlichen Patentgericht und vor einem einzelstaatlichen Gericht anhängig machen. Dies ist von Art. 83 Abs. 1 EPGÜ nicht ausgeschlossen, so dass beide angerufenen Gerichte grundsätzlich auch international für das jeweilige Patentnichtigkeitsverfahren zuständig sind. Keine Rolle für die internationale Zuständigkeit spielt auch die Frage, ob die Nichtigkeitsverfahren gleichzeitig oder aber z.B. Jahre voneinander entfernt anhängig gemacht werden. Eine solche Konstellation betrifft vielmehr die Frage nach dem Umgang mit Parallelverfahren oder mit zusammenhängenden Fragen[668].

Von der internationalen Zuständigkeit ist auch bei Anrufung eines einzelstaatlichen Gerichts gemäß Art. 83 Abs. 1 EPGÜ die Ermittlung des materiell anwendbaren Rechts zu trennen. Hier war zunächst umstritten, ob die Wahl eines einzelstaatlichen Gerichts statt eines Gerichts aus dem gemeinsamen Patentgerichtssystem auch die Nichtanwendbarkeit der materiellen Regeln, also insbesondere der Art. 25 ff. EPGÜ zur Folge hat und damit das einzelstaatliche Gericht weiterhin lediglich nationales Recht anzuwenden hätte[669]. Der vorbereitende Ausschuss des Einheitlichen Patentgerichts bestätigte in einer Auslegungsnote vom 29.01.2014 die Unanwendbarkeit der materiellen Regelungen des EPGÜ[670]. Dieser Umstand führt indes, wie bereits dargelegt, zu einer unübersichtlichen Rechtslage und übersieht zudem, dass zumindest die Art. 25 ff. EPGÜ in nationales Recht umzuwandeln sind und so letztlich trotzdem auch Normen des EPGÜ zur Anwendung gelangen werden[671]. Zudem hätte die Anwendung des autonomen nationalen Rechts zur Folge, dass der Kläger durch die Erhebung der Klage vor dem Einheitlichen Patentgericht oder aber vor einem innerstaatlichen Gericht das jeweils anwendbare Recht wählen würde. Entsprechendes würde für den im Folgenden betrachteten, vorbeugenden Ausschluss der Gerichtsbarkeit des Einheitlichen Patentgerichts gemäß Art. 83 Abs. 3 EPGÜ gelten[672].

---

[667] *Schröer*, GRUR Int. 2013, 1102, 1105.
[668] Siehe unten, S. 180 ff.
[669] *Tochtermann*, in: Benkard PatG, Internationaler Teil – Das internationale Patentrecht Rn. 174.
[670] Vgl. *Luginbühl/Stauder*, GRUR Int. 2014, 885, 889; Prepratory Committee, Interpretative note – Consequences of the application of Article 83 UPCA vom 29.01.2014; abrufbar unter: https://www.unified-patent-court.org/news/interpretative-note-%E2%80%93-consequences-application-article-83-upca, zuletzt aufgerufen am 27.08.2019.
[671] Siehe oben, S. 108 ff.
[672] *Romandini/Hilty/Lamping*, GRUR Int. 2016, 554, 559 f.

II. Vorbeugender Ausschluss der einheitlichen Patentgerichtsbarkeit gemäß Art. 83 Abs. 3 EPGÜ („Opt-out")

Der Patentinhaber muss nicht darauf warten, dass er eine Klage gegen einen Patentverletzer erheben kann oder aber eine Klage gegen ihn wegen eines Europäischen Bündelpatents erhoben wird, um Klarheit bezüglich der in einem Patentrechtsstreit international zuständigen Gerichte zu erlangen. Art. 83 Abs. 3 EPGÜ bestimmt, dass ein Inhaber oder Anmelder eines Bündelpatents, welches vor Ablauf der Übergangszeit erteilt oder beantragt worden ist, die international ausschließliche Zuständigkeit des Einheitlichen Patentgerichts durch eine entsprechende Mitteilung an die Kanzlei des Gerichts und Eintragung in das Register ausschließen kann. Dies kann er aber nur solange, wie noch keine Klage vor dem Einheitlichen Patentgericht erhoben worden ist. Der Ausschluss der ausschließlichen Zuständigkeit des Einheitlichen Patentgerichts erstreckt sich nicht etwa nur darauf, dass lediglich die alleinige Zuständigkeit desselbigen unmöglich wird. Vielmehr soll den Patentinhabern die Möglichkeit gegeben werden, ihr Patent dauerhaft der Rechtsprechung eines neuen und vermeintlich unerfahrenen Gerichts zu entziehen. Sie können das Schicksal ihrer Patente einem bereits bekannten einzelstaatlichen Gericht zuführen[673]. Eine parallele Zuständigkeit des Einheitlichen Patentgerichts würde diesem Ziel widersprechen und die bestehende Rechtsunsicherheit des Patentinhabers aufrecht erhalten.

Von seinem vorbeugenden Ausschluss der ausschließlichen Zuständigkeit des Einheitlichen Patentgerichts kann der Patentinhaber gemäß Art. 83 Abs. 4 EPGÜ durch eine entsprechende Mitteilung jederzeit wieder aktiv Abstand nehmen, solange noch keine Klage vor einem nationalen Gericht erhoben wurde. Damit wird den Patentinhabern die Möglichkeit eröffnet, innerhalb der Übergangszeit zunächst die Zuständigkeit für eine etwaige Patentstreitigkeit umfassend auszuschließen. Er kann abwarten, ob und wie sich das neue Gericht in der Praxis bewährt. Auch nach Ablauf der Übergangszeit bleibt es nämlich einem Patentinhaber unbenommen, eine aktive Wahl des neuen Patentgerichts als zuständiges Gericht vorzunehmen. Er kann auf die Zuständigkeit der nationalen Gerichte verzichten („Opt-back-in")[674]. Bleibt es bei dem Ausschluss des Einheitlichen Patentgerichts, dann bleiben für die Lebensdauer des Patents und sogar darüber hinaus die einzelstaatlichen Gerichte zuständig[675]. Dabei ist zu

---

[673] *Luginbühl/Stauder*, GRUR Int. 2014, 885, 899.
[674] Vgl. *Tochtermann*, in: Benkard PatG, Internationaler Teil – Das internationale Patentrecht Rn. 174.
[675] *Luginbühl/Stauder*, GRUR Int. 2014, 885, 890.

bedenken, dass mit der Entscheidung grundsätzlich auch eine Rechtswahl verbunden ist und sich somit das anwendbare Recht während der Laufzeit eines Patents ändern kann[676]. Umgekehrt ist diese Wahl nicht möglich. Wer die internationale Zuständigkeit des neuen Gerichts nicht innerhalb der Übergangszeit, genauer bis spätestens einen Monat vor Ablauf der Übergangszeit ausschließt, kann nur noch vor dem Einheitlichen Patentgericht klagen oder verklagt werden (und hat damit auch endgültig seine Rechtswahl getroffen).

Gleichzeitig bleibt dem Inhaber eines Bündelpatents, welcher dieses Patent erst nach Ablauf der Übergangszeit beantragt oder erteilt bekommen hat, der Ausschluss der internationalen Zuständigkeit des Gerichts verwehrt. Bedingt durch das mit der Zeit fortschreitende „Aussterben" der Europäischen Bündelpatente, die vor Ablauf der Übergangszeit beantragt oder erteilt worden sind, wird sich die internationale Zuständigkeit zukünftig allein auf das Einheitliche Patentgericht konzentrieren.

III. Fazit

Patentinhaber und potentielle Patentverletzer eines Europäischen Bündelpatents haben während der verlängerbaren Übergangszeit des Art. 83 Abs. 1 EPGÜ die Möglichkeit, durch einen vorbeugenden Ausschluss oder die Erhebung einer Klage auf die internationale Zuständigkeit des Einheitlichen Patentgerichts Einfluss zu nehmen. Dieser Einfluss wird mit Erteilung des letzten vor Ablauf der Übergangszeit beantragten Bündelpatents und seiner Geltungsdauer von höchstens zwanzig Jahren nach dem Anmeldetag[677] enden. Die Entscheidung für die Zuständigkeit des neuen Patentgerichtssystems wird in dieser Übergangsphase von der Rechtsprechungspraxis des Einheitlichen Patentgerichts abhängig sein. Seine Attraktivität wird durch den Umstand gesteigert, dass vor diesem auch die Schäden in sämtlichen teilnehmenden EU-Mitgliedstaaten bzw. teilweise sogar auch in Drittstaaten geltend gemacht werden können[678]. In jedem Fall wird für einen Übergangszeitraum von mindestens sieben Jahren eine parallele internationale Zuständigkeit der einzelstaatlichen Gerichte und des Einheitlichen Patentgerichts für Europäische Bündelpatente bestehen bleiben, so dass es zunächst auch bei den bereits zuvor geschilderten unterschiedlichen nationalen Patentgerichtssystemen[679] bleiben wird.

---

[676] *Romandini/Hilty/Lamping*, GRUR Int. 2016, 554, 559 f.
[677] Art. 63 Abs. 1 EPÜ.
[678] Siehe oben, S. 165 ff.
[679] In Deutschland etwa bei der Trennung der Verfahren zwischen dem Bundespatentgericht und den Landgerichten in erster Instanz; siehe oben, S. 52.

C. Doppelte Rechtshängigkeit

Die parallele internationalen Zuständigkeit der innerstaatlichen Gerichte und des Einheitlichen Patentgerichts während der Übergangszeit wirft die Frage auf, wie die Gerichte bei einer doppelten Rechtshängigkeit einer Patentstreitsache zu verfahren haben. Auch nach der Übergangszeit kann es zu Parallelverfahren vor dem Einheitlichen Patentgericht, den einzelstaatlichen Gerichten sowie den Drittstaatengerichten kommen. Zum Teil wird diese Frage nach dem prozessualen Umgang mit Parallelverfahren von Art. 71 c EuGVVO beantwortet.

Nach Art. 71 c Nr. 1 EuGVVO finden die Art. 29 bis 32 EuGVVO Anwendung, wenn ein gemeinsames Gericht und ein Gericht eines Mitgliedstaates, der nicht Vertragspartei der Übereinkunft zur Errichtung des gemeinsamen Gerichts ist, angerufen werden. Gemäß Art. 71 c Nr. 2 EuGVVO sollen während des Übergangszeitraums im Sinne von Art. 83 Abs. 1 EPGÜ die Art. 29 bis 32 EuGVVO aber auch angewendet werden, wenn das Einheitliche Patentgericht und ein einzelstaatliches Gericht eines Vertragsmitgliedstaates des EPGÜ angerufen werden. Letztlich sollen damit während der Übergangszeit auf alle EU-Mitgliedstaaten die Regeln Anwendung finden, die zur Verfahrenskoordination von zwei einzelstaatlichen, mitgliedstaatlichen Gerichten gelten. Nach dem Übergangsstadium kann die Konkurrenzsituation zu EU-Mitgliedstaaten, die auch Vertragsstaaten des EPGÜ sind, aufgrund der fehlenden internationalen Zuständigkeit der einzelstaatlichen Gerichte nicht mehr entstehen. Eine dann erst erhobene Klage vor einem einzelstaatlichen Gericht wäre unzulässig und daher durch Prozessurteil abzuweisen[680].

Nicht von Art. 71 c EuGVVO werden aber die Parallelverfahren erfasst, die bei Drittstaatengerichten anhängig gemacht werden. Dieser Fall war bereits zuvor in Art. 33, 34 EuGVVO für das Verhältnis der mitgliedstaatlichen Gerichte zu den Drittstaatengerichten geregelt. Da das Einheitliche Patentgericht zwar kein einzelstaatliches, aber dennoch ein mitgliedstaatliches Gericht ist, kann Art. 33, 34 EuGVVO ohne Weiteres angewendet werden. Der Anwendungsbereich der Art. 33, 34 EuGVVO muss nicht ausdrücklich auf das Einheitliche Patentgericht erstreckt werden.

Im Falle der Anhängigkeit eines Verfahrens vor dem Einheitlichen Patentgericht und vor einem weiteren Gericht kommen folglich die Art. 29 ff. EuGVVO zur Anwendung. Unerheblich ist dabei, ob es sich bei dem weiteren Gericht um ein mitgliedstaatliches Gericht oder aber um ein Drittstaatengericht handelt.

---

[680] Vgl. *Dörner*, in: NomosKomm-ZPO, Art. 29 EuGVVO Rn. 1.

I. Aussetzung von Amts wegen gemäß Art. 29 Abs. 1 EuGVVO
1. Grundsatz

Gemäß Art. 29 Abs. 1 EuGVVO ist bei einer parallelen Anhängigkeit von Klagen wegen desselben Anspruchs zwischen denselben Parteien vor Gerichten mehrerer Mitgliedstaaten das Verfahren vor dem später angerufene Gericht von Amts wegen so lange auszusetzen, bis die Zuständigkeit des zuerst angerufenen Gerichts feststeht. Sobald die Zuständigkeit des zuerst angerufenen Gerichts feststeht, hat sich das später angerufene Gericht gemäß Art. 29 Abs. 3 EuGVVO zugunsten des zuerst angerufenen Gerichts für unzuständig zu erklären.

Übertragen auf das Einheitliche Patentgericht bedeutet dies im Falle eines identischen Streitgegenstandes[681] das Folgende: Entweder hat das Einheitliche Patentgericht oder aber das angerufene Gericht des EU-Mitgliedstaates das Verfahren von Amts wegen auszusetzen, bis die internationale Zuständigkeit des zuerst angerufenen Gerichts geklärt ist. Die Bestimmung des Zeitpunkts, zu dem ein Gericht als angerufen gilt, hat anhand von Art. 32 EuGVVO zu erfolgen. Dieser Zeitpunkt ist, zumindest was Klagen betrifft, im Wesentlichen mit dem Begriff der Anhängigkeit der deutschen ZPO gleichzusetzen[682]. Auch während des Übergangszeitraums wird es damit aufgrund des weiten Streitgegenstandsbegriffs des EuGH[683] möglich sein, „italienische Torpedos" abzufeuern, indem ein Patentverletzer eine negative Feststellungsklage vor einem italienischen Gericht erhebt. Diese wäre „im Kern" identisch mit einer erst zeitlich danach erhobenen Leistungs- oder positiven Feststellungsklage vor dem ebenfalls zuständigen Einheitlichen Patentgericht. Das Einheitliche Patentgericht wäre gemäß Art. 29 EuGVVO an einer Entscheidung gehindert.

2. Ausnahme des Art. 31 EuGVVO

Besteht die Zuständigkeitskonkurrenz bei identischem Streitgegenstand i.S.d. Art. 29 EuGVVO zwischen zwei für die Verfahren ausschließlich zuständigen Gerichten, so hat sich das zuletzt angerufene Gericht gemäß Art. 31 Abs. 1 EuGVVO für unzuständig zu erklären[684]. Art. 31 Abs. 1 EuGVVO normiert damit einen Ausnahmetatbestand zur Aussetzung von Amts wegen.

---

[681] *Dörner*, in: NomosKomm-ZPO, Art. 29 EuGVVO Rn. 4; siehe oben, S. 92 f.
[682] Vgl. *Dörner*, in: NomosKomm-ZPO, Art. 32 EuGVVO Rn. 2.
[683] EuGH, Urteil vom 08.12.1987, Rs. 144/86, ECLI:EU:C:1987:528 = NJW 89, 665, Rn. 16 – Gubisch Maschinenfabrik KG v. Giulio Palumbo.
[684] *Dörner*, in: NomosKomm-ZPO, Art. 31 EuGVVO Rn. 1.

Bezogen auf die internationale Zuständigkeit des Einheitlichen Patentgerichts ist dies nur dann denkbar, wenn gleichzeitig Patentnichtigkeitsklagen bezüglich eines Europäischen Patents durch denselben Kläger vor dem Einheitlichen Patentgericht einerseits und vor einem einzelstaatlichen Gericht andererseits erhoben werden. Eine parallele Klageerhebung durch denselben Kläger vor verschiedenen Gerichten ist aber fernliegend.

In Art. 31 Abs. 2 EuGVVO wird aber auch von im Art. 31 Abs. 1 EuGVVO normierten Prioritätsprinzip eine Ausnahme gemacht. Diese Ausnahme soll für den Fall greifen, in dem eine Gerichtsstandsvereinbarung vorliegt, nach welcher ein anderes als das zuerst angerufene mitgliedstaatliche Gericht ausschließlich international zuständig sein soll. Dann hat auch das mitgliedstaatliche Gericht das Verfahren so lange auszusetzen, bis das auf der Grundlage der Vereinbarung angerufene Gericht erklärt hat, dass es gemäß der Vereinbarung nicht zuständig ist. Wenn es allerdings seine Zuständigkeit gemäß der Vereinbarung feststellt, haben sich die ebenfalls angerufenen mitgliedstaatlichen Gerichte gemäß Art. 31 Abs. 3 EuGVVO für unzuständig zu erklären. Über die Wirksamkeit einer ausschließlichen Gerichtsstandsvereinbarung hat demnach immer das in der konkreten Vereinbarung genannte Gericht zu entscheiden, unabhängig davon, ob es auch zeitlich als erstes angerufen wurde. Solange das in der Gerichtsstandsvereinbarung genannte Gericht nicht über seine Zuständigkeit entschieden hat, wird seine Zuständigkeit gemäß Art. 25 Abs. 1 EuGVVO vermutet[685].

Diese Regelung soll die Anwendung von missbräuchliche Prozesstaktiken verhindern und die Effektivität von ausschließlichen Gerichtsstandsvereinbarungen steigern[686]. Das prorogierte Gericht konnte bislang durch die bewusste Erhebung einer Klage vor einem nach der Gerichtsstandsvereinbarung unzuständigen und zumeist langsameren Gericht zur Aussetzung gemäß Art. 27 EuGVVO a.F. gezwungen werden[687]. Art. 31 Abs. 2 EuGVVO normiert damit eine Ausnahme von dem bislang geltenden allgemeinen Grundsatz des gegenseitigen Vertrauens in die Arbeitsweise der einzelstaatlichen Gerichte[688]. Allerdings setzt der Entscheidungsvorrang des prorogierten Gerichts voraus, dass dieses auch tatsächlich angerufen wurde. Ist nur das andere Gericht angerufen worden, kann auch nur dieses über die Wirksamkeit der Prorogation entscheiden[689].

---

[685] *Grohmann*, ZIP 2015, 16, 19.
[686] Erwägungsgrund 22 Verordnung (EU) Nr. 1215/2012.
[687] *Von Hein*, RIW 2013, 97, 104; *Grohmann*, ZIP 2015, 16, 18.
[688] *Pohl*, IPRax 2013, 109, 111.
[689] *Dörner*, in: NomosKomm-ZPO, Art. 31 EuGVVO Rn. 2; *Pohl*, IPRax 2013, 109, 111.

Auch bezüglich Art. 31 Abs. 2 EuGVVO stellt sich die Frage, inwieweit dieser auf Patentstreitigkeiten im Anwendungsbereich des EPGÜ Geltung erlangen kann. Wie bereits dargelegt, ist weder die Prorogation noch die Derogation des Einheitlichen Patentgerichts bezüglich Patentstreitigkeiten betreffend eines Europäischen Patents möglich[690]. Daher wird auch eine Konkurrenzsituation zwischen dem Einheitlichen Patentgericht und einem einzelstaatlichen Gericht nur selten auftreten. Ist ein mitgliedstaatliches Gericht eines Vertragsstaates prorogiert worden, so findet eine Überleitung gemäß Art. 71 b Nr. 1 EuGVVO statt. Eine Konkurrenzsituation entsteht bereits mangels internationaler Zuständigkeit des einzelstaatlichen Gerichts nicht. Das einzelstaatliche Gericht hätte sich ohne Weiteres für unzuständig zu erklären. Daher wird es auch nicht in dem Übergangszeitraum nach Art. 83 EPGÜ möglich sein, ein einzelstaatliches Gericht eines Vertragsstaates als international zuständiges Gericht zu prorogieren. Eine Konkurrenzsituation kann nur zwischen einzelstaatlichen Gerichten der Nichtvertragsstaaten des EPGÜ und dem Einheitlichen Patentgericht auftreten, wenn die einzelstaatlichen Gerichte in einem europäischen Bündelpatentstreit prorogiert worden sind.

II. Ermessensentscheidung gemäß Art. 30 Abs. 1 EuGVVO

Sind die Streitgegenstände oder aber auch die Parteien der in Rede stehenden Parallelverfahren nicht identisch, stehen aber miteinander im Zusammenhang, so kann das später angerufene Gericht gemäß Art. 30 Abs. 1 EuGVVO das Verfahren aussetzen. Unter welchen Voraussetzungen Verfahren i.S.d. Art. 30 Abs. 1 EuGVVO im Zusammenhang stehen, definiert Art. 30 Abs. 3 EuGVVO. Danach stehen Verfahren im Zusammenhang, „wenn zwischen ihnen eine so enge Beziehung gegeben ist, dass eine gemeinsame Verhandlung und Entscheidung geboten erscheint, um zu vermeiden, dass in getrennten Verfahren widersprechende Entscheidungen ergehen können". Um im Interesse einer geordneten Rechtspflege einander widersprechende Entscheidungen zu verhindern, ist der Begriff der im Zusammenhang stehenden Verfahren weit auszulegen und soll alle Konstellationen umfassen, in denen bereits nur die Gefahr sich widersprechender Entscheidungen besteht[691].

Alternativ zur Ermessensentscheidung des Gerichts gemäß Art. 30 Abs. 1 EuGVVO kann sich das später angerufene Gericht auf Antrag einer Partei gemäß Art. 30 Abs. 2 EuGVVO auch dafür entscheiden, sich für unzuständig zu

---

[690] Siehe oben, S. 157 ff.
[691] *Dörner*, in: NomosKomm-ZPO, Art. 30 EuGVVO Rn. 2; *Schack*, Rn. 856; *Stadler*, in: Musielak/Voit, Art. 30 EuGVVO Rn. 2.

erklären, wenn das zuerst angerufene Gericht auch über das zweite Verfahren zulässig entscheiden könnte und eine Verbindung der beiden Verfahren vor dem ersten Gericht dort zulässig wäre[692].

Das später angerufene Gericht könnte also die vor ihm erhobene Klage wegen Unzuständigkeit durch Prozessurteil abweisen. Das Gericht hätte für den Erlass des Prozessurteils zu prüfen, ob beide Klagen in erster Instanz anhängig sind und ob das zuerst angerufene Gericht auch für beide Klagen international zuständig ist. Zudem muss auch eine Verbindung der Verfahren nach dem Recht des Erstgerichts zulässig sein[693]. Eine bindende Verweisung des zweiten Rechtsstreits durch das Zweitgericht an das Erstgericht zur Verbindung sieht Art. 30 Abs. 2 EuGVVO indes nicht vor, so dass auch eine Klageabweisung durch das Erstgericht mangels Zuständigkeit nicht ausgeschlossen ist. Dann könnte ein negativer Kompetenzkonflikt entstehen[694].

Für das Verhältnis des neuen Patentgerichtssystems zu den EU-Mitgliedstaaten ist es zwar zweckmäßig, den mitgliedstaatlichen Gerichten ebenso wie dem Einheitlichen Patentgericht eine Aussetzungsmöglichkeit zuzubilligen, um widersprechende Entscheidungen zu verhindern. Fragwürdig ist aber, ob von der Möglichkeit des sich „Für-unzuständig-Erklärens" zugunsten des zuerst angerufenen Gerichts und einer dortigen Verbindung von den Parteien Gebrauch gemacht werden kann. Selbstverständlich könnte eine Partei ein Interesse daran haben, die Parallelverfahren möglichst zeit- und kostensparend zu erledigen. Für die Verbindung eines zweiten vor dem Einheitlichen Patentgericht anhängigen Verfahrens mit einem im Zusammenhang stehenden Verfahren gilt aber vor einem deutschen Gericht weiterhin § 147 ZPO. Handelt es sich bei dem Erstgericht um ein deutsches Gericht, dann ist die Anwendung des Art. 30 Abs. 2 EuGVVO aber gemäß § 147 ZPO ausgeschlossen. Es mangelt an der Anhängigkeit der Verfahren vor demselben Gericht[695].

Auch die Verfahrensordnung des Einheitlichen Patentgerichts sieht die Möglichkeit einer Verbindung mit einem Verfahren vor einem einzelstaatlichen Gericht nicht vor. Wünschenswert wäre es, in die EuGVVO – auch zur Vermeidung von negativen Kompetenzkonflikten – eine bindende Verweisungsmög-

---

[692] *Dörner*, in: NomosKomm-ZPO, Art. 30 EuGVVO Rn. 4; *Leible*, in: Rauscher, Art. 30 Rn. 15.
[693] *Adolphsen*, EuZVR, S. 163.
[694] *Leible*, in: Rauscher, Art. 30 Rn. 2, 17, *Schack*, Rn. 455.
[695] *Adolphsen*, EuZVR, S. 163 f.; *Dörner*, in: NomosKomm-ZPO, Art. 30 EuGVVO Rn. 4.

lichkeit aufzunehmen[696] und in den jeweiligen Verfahrensordnungen eine Verbindung der Verfahren zu ermöglichen.

Auch die Frage nach der Kostenentscheidung im klageabweisenden Urteil des einzelstaatlichen Zweitgerichts bleibt offen. Ein deutsches Gericht hätte – wenn eine Verbindung nach dem Prozessrecht des Erstgerichts bzw. des Einheitlichen Patentgerichts möglich wäre – nach § 313 Nr. 4 ZPO i.V.m. §§ 303, 308 Abs. 2 ZPO von Amts wegen über die Kosten des Verfahrens zu entscheiden und würde aufgrund der Klageabweisung gemäß § 91 ZPO diese Kosten dem Kläger auferlegen. Dies wäre aufgrund der grundsätzlich gegebenen internationalen Zuständigkeit des Gerichts und der nur aufgrund einer Ermessensentscheidung erfolgenden Klageabweisung aber unbillig. Konsequenter wäre es daher, kein klageabweisendes Urteil zu erlassen, sondern das Verfahren an das Einheitliche Patentgericht abzugeben, das selbst eine Kostenentscheidung im Rahmen des Endurteils treffen müsste. Auch diese Lösung birgt aufgrund der unterschiedlichen Kostenordnungen der einzelstaatlichen Gerichtssysteme und des Einheitlichen Patentgerichts Unwägbarkeiten.

D. Zuständigkeitskonkurrenz mit einem Drittstaatengericht

Die neu eingeführten Art. 33 und 34 EuGVVO führen auch für Parallelverfahren vor Drittstaatengerichten in Entsprechung zu Art. 29 EuGVVO und Art. 30 EuGVVO die Möglichkeit der Verfahrensaussetzung durch das mitgliedstaatliche Gericht ein. Art. 33 und 34 EuGVVO vereinfachen damit im Vergleich mit der bisherigen Rechtslage den Umgang mit solchen Parallelverfahren. Zuvor war im Verhältnis zu Drittstaaten das jeweils geltende nationale Zivilprozessrecht anzuwenden[697]. Entgegen der Regelung des Art. 29 EuGVVO hat die parallele Klageerhebung vor einem mitgliedstaatlichen und einem Drittstaatengericht nicht automatisch die Aussetzung durch das später angerufene mitgliedstaatliche Gericht zur Folge.

Im Gegensatz zu Art. 29, 30 EuGVVO finden Art. 33, 34 EuGVVO nicht unabhängig von der Art der Begründung der internationalen Zuständigkeit des mitgliedstaatlichen Gerichts Anwendung. Vielmehr muss die parallele internationale Zuständigkeit des mitgliedstaatlichen Gerichts auf dem allgemeinen Gerichtsstand des Art. 4 EuGVVO oder den besonderen Gerichtsständen der Art. 7

---

[696] *Adolphsen*, EuZVR, S. 163; vgl. *Leible*, in: Rauscher, Art. 30 Rn. 17, 20.
[697] *Von Hein*, RIW 2013, 97, 106.

bis 9 EuGVVO beruhen. Ausgeschlossen ist die Anwendbarkeit der Art. 33, 34 EuGVVO also bei versicherungs-, verbraucher- und arbeitsvertragsrechtlichen Verfahren. Da Art. 33, 34 EuGVVO auch die besonderen Gerichtsstände des Art. 7 EuGVVO umfassen, spielt der eingeschränkte Anwendungsbereich der Art. 33, 34 EuGVVO zunächst keine Rolle. Unerwähnt bleibt in diesen Artikeln der Fall, dass die Zuständigkeit des mitgliedstaatlichen Gerichts auf Art. 24 EuGVVO oder Art. 25 EuGVVO beruht. Die fehlende Erwähnung der Begründung der Zuständigkeiten nach den Art. 24, 25 EuGVVO ist freilich konsequent, weil beide Normen ausschließliche Gerichtsstände und damit ausschließliche Zuständigkeiten der angerufenen Gerichte bezeichnen, von denen nicht abgewichen werden kann. Damit kommt eine in den Art. 33, 34 EuGVVO vorgesehene Aussetzung oder Einstellung im Hinblick auf ein vor einem Drittstaatengericht anhängiges Verfahren nicht in Betracht.

Gemäß Art. 33 Abs. 1, 4 EuGVVO kann das mitgliedstaatliche Gericht auf Antrag oder – wenn nach nationalem Recht zulässig – von Amts wegen das Verfahren bei identischem Streitgegenstand im Hinblick auf das bereits bei einem Drittstaatengericht anhängige Verfahren aussetzen. Dann muss zu erwarten sein, dass das Drittstaatengericht eine Entscheidung erlassen wird, die in dem betreffenden Mitgliedstaat anerkannt und gegebenenfalls vollstreckt werden kann. Ebenfalls muss das Gericht davon überzeugt sein, dass eine Aussetzung des Verfahrens im Interesse einer geordneten Rechtspflege erforderlich ist. Art. 34 Abs. 1 EuGVVO fordert für lediglich im Zusammenhang stehende Verfahren zusätzlich noch, dass eine gemeinsame Verhandlung und Entscheidung der im Zusammenhang stehenden Verfahren geboten erscheint, um zu vermeiden, dass in getrennten Verfahren einander widersprechende Entscheidungen ergehen können.

In Übereinstimmung zu den Voraussetzungen des Aussetzens können die mitgliedstaatlichen Gerichte auch unter ähnlichen Voraussetzungen das Verfahren jederzeit wieder aufnehmen. Dafür muss entweder das Verfahren vor dem Drittstaatengericht ebenfalls ausgesetzt oder eingestellt sein oder das mitgliedstaatliche Gericht muss es für unwahrscheinlich halten, dass das vor dem Drittstaatengericht anhängige Verfahren innerhalb einer angemessenen Frist abgeschlossen wird. Ebenso kann das mitgliedstaatliche Gericht die Fortsetzung des Verfahrens im Interesse einer geordneten Rechtspflege für erforderlich halten, Art. 33 Abs. 2 EuGVVO. Bei lediglich im Zusammenhang stehenden Verfahren kann das mitgliedstaatliche Gericht das vor ihm anhängige Verfahren zudem auch dann fortsetzen, wenn dieses es für wahrscheinlich hält, dass die Gefahr widersprechender Entscheidungen nicht mehr besteht.

Danach soll für die Frage der Aussetzung im Verhältnis zu Drittstaatengerichten nicht das aus dem gegenseitigen Vertrauensgrundsatz hervorgegangene Prioritätsprinzip entscheidend sein. Die neue Möglichkeit der Fortsetzung des Verfahrens vor dem mitgliedstaatlichen Gericht und damit auch eines Verfahrens vor dem Einheitlichen Patentgericht gemäß Art. 33 Abs. 2 EuGVVO ist Ausdruck eines geringeren Vertrauens gegenüber Drittstaatengerichten. Die Möglichkeit der jederzeitigen Fortsetzung des mitgliedstaatlichen Verfahrens bei fehlender Ersichtlichkeit einer zeitnahen Beendigung des Verfahrens vor dem Drittstaatengericht mindert die Attraktivität für „Drittstaatentorpedos".

E. Fazit

Ist nach dem 2. Kapitel der EuGVVO das Gericht eines EU-Mitgliedstaats für eine Patentstreitigkeit um ein Europäisches Patent zuständig, so wird diese Zuständigkeit gemäß Art. 71 b Nr. 1 EuGVVO auf das Einheitliche Patentgericht übergeleitet[698]. Eine Derogation oder Prorogation des gemeinsamen Gerichts ist im Rahmen dessen nicht möglich[699]. Nur während der gemäß Art. 83 EPGÜ vorgesehenen Übergangszeit kann entweder durch die aktive Wahl des Patentinhabers oder aber des Klägers eines Patentstreitverfahrens durch die Anrufung eines einzelstaatlichen Gerichts die Überleitung gemäß Art. 71 b Nr. 1 EuGVVO ausgeschlossen werden[700].

Eine solche Überleitung findet nicht statt, wenn sich das nach dem 2. Kapitel der EuGVVO zuständige bzw. angerufene mitgliedstaatliche Gericht nicht in einem Vertragsstaat des EPGÜ befindet. Insofern kann das mitgliedstaatliche Gericht des Nichtvertragsstaates in Patentstreitigkeiten über das Bündel- wie über das Einheitspatent in Konkurrenz zum Einheitlichen Patentgericht treten. Allerdings unterscheiden sich die Kognitionsbefugnisse des mitgliedstaatlichen Gerichts im Vergleich zum Einheitlichen Patentgericht, dessen Entscheidungen sich bezogen auf die Wirksamkeit des Patents auf das gesamte Territorium der Vertragsstaaten erstrecken können[701].

Im Verhältnis zu Drittstaaten wird die Zuständigkeit über Art. 71 b EuGVVO auf das Einheitliche Patentgericht konzentriert, indem auf das grundlegende

---

[698] Siehe oben, S. 146 f.
[699] Siehe oben, S. 162.
[700] Siehe oben, S. 179 f.
[701] Siehe oben, S. 150 ff.

Erfordernis eines Wohnsitzes des Beklagten in einem EU-Mitgliedstaat verzichtet und die Kognitionsbefugnis des Gerichts unter Umständen auf sämtliche international entstandene Schäden erstreckt wird[702]. Diese Konzentration der internationalen Zuständigkeit beim Einheitlichen Patentgericht führt dazu, dass der Wohnsitz der beteiligten Parteien, insbesondere des potenziellen Beklagten, für die Beurteilung der internationalen Zuständigkeit von geringerer Relevanz ist. Sind der Kläger und der Beklagte einer Patentstreitigkeit über ein Europäisches Patent in einem EU-Mitgliedstaat ansässig, der auch Vertragsstaat des EPGÜ ist, führt Art. 71 b Nr. 1 EuGVVO zur internationalen Zuständigkeit des Einheitlichen Patentgerichts. Entsprechendes gilt, wenn nur der Beklagte in einem EU-Mitgliedstaat ansässig ist. Der Wohnsitz des Klägers ist ohne Bedeutung. Ist der Beklagte in einem EU-Mitgliedstaat ansässig, der nicht Vertragsstaat des EPGÜ ist, dann tritt die internationale Zuständigkeit des mitgliedstaatlichen Gerichts in Konkurrenz zur Internationalen Zuständigkeit des Einheitlichen Patentgerichts. Nur bezogen auf den spezifischen nationalen Teil des Europäischen Patents bleibt das mitgliedstaatliche Gericht ausschließlich zuständig. Ist der Beklagte außerhalb der EU ansässig, dann wird der Wohnsitz des Beklagten in der EU fingiert, um so die Zuständigkeit des Einheitlichen Patentgerichts zu begründen.

---

[702] Siehe oben, S. 163 ff.

§ 6 Die sachliche und örtliche Zuständigkeit des Einheitlichen Patentgerichts

Art. 31 EPGÜ i.V.m. Art. 71 b EuGVVO regelt die internationale Zuständigkeit des Einheitlichen Patentgerichts im Verhältnis zu den inner-staatlichen Gerichten der Vertragsstaaten. Die Bestimmungen führen zur Konzentration aller Europäischen Patentstreitsachen beim Einheitlichen Patentgericht[703]. Art. 32 EPGÜ erscheint daher zunächst überraschend und unnötig, denn er soll dem Wortlaut nach die „Zuständigkeit des Gerichts" klären. Art. 32 EPGÜ meint die sachliche Zuständigkeit des Einheitlichen Patentgerichts. Trotz umfassender internationaler Zuständigkeit des Gerichts stellt damit das EPGÜ – bevor es zu einer Aufteilung der sachlichen Zuständigkeit zwischen den Kammern des Einheitlichen Patentgerichts kommen kann – nochmals die Frage in den Fokus, wie weit die sachliche Zuständigkeit des Gerichts in Abgrenzung zu der sachlichen Zuständigkeit der einzelstaatlichen Gerichte der einzelnen teilnehmenden Vertragsstaaten reicht.

A. Ausschließliche Zuständigkeit nach Art. 32 EPGÜ

Im Gegensatz zu § 143 PatG geht Art. 32 EPGÜ nicht von einem einheitlichen Begriff der „Patentstreitigkeit"[704] aus, sondern nimmt in Abs. 1 eine Aufzählung der zulässigen Klagearten vor. Gemäß Art. 32 Abs. 1 EPGÜ soll eine ausschließliche Zuständigkeit des Einheitlichen Patentgerichts geschaffen werden. In diese ausschließliche sachliche Zuständigkeit des neuen gemeinsamen Patentgerichtssystems sollen insbesondere Nichtigkeitsklagen (Art. 32 Abs. 1 d EPGÜ), Nichtigkeitswiderklagen (Art. 32 Abs. 1 e EPGÜ), Patentverletzungsklagen (Art. 32 Abs. 1 a EPGÜ) und Klagen auf Feststellung der Nichtverletzung (Art. 32 Abs. 1 b EPGÜ) fallen. Des Weiteren sind die Kammern des Einheitlichen Patentgerichts für den vorläufigen Rechtsschutz (Art. 32 Abs. 1 c EPGÜ), Schadensersatzklagen und Entschädigungsklagen aufgrund des durch eine veröffentlichte Patentanmeldung gewährten vorläufigen Schutzes (Art 32 Abs. 1 f EPGÜ) ausschließlich zuständig. Auch Klagen, welche im Zu-

---

[703] Siehe oben, S. 162.
[704] Siehe oben, S. 50 f.

sammenhang stehen mit der Benutzung einer Erfindung vor der Patenterteilung oder mit einem Vorbenutzungsrecht, sollen in die ausschließliche Zuständigkeit des Einheitlichen Patentgerichts fallen (Art 32 Abs. 1 g EPGÜ). Dem schließen sich Klagen auf Zahlung von Lizenzvergütungen i. S. d. Art. 8 EU-PatVO (Art. 32 Abs. 1 h EPGÜ) wie auch Klagen gegen Entscheidungen des EPA auf Basis von Art. 9 EU-PatVO (Art 32 Abs. 1 i EPGÜ) an.

Gemäß Art. 32 Abs. 2 EPGÜ sollen indes für Klagen im Zusammenhang mit Patenten und ergänzenden Schutzzertifikaten, die nicht in die ausschließliche Zuständigkeit des Gerichts fallen weiterhin die nationalen Gerichte der Vertragsmitgliedstaaten zuständig sein. Der Auffangtatbestand des Art. 32 Abs. 2 EPGÜ hat zwar aufgrund des umfassenden Aufgabenkatalogs des Einheitlichen Patentgerichts in Abs. 1 einen geringen aber nicht unbedeutenden Anwendungsbereich. Von der Regelung umfasst sind insbesondere Klagen im Zusammenhang mit dem Bündel- und Einheitspatent als Gegenstand des Vermögens[705]. Demnach sollen auch Vindikationsklagen in die Zuständigkeit der innerstaatlichen Gerichte fallen[706]. Entsprechendes gilt auch für Klagen auf Erteilung einer Zwangslizenz oder Fragen des Arbeitnehmererfindungsrechts[707].

Die nationalen Gerichte der Vertragsmitgliedstaaten sollen „weiterhin" zuständig sein. Fernliegend wäre es, dieses „weiterhin" in einen zeitlichen, historischen Zusammenhang im Sinne eines Vergleichs mit der früheren Rechtslage vor dem EPGÜ zu stellen. In der englischen Fassung des EPGÜ werden an dieser Stelle die Worte „shall remain" verwendet. Gemeint ist damit lediglich, dass die einzelstaatlichen Gerichte für solche Verfahren zuständig bleiben, die nicht in die ausschließliche Zuständigkeit des Einheitlichen Patentgerichts fallen. Es ist eine Abgrenzung des ausschließlichen Zuständigkeitsbereichs des Einheitlichen Patentgerichts zur parallel gegebenen sachlichen Zuständigkeit der einzelstaatlichen Gerichte gewollt. Ob das Einheitliche Patentgericht in diesem nicht ausschließlichen Zuständigkeitsbereich neben die Zuständigkeit des einzelstaatlichen Gerichts treten soll, ist fraglich. Auch wenn das Einheitliche Patentgericht für solche Klagen i.S.d. Art. 32 Abs. 2 EPGÜ nicht ausschließlich zuständig wäre, könnte eine solche Klage vor dem Einheitlichen Patentgericht zulässig erhoben werden. Es würde dem Einheitlichen Patentgericht nicht an der sachlichen Zuständigkeit fehlen. Dann müsste sich der Auffangtatbestand des Art. 32 Abs. 2 EPGÜ aber auch in der internen Zuständigkeitsverteilung der Kammern des Gerichts in Art. 33 EPGÜ wiederfinden. Weil dies nicht der Fall ist, schei-

---

[705] *Schröer*, GRUR Int. 2013, 1102, 1102 f.
[706] Vgl. *Nieder*, GRUR 2015, 936, 936.
[707] *Osterrieth*, Rn. 250.

det eine zusätzliche sachliche Zuständigkeit des Einheitlichen Patentgerichts neben den einzelstaatlichen Gerichten der Vertragsstaaten aus[708]. Obwohl das Einheitliche Patentgericht folglich international zuständig ist, findet erneut eine Verweisung auf ein einzelstaatliches Gericht statt, das für die Klagen i.S.d. Art. 32 Abs. 2 EPGÜ ausschließlich zuständig sein soll. Wäre indes eine Überleitung der internationalen Zuständigkeit in Art. 31 EPGÜ i.V.m. Art. 71 b Nr. 1 EuGVVO erst gar nicht erfolgt, müsste diese erneute „Verweisung" bzw. „Rückverweisung" nicht stattfinden. Da auf ein mitgliedstaatliches Gericht verwiesen wird, dürften gegen diese Außerachtlassung des Art. 71 b Nr. 1 EuGVVO zumindest aus der Sicht der EuGVVO keine Bedenken bestehen. Allerdings wird ein angerufenes einzelstaatliches Gericht bei der Prüfung seiner internationalen Zuständigkeit nicht nur Art. 71 b Nr. 1 EuGVVO zu beachten haben. Vor einer Klageabweisung durch Prozessurteil hätte das Gericht entgegen der Systematik des EPGÜ auch seine Zuständigkeit nach Art. 32 Abs. 2 EPGÜ zu prüfen[709].

Auch an dieser Stelle wird die Schwierigkeit sichtbar, die durch das Selbstverständnis des Einheitlichen Patentgerichts als sowohl mitgliedstaatliches, aber auch als zwischenstaatliches Gericht entsteht. Würde es sich tatsächlich – wie europarechtlich vorgesehen – nur um ein mitgliedstaatliches Gericht handeln, hätte es keiner Regelung zur internationalen Zuständigkeit in der EuGVVO bedurft, in der das Verhältnis der einzelstaatlichen, mitgliedstaatlichen Gerichte zum Einheitlichen Patentgericht geklärt wird. Wäre das Einheitliche Patentgericht tatsächlich ein rein mitgliedstaatliches Gericht der Vertragsstaaten, hätte eine Regelung zur sachlichen Zuständigkeitsverteilung im EPGÜ ausgereicht.

So gelingt die Trennung der internationalen und der sachlichen Zuständigkeit des Einheitlichen Patentgerichts im Zusammenspiel der EuGVVO und dem EPGÜ nicht. Im Sinne einer konsequenten Zuständigkeitsverteilung und der Vermeidung von Unklarheiten ist es vorzugswürdig, sämtliche Patentstreitsachen in die ausschließliche sachliche Zuständigkeit des Einheitlichen Patentgerichts zu geben und damit Art. 32 Abs. 2 EPGÜ ersatzlos zu streichen. Dies wäre durch die Schaffung eines einheitlichen Begriffs der Patentstreitigkeiten parallel zum Begriff in § 143 PatG möglich gewesen. Als alternative Lösungsmöglichkeit kommt eine Abstimmung des Art. 32 EPGÜ mit Art. 71 b EuGVVO in Betracht. Dabei dürfte es aber sprachlich schwierig zu fassen sein, die in Art. 32 EPGÜ genannten Klagearten als „Rechtsgebiet" i.S.d. Art. 71 b EuGVVO zu bezeichnen.

---

[708] Vgl. *Nieder,* GRUR 2015, 936.
[709] So i.E. auch *Hüttermann*, Rn. 296 ff.

B. Sachliche Zuständigkeit der Lokal- und Regionalkammern und der Zentralkammer nach Art. 33 EPGÜ

Die ausschließlichen Zuständigkeiten der europäischen Patentgerichtsbarkeit nach Art. 32 EPGÜ sind für die erste Instanz zwischen den Regional- bzw. Lokalkammern auf der einen Seite und der Zentralkammer auf der anderen Seite weiter aufzuteilen. Diese Verteilung regelt Art. 33 EPGÜ. Gleichzeitig wird auch die örtliche Zuständigkeit der einzelnen Kammern indiziert. Die Frage nach der örtlich zuständigen Kammer kann sich dabei nur in Bezug auf die mehrfach vorgesehenen mitgliedstaatsbezogenen Lokal- und Regionalkammern stellen.

I. Lokal- und Regionalkammern

Gemäß Art. 33 Abs. 1 EPGÜ besteht eine originäre Zuständigkeit der Lokal- und Regionalkammern für Patentverletzungsklagen i.S.d. Art. 32 Abs. 1 a EPGÜ, für den vorläufigen Rechtsschutz nach Art. 32 Abs. 1 c EPGÜ, für Schadensersatzklagen und für Entschädigungsklagen aufgrund des durch eine veröffentlichte Patentanmeldung gewährten vorläufigen Schutzes (Art 32 Abs. 1 f EPGÜ); für Klagen, welche im Zusammenhang mit der Benutzung einer Erfindung vor der Patenterteilung stehen oder auf ein Vorbenutzungsrecht beruhen (Art 32 Abs. 1 g EPGÜ) und für Klagen auf Zahlung einer Lizenzvergütung nach Art. 32 Abs. 1 h EPGÜ. Keine originäre Zuständigkeit der mitgliedstaatsbezogenen Kammern besteht damit nur für Klagen, die auf die Feststellung der Nichtverletzung eines Patents gerichtet sind (Art. 32 Abs. 1 b EPGÜ), für Nichtigkeitsklagen (Art. 32 Abs. 1 d EPGÜ) und für Nichtigkeitswiderklagen (Art. 32 Abs. 1 b EPGÜ), sowie für Klagen gegen Entscheidungen des EPA auf Basis von Art. 9 EU-PatVO (Art 32 Abs. 1 i EPGÜ).

II. Zentralkammer (Art. 33 Abs. 4 EPGÜ)

Für die Zentralkammer bleiben folglich die nicht in die originäre Zuständigkeit der mitgliedstaatsbezogenen Kammern fallenden Klagearten. Die Zentralkammer hat mithin die Entscheidungskompetenz über Klagen auf Feststellung der Nichtverletzung eines Patents i.S.d. Art. 32 Abs. 1 b EPGÜ sowie über Patentnichtigkeitsklagen gemäß Art. 32 Abs. 1 d EPGÜ (Art. 33 Abs. 4 S. 1 EPGÜ) und gemäß Art. 33 Abs. 9 EPGÜ auch über Klagen nach Art. 32 Abs. 1 i EPGÜ, also gegen Entscheidungen des EPA nach Art. 9 EU-PatVO.

III. Subsidiäre Zuständigkeiten

Das dargelegte Prinzip der Trennung der unterschiedlichen Klagearten und der Verteilung auf die verschiedenen Kammern wird allerdings gleich mehrfach durchbrochen.

1. Fehlende Existenz einer örtlich zuständigen Lokal- oder Regionalkammer (Art. 33 Abs. 1 S. 4 EPGÜ)

So kann, wie bereits beschrieben, die Zentralkammer auch dann für alle grundsätzlich in die Zuständigkeit der Lokal- und Regionalkammern fallenden Klagearten zuständig werden, wenn der Vertragsstaat, in welchem das Verfahren eigentlich anhängig gemacht werden müsste, nicht über eine Lokal- oder Regionalkammer verfügt (Art. 33 Abs. 1 S. 4 EPGÜ).

2. Nichtigkeitswiderklage (Art. 33 Abs. 3 EPGÜ)

Art. 33 Abs. 3 S. 1 EPGÜ stellt zumindest klar, dass auch in einem Patentverletzungsverfahren die Nichtigkeitswiderklage vor der bereits angerufenen lokalen oder regionalen Kammer anhängig gemacht werden kann. Das EPGÜ gibt der mit dem Rechtsstreit befassten mitgliedstaatsbezogenen Kammer in einem solchen Fall drei Möglichkeiten, wie sie weiterverfahren kann. Gemäß Art. 33 Abs. 3 S. 2 a EPGÜ kann das Gericht unter Hinzuziehung eines für den konkreten Fall geeigneten technischen Richters aus dem Richterpool das Verfahren fortsetzen und sowohl über die Patentverletzungsklage als auch über die Patentnichtigkeitswiderklage entscheiden. Gemäß Art. 33 Abs. 3 S. 2 b EPGÜ kann die mitgliedstaatsbezogene Kammer auch die Widerklage abtrennen und an die Zentralkammer verweisen. Sie hat in diesem Falle auch zu entscheiden, ob dann das Verfahren über die noch bei ihr anhängige Patentverletzungsklage ausgesetzt oder fortgesetzt wird. Zuletzt kann sich die angerufene Kammer mit Zustimmung der Parteien entscheiden, den gesamten Rechtsstreit an die Zentralkammer abzugeben (Art. 33 Abs. 3 S. 2 c EPGÜ). Während für die Verfahrensmöglichkeiten der Gesamtverhandlung vor der mitgliedstaatsbezogenen Kammer und der Trennung der beiden Klagen lediglich eine Anhörung der Parteien zu erfolgen hat, kann eine Gesamtverweisung an die Zentralkammer nur mit Zustimmung der Parteien erfolgen.

Entsprechende Wahlmöglichkeiten der angerufenen mitgliedstaatsbezogenen Kammern bestehen auch, wenn zunächst nur eine Patentnichtigkeitsklage vor der Zentralkammer anhängig war und erst zeitlich danach eine Patentverletzungsklage vor einer Lokal- oder Regionalkammer erhoben worden ist (Art. 33 Abs. 5 EPGÜ). Dabei beschränkt sich die Wahl naturgemäß auf die Verweisung auch des Verletzungsverfahrens an die Zentralkammer oder aber dessen selbständige Fortsetzung oder Aussetzung. Die originäre Zuständigkeit der mitgliedstaatsbezogenen Kammern für Patentverletzungsklagen entfällt somit nicht durch die Erhebung einer Patentnichtigkeitsklage zwischen denselben Parteien vor der Zentralkammer.

Unklar ist, wonach sich das Ermessen des jeweils angerufenen Spruchkörpers bei seiner Entscheidung über das weitere Verfahren konkret richten soll. Der Wortlaut des Art. 33 EPGÜ weist hierzu keinerlei Anhaltspunkte auf und scheint eine reine Willkürentscheidung zuzulassen. Dieses ist insbesondere im Hinblick auf die fehlende Zustimmungsbedürftigkeit zur Möglichkeit der Trennung der Verletzungsklage und der Widerklage und der dadurch bedingten Auswechslung des entscheidenden Spruchkörpers bedenklich. Es mangelt zudem nicht nur an der Regelung der materiellen Gesichtspunkte, an denen sich die Rechtmäßigkeit der getroffenen Entscheidung überprüfen lassen könnte, sondern es fehlt auch prozessual an einem entsprechenden Rechtsbehelf der Parteien.

Einen Hinweis für den Umfang des Ermessensspielraums des angerufenen Gerichts könnte die Verfahrensordnung bereitstellen, die sich in den Regeln 37 und 38 mit dem Art. 33 EPGÜ befasst. In Regel 37 Ziff. 4 der Verfahrensordnung findet sich ein bei der Entscheidung des Gerichts zu berücksichtigender Gesichtspunkt. Wenn zunächst die mitgliedstaatsbezogene Kammer angerufen wurde, kann und soll eine Lokal-/Regionalkammer das Verletzungsverfahren aussetzen, wenn eine hohe Wahrscheinlichkeit dafür besteht, dass die Patentnichtigkeitsklage vor der Zentralkammer erfolgreich sein wird. Diese Wahlmöglichkeit, welche aus dem deutschen Trennungsprinzip bereits bekannt ist[710], ist bereits bedenklich. Denn es gibt außer der hohen Wahrscheinlichkeit der Nichtigkeit des Patents keinen ersichtlichen Grund, ein Verletzungsverfahren aufgrund einer Nichtigkeitswiderklage auszusetzen.

Die Aussetzung kann nur dazu dienen, einander widersprechende Entscheidungen zu vermeiden. Eine solche Gefahr besteht bei einer parallelen Patentnichtigkeitsklage nur, wenn anzunehmen ist, dass diese Patentnichtigkeitsklage erfolgreich ist. Nur dann ist es gerechtfertigt, den Patentinhaber im Patentverletzungsverfahren auf eine Entscheidung warten zu lassen. Die Regel 37 Ziff. 4 der Verfahrensregeln scheint daher den Kammern selbst die Entscheidung überlassen zu wollen, ob sie im Falle der Nichtigkeitswiderklage überhaupt prüfen,

---

[710] Siehe oben, S. 56 ff.

ob die Patentnichtigkeitsklage Aussicht auf Erfolg hat. Eine solche Prüfung ist nach dem Wortlaut der Regel 37 Ziff. 4 der Verfahrensordnung nicht zwingend notwendig, denn das Verfahren kann auch ohne die Wahrscheinlichkeit des Erfolges der Patentnichtigkeitsklage vorläufig eingestellt werden.

3. Klage auf Feststellung der Nichtverletzung und die Patentnichtigkeitsklage (Art. 33 Abs. 4 EPGÜ)

Die Klage auf Feststellung der Nichtverletzung eines Patents und die Patentnichtigkeitsklage fallen gemäß Art. 33 Abs. 4 S. 1 EPGÜ eigentlich in die originäre Zuständigkeit der Zentralkammer. Jedoch soll eine Ausnahme gelten, wenn zwischen denselben Parteien bezogen auf dasselbe Patent bereits eine Patentverletzungsklage vor einer Lokal- oder Regionalkammer anhängig ist. Dann sollen nur die bereits angerufenen mitgliedstaatsbezogenen Kammern auch über die Feststellungsklage und die Patentnichtigkeitsklage entscheiden dürfen (Art. 33 Abs. 4 S. 2 EPGÜ).

Eine weitere Ausnahme steht in Art. 33 Abs. 6 EPGÜ. Wird innerhalb von drei Monaten nach Erhebung einer negativen Feststellungsklage vor der Zentralkammer eine Patentverletzungsklage zum selben Patent vor einer Lokal- oder Regionalkammer zwischen denselben Parteien oder einem Inhaber einer ausschließlichen Lizenz und der klagenden Partei vor der Zentralkammer anhängig gemacht, dann ist das Verfahren vor der Zentralkammer auszusetzen (Art. 33 Abs. 6 EPGÜ). Auch bei einem solchen Sachverhalt genießt also das Verfahren vor den mitgliedstaatsbezogenen Kammern einen unbedingten Vorrang. Die Richter der Zentralkammer sind hinsichtlich der Aussetzungsentscheidung gebunden.

4. Sonderzuständigkeiten und Verweisungen (Art. 33 Abs. 2 EPGÜ)

a. Ausschließliche Zuständigkeit der Zentralkammer nach Art. 33 Abs. 2 S. 2 EPGÜ

Eine besondere Zuständigkeit der Zentralkammer statuiert Art. 33 Abs. 2 S. 2 EPGÜ nur für den Fall einer Patentverletzungsklage vor einer Regionalkammer, die auf einer Patentverletzung im Gebiet von mindestens drei Regionalkammern beruht. Auf Antrag des Beklagten hat die vom Kläger angerufene Regionalkammer die Patentverletzungsklage dann an die Zentralkammer zu verweisen. Dies ist eine Sonderzuständigkeit der Zentralkammer gegenüber der allgemeinen Zuständigkeit einer Regionalkammer gemäß Art. 33 Abs. 1 EPGÜ. Denn hiernach ist grundsätzlich die spezielle Regionalkammer zuständig, in deren Gerichtsbezirk die Verletzung erfolgt ist oder aber in deren Gerichtsbezirk der Beklagte beheimatet ist (Art. 33 Abs. 1 a EPGÜ). Auch der Wohnsitzgerichtsstand des Beklagten nach Art. 33 Abs. 1 b EPGÜ wird ausgehebelt. Art. 33 Abs. 2 S. 2 EPGÜ bietet damit die Möglichkeit, das an sich zuständige Gericht zu wechseln. Dieser Gerichtswechsel geschieht aber nur auf Wunsch des Beklagten und nicht des Klägers. Der mit der Anrufung einer Regionalkammer geäußerte Wunsch des Klägers, den Prozess eben vor diesem Gericht zu führen, wird gleichsam – wohl im Sinne einer größeren Sachnähe der Zentralkammer – missachtet. Eine vergleichbare Regelung findet sich in der ZPO nicht.

Hier könnte ein Einfallstor für die Erweiterung der Zuständigkeit der Zentralkammer sein. Ob diese in der Praxis eine erhebliche Bedeutung erlangen wird, wird davon abhängen, ob und wieviele Regionalkammern in den teilnehmenden Mitgliedstaaten geschaffen werden und welchen territorialen Umfang deren Gerichtsbezirke haben werden. Wenn man davon ausgeht, dass in fast jedem Vertragsmitgliedstaat eine Lokalkammer existieren wird, ist die Wahrscheinlichkeit, dass sogar drei Regionalkammergerichtsbezirke von einer Patentverletzung betroffen sind, gering. Fällt nur eine Patentverletzung in den Gerichtsbezirk einer Lokalkammer, dann scheidet die Zuständigkeit der Zentralkammer aus und es bleibt bei dem Regelfall des Art. 33 Abs. 1 EPGÜ. Insofern erscheint die Missachtung des klägerischen Wunsches in Art. 33 Abs. 2 S. 2 EPGÜ verkraftbar.

b. Verbindung von Verfahren (Art. 33 Abs. 2 S. 1, 3 EPGÜ)

Sobald eine Kammer des Gerichts erster Instanz angerufen wurde, um über eine Patentverletzungsklage (Art. 32 Abs. 1 a EPGÜ), den vorläufigen Rechtsschutz (Art. 32 Abs. 1 c EPGÜ), eine Schadensersatz-/Entschädigungsklage (Art. 32 Abs. 1 d EPGÜ), eine Klage aufgrund von Benutzung vor Eintragung (Art. 32 Abs. 1 g EPGÜ) oder aber eine Klage auf Zahlung einer Lizenzgebühr (Art. 32 Abs. 1 h EPGÜ) zu entscheiden, kann zwischen denselben Parteien hinsichtlich desselben Patents kein weiteres Verfahren vor einer anderen Kammer anhängig gemacht werden (Art. 33 Abs. 2 S. 1 EPGÜ). Geschieht dies dennoch, ist allein die zuerst angerufene Kammer zur Entscheidung über sämtliche Klagen berufen. Die weiteren Kammern haben die Klage „im Einklang mit der Verfahrensordnung für unzulässig zu erklären" (Art. 33 Abs. 2 S. 3 EPGÜ).

aa. Klageerhebung vor grundsätzlich zuständigen Kammern

Fraglich ist, ob die Verbindung mehrerer Verfahren und die gleichzeitige Zuweisung an die zuerst angerufene Kammer nach Art. 33 Abs. 2 S. 3 EPGÜ ebenfalls voraussetzt, dass die als erstes durch den Kläger angerufene Kammer überhaupt für das zunächst bei ihr anhängig gemachte Verfahren zuständig war. Zu prüfen ist also, ob eine zunächst unzuständige Kammer allein deshalb zuständig werden kann, weil sie von der klagenden Partei als erste angerufen wurde, bevor Klagen vor der oder den eigentlich zuständigen Kammern erhoben wurden. Entsprechendes gilt, wenn die weiteren Verfahren zunächst vor unzuständigen Kammern anhängig gemacht wurden und damit diese Klagen möglicherweise sofort hätten abgewiesen werden können. Die Zulässigkeit einer Verbindung der Klageverfahren könnte eine zunächst unzulässige Klage erneut in eine zulässige Klage „verwandeln". Im ersten Fall wäre zumindest für die Kläger die Möglichkeit des Forum-Shoppings zwischen den Kammern zunächst eröffnet. Ein Kläger liefe niemals Gefahr, dass seine zuerst beim unzuständigen Gericht erhobene Klage kostenpflichtig abgewiesen wird. Auch im zweiten Fall wäre eine kostenpflichtige Konsequenz aus der Anrufung eines unzuständigen Gerichts für den Kläger nicht zu befürchten. Ein Interesse des Klägers an der Anrufung einer weiteren Kammer dürfte aber als gering einzuschätzen sein.

Der Wortlaut des Art. 33 Abs. 2 S. 3 EPGÜ allein lässt hinsichtlich der vorgenannten Fragen keine Rückschlüsse zu. Allerdings legt der Wortlaut des Art. 33 Abs. 2 S. 1 EPGÜ nahe, dass es – außer der Anhängigkeit des Erstverfahrens – nicht der Erfüllung von weiteren Voraussetzungen für eine Verweisung und Verbindung aller anhängigen Verfahren bei der zuerst angerufenen Kammer bedarf.

Eine solche Auslegung des Art. 33 Abs. 2 S. 3 EPGÜ würde indes dem Normzweck des Art. 33 Abs. 2 EPGÜ widersprechen. Eine Verbindung von einzelnen Prozessen dient dem Zweck, gerichtliche Ressourcen effektiv einzusetzen und gleichzeitig für die Parteien interessen- und sachgerechte Lösungen des gesamten Konflikts zu ermöglichen[711]. Die Verfahren sollen gleichzeitig verhandelt und entschieden werden. Eine Verbindung verschiedener Verfahren erscheint aber sachwidrig, wenn bereits eines der Verfahren zum Zeitpunkt der Verbindung entscheidungsreif ist. Es kann durch eine Verbindung des bereits entscheidungsreifen Verfahrens nicht mehr zu einer Zeitersparnis kommen. Vielmehr würde dies zur Verzögerung des Verfahrens führen. Eine gleichzeitige Entscheidung aller Verfahren ist dann nicht mehr angezeigt.

---

[711] *Stadler*, in: Musielak/Voit, § 147 ZPO Rn. 1; *Wendtland*, in: BeckOK ZPO, § 147 Rn. 1.

Fehlt es an der Zuständigkeit der angerufenen Kammer, kann es zu einander widersprechenden Urteilen nur noch in dem seltenen Fall kommen, dass sich auch die weiteren angerufenen Kammern für unzuständig halten. Die Annahme, dass nach Art. 33 Abs. 2 EPGÜ eine unzuständige Kammer durch Verweisung zuständig und damit eine unzulässige Klage zulässig werden sollte, steht zudem im Widerspruch zu dem Ziel, zukünftig das Forum-Shopping in Europa zu verhindern.

Demnach setzt eine Verbindung mehrerer vor verschiedenen Kammern anhängiger Verfahren voraus, dass die Klagen zunächst vor zuständigen Kammern erhoben worden sind.

bb. Verweisung an Kammern derselben Gerichtsorganisation

Dass die weiteren Verfahren gem. Art. 33 Abs. 2 S. 3 EPGÜ für unzulässig zu erklären sind, folgt unmittelbar aus Art. 33 Abs. 2 S. 1 EPGÜ. Fraglich ist, ob dies auch die Abweisung der nachfolgenden Klagen zur Folge hat. Dem Wortlaut der Norm ist dies nicht zu entnehmen. Das EPGÜ oder die Verfahrensordnung sehen aber auch keine explizite Verweisungsoption der angerufenen Kammern für einen solchen Fall vor.

Trotz des Fehlens eines expliziten Hinweises ist eine Verweisung von Amts wegen aufgrund einer systematischen Auslegung des Art. 33 Abs. 2 EPGÜ anzunehmen. Unterstellt man, dass eine solche Verweisungsmöglichkeit nicht vorgesehen und von den teilnehmenden Mitgliedstaaten nicht bezweckt gewesen ist, dann hätte Art. 33 Abs. 2 S. 3 EPGÜ keinen eigenen Regelungsgehalt. Da schon Art. 33 Abs. 2 S. 1 EPGÜ bestimmt, dass bei einer bereits anhängigen Klage eine weitere Klage zwischen denselben Parteien hinsichtlich desselben Patents nicht vor einer anderen Kammer anhängig gemacht werden kann, ergibt sich im Umkehrschluss, dass jede weitere angerufene Kammer unzuständig ist und damit die dort anhängigen Klagen als unzulässig abgewiesen werden müssten.

Art. 33 Abs. 2 S. 3 EPGÜ besagt aber darüber hinaus, dass im Falle mehrerer Klagen bei unterschiedlichen Kammern zwischen denselben Beteiligten hinsichtlich desselben Patents die zuerst angerufene Kammer „für das gesamte Verfahren zuständig [ist]". Er sieht also keine Abweisung der weiteren Klagen vor, sondern fasst die Klagen zu einem Gesamtverfahren zusammen. Er strebt damit die Entscheidung des gesamten Rechtsverhältnisses durch nur eine Kammer an. Die Verfahren sollen also im Wege der Verbindung zu einem Prozess zusammengefasst werden. Die Verbindung soll sowohl für die Parteien als auch für die Kammern zwingend sein. Eine Verweisung der weiteren Rechtsstreitigkeiten an die zuständige Kammer zum Zwecke der Verbindung wird folglich vom Art. 33 Abs. 2 S. 3 EPGÜ stillschweigend vorausgesetzt.

Dies ist im Sinne der Prozessökonomie und der Verhinderung von einander widersprechenden Entscheidungen verschiedener Kammern zu begrüßen. Es ist vor dem gegebenen Sachzusammenhang der Klagen durch die Partei- und Patentidentität auch gerechtfertigt. Entsprechendes kennt das deutsche Zivilprozessrecht in § 147 ZPO aus den gleichen Erwägungen[712]. Allerdings sieht § 147 ZPO nur eine Verbindung von mehreren bei einem Gericht anhängigen Prozessen vor. Dabei meint die Bezeichnung „Gericht" dasselbe Gericht in der gleichen Instanz[713], also etwa das Landgericht X als erste Instanz, und nicht zwei unterschiedliche, aber auf einer Ebene in der Gerichtsorganisation stehende Gerichte. Eine Verbindung zweier Verfahren, bei welchen das eine vor dem Landgericht X und das andere vor dem Landgericht Y anhängig ist, ist nicht möglich. Eine Verbindung von zwei Prozessen kann in Deutschland nur innerhalb einer Gerichtsorganisation stattfinden. Es soll eine Verbindung von solchen Verfahren erfolgen, die lediglich zufällig aufgrund des Geschäftsverteilungsplans zu unterschiedlichen Spruchkörpern derselben Gerichtsorganisation gelangt sind.

Auch beim Einheitlichen Patentgericht bilden gemäß Art. 7 Abs. 1 EPGÜ alle Kammern erst das Gericht erster Instanz. Die Kammern sind nicht mit den verschiedenen Amts- und Landgerichten gleichzusetzen. Das Einheitliche Patentgericht ist, wie Art. 1 EPGÜ bereits sagt, „ein gemeinsames Gericht der Vertragsmitgliedstaaten", welches lediglich seine einzelnen Einheiten auf unterschiedliche Standorte verteilt hat. Nach der grundsätzlichen Klärung der sachlichen Zuständigkeit des Einheitlichen Patentgerichts in Art. 32 EPGÜ geht es in Art. 33 EPGÜ ausschließlich noch um die gerichtsinterne Zuständigkeitsverteilung[714].

Entgegen dem Wortlaut des Art. 33 Abs. 2 S. 3 EPGÜ ist damit eine Klageabweisung durch Prozessurteil ausgeschlossen. Es ist vielmehr davon auszugehen, dass die angerufene Kammer sich lediglich für unzuständig erklärt und die Klage an die zuständige Kammer verweist.

---

[712] Für die Erwägungen des § 147 ZPO siehe *Wagner*, in: MünchKomm ZPO, § 147 ZPO Rn. 1.
[713] *Stadler*, in: Musielak/Voit, § 147 ZPO Rn. 2.
[714] Siehe oben, S. 192.

5. Prorogation (Art. 33 Abs. 7 EPGÜ)

Gemäß Art. 33 Abs. 7 EPGÜ können sich die am Rechtsstreit beteiligten Parteien auch auf eine bestimmte Kammer des Einheitlichen Patentgerichts als zuständiges Gericht einigen und damit eine Gerichtsstandswahl treffen[715]. Eine lokale, regionale oder Zentralkammer kann folglich aufgrund der Vereinbarung der Parteien erstinstanzlich zuständig sein. Welche bzw. ob weitere Voraussetzungen für die Wirksamkeit einer solchen grundsätzlich zulässigen Gerichtsstandsvereinbarung zu erfüllen sind, wird im EPGÜ nicht geregelt. Insbesondere bleibt an dieser Stelle noch unklar, ob Art. 25 EuGVVO entsprechende Anwendung finden kann. Es stellt sich auch die Frage nach der Begründung der Zuständigkeit eines angerufenen Gerichts durch rügelose Einlassung der beklagten Partei gemäß Art. 26 EuGVVO. Lediglich die Unzulässigkeit einer Gerichtsstandsvereinbarung, durch welche die Zuständigkeit eines außerhalb des Gerichtssystems des Patentgerichts stehenden Gerichtssystems begründet werden soll, steht aufgrund der getroffenen Regelung fest. Dies ist Folge der Anordnung der ausschließlichen Zuständigkeit des neuen Patentgerichtssystems für sämtliche Patentstreitigkeiten betreffend Europäische Patente, also sowohl der Bündelpatente als auch der Einheitspatente. Dies steht auch im Einklang mit der bereits dargelegten Verteilung der internationalen Zuständigkeit und der Feststellung, dass die internationale Zuständigkeit des Einheitlichen Patentgerichts weder prorogiert noch derogiert werden kann[716].

IV. Konsequenzen der gerichtsinternen Zuständigkeitsverteilung

1. Teilweise Aufgabe des Trennungsprinzips

Ein Vergleich dieses neuen Systems der Zuständigkeitsverteilung innerhalb des Einheitlichen Patentgerichts mit dem deutschen System der Trennung der Verfahrensarten in der ersten Instanz[717], führt zu der Feststellung, dass der Grundsatz der Aufteilung von Patentnichtigkeits- und Verletzungsverfahren nur noch rudimentär fortbesteht. Grundsätzlich sollen die Verfahren zwischen der Zentralkammer und den Regional- und Lokalkammern aufgeteilt werden. Für die jeweiligen Klagen werden jedoch – mit Ausnahme der Klagen, die sich gegen Entscheidungen des EPA wenden (Art. 15 Abs. 1 g EPGÜ) – subsidiäre Zu-

---

[715] Gemäß Art. 33 Abs. 7 PGÜ ist nur eine Gerichtsstandswahl im Falle einer Klage gegen Entscheidungen des EPA nach Art. 9 EU-PatVO (Art. 32 Abs. 1 i PGÜ) ausgeschlossen.
[716] Siehe oben, S. 162.
[717] Siehe oben, S. 52 ff.

ständigkeiten anderer Kammer eröffnet. So kann etwa ein Beklagter in einem Patentverletzungsverfahren durch die Nichtigkeitswiderklage erreichen, dass sich die angerufene Regionalkammer auch mit der Nichtigkeit des Patents auseinandersetzen muss. Auch die Zentralkammer kann subsidiär für Patentverletzungsverfahren zuständig sein.

Zudem weicht die Zulässigkeit der Parteivereinbarung zur Begründung der Zuständigkeit jeder Kammer unabhängig vom Verfahrensgegenstand das Trennungsprinzip auf. Es kann nicht mehr von den ausschließlichen, dem Willen der Parteien vollkommen entzogenen Zuständigkeiten der einzelnen Kammern gesprochen werden. Erst recht kann von einem Trennungsprinzip nicht mehr die Rede sein, wenn man sich vor Augen führt, dass nach der Konstruktion des EPGÜ die einzelnen Kammern keine voneinander unabhängigen Einheiten eines Gerichtssystems darstellen. Sie sind vielmehr als Spruchkörper ein- und desselben Gerichts anzusehen, die lediglich räumlich voneinander getrennt sind. Sie sind vergleichbar mit den Kammern eines Landgerichts, welche auf verschiedene Standorte aufgeteilt sind. Insofern nimmt Art. 33 EPGÜ die Aufgabe einer gerichtsinternen Geschäftsverteilung war.

2. Ausschluss des Nichtigkeitseinwands

Im EPGÜ wird nicht ausdrücklich geklärt, ob in dem gemeinsamen Rechtsschutzsystem noch die Erhebung des bloßen Nichtigkeitseinwands zulässig sein soll oder wie die Gerichte mit dem bloßen Nichtigkeitseinwand umzugehen haben. Ebenfalls nicht im Übereinkommenstext geregelt ist, dass ein Beklagter stets gezwungen ist, eine Nichtigkeitswiderklage zu erheben, um die Nichtigkeit eines Patents geltend machen zu können. Allerdings lassen die Regelung der Nichtigkeitswiderklage im Übereinkommenstext und die diesbezüglichen Verfahrensregelungen in Regel 25 der Verfahrensordnung, keinen anderen Schluss zu, als dass der bloße Nichtigkeitseinwand unzulässig ist. Die Regel 25 lautet wie folgt:

> „If the Statement of defence includes an assertion that the patent alleged to be infringed is invalid the Statement of defence shall include a Counterclaim against the proprietor of the patent for revocation of said patent in accordance with Rule 42."

3. Kritik

Die Zuständigkeitsverteilung innerhalb der ersten Instanz des Einheitlichen Patentgerichtssystems ist unübersichtlich und unnötig kompliziert. Eine stringente Zuständigkeitsverteilung lässt sich angesichts der mannigfaltigen Ausnahmen zu jeder einzelnen Zuständigkeitszuweisung nicht mehr erkennen. Im Ergebnis ist festzuhalten, dass das neue Gerichtssystem zwar noch eine gewisse Trennung verschiedener Klagearten kennt, jedoch im Gegensatz zur deutschen Zuständigkeitsverteilung keine Verteilung auf unterschiedliche Rechtszüge, sondern lediglich auf gleichgestellte Einheiten des gleichen Rechtszugs vornimmt. Dennoch wird die Trennung nicht konsequent durchgehalten. Die klare Trennung der Streitigkeiten um Bestand und Verletzung eines Patents wird aufgehoben.

Damit verliert die in Art. 33 EPGÜ vorgenommene Aufteilung der Klagearten zwischen den Regional- und Lokalkammern auf der einen Seite und der Zentralkammer auf der anderen Seite ihren Sinn[718]. Es könnte im Gegenteil viel praktikabler sein, alle Klagearten grundsätzlich vor jeder Kammer zuzulassen und damit das Trennungsprinzip vollständig aufzugeben.

Angesichts der unterschiedlichen Besetzung der einzelnen Spruchköper der Kammern ist die lediglich vordergründig aufrecht erhaltene Trennung der Klagearten nicht mehr nachvollziehbar[719]. Es ist beispielsweise möglich, dass eine Patentverletzungsklage vor einem mit drei juristisch qualifizierten Richtern besetzten Spruchkörper einer Regional- bzw. Lokalkammer verhandelt wird. Ebenso könnte dieselbe Patentverletzungsklage im Falle einer Patentnichtigkeitswiderklage auch gemäß Art. 33 Abs. 3 c EPGÜ von der Regional- oder Lokalkammer an die Zentralkammer abgegeben werden. Dort würde hingegen die Richterbank gemäß Art. 6 Abs. 6 EPGÜ aus zwei juristisch qualifizierten Richtern und einem technischen Richter bestehen. Der technische Richter ist bei Regional- und Lokalkammern lediglich optional und als vierter Richter hinzuzuziehen (Art. 6 Abs. 5 EPGÜ). Ein sachlicher Grund für die Möglichkeit der unterschiedlichen Besetzung des Spruchkörpers ist nicht ersichtlich. Nach Abgabe des gesamten Verfahrens an die Zentralkammer würden weniger Richter entscheiden, als wenn das gesamte Verfahren bei der mitgliedstaatsbezogenen Kammer verbleiben würde. Zwar droht durch eine unterschiedliche Besetzung der Richterbank und der Anzahl der entscheidenden Richter den Parteien kein unmittelbarer Nachteil. Insbesondere wären die Parteien nicht in ihrem Recht

---

[718] A.A. *Fuchs*, S. 257 f., 263.
[719] *Meier-Beck*, GRUR 2014, 144, 146.

auf rechtliches Gehör verletzt. Doch kann der Vorwurf der Ungleichbehandlung nicht von vornherein von der Hand gewiesen werden.

Der gefundene Kompromiss zwischen Einheits- und Trennungsprinzip könnte aber den Vorteil haben, dass das angerufene Gericht lediglich im Falle der Erhebung der Nichtigkeitswiderklage gezwungen ist, sich mit der Wirksamkeit eines Patents zu beschäftigen. Eine Prüfung von Amts wegen scheidet weiterhin aus, so dass hieraus eine gewisse Zeitersparnis folgen kann. Ob diese theoretische Zeitersparnis sich auch in der Praxis verwirklichen wird, muss die Zukunft zeigen.

Das Risiko einer Verfahrensverzögerung durch die Erhebung einer Nichtigkeitswiderklage wird auch durch Art. 33 Abs. 3 a EPGÜ minimiert. Art. 33 Abs. 3 a EPGÜ eröffnet der angerufenen Kammer die Möglichkeit von einer Abgabe an die Zentralkammer abzusehen. Stattdessen kann die mitgliedtsaatsbezogene Kammer auch selbst über den gesamten Rechtsstreit entscheiden. Auch der Ausschluss einer Nichtigkeitsklage vor der Zentralkammer gemäß Art. 33 Abs. 4 EPGÜ, wenn bereits eine Verletzungsklage vor einer Regional- oder Lokalkammer anhängig ist, begünstigt einen zügigen Prozessverlauf.

Nur wenn ein Patentverletzer durch die Erhebung einer Nichtigkeitsklage bei der Zentralkammer einer Patentverletzungsklage vor einer mitgliedstaatsbezogenen Kammer zuvorkommt, ist zweifelhaft, ob die mitgliedsstaatsbezogene Kammer auch das Nichtigkeitsverfahren an sich ziehen kann. Art. 33 Abs. 5 EPGÜ verweist hier lediglich pauschal auf Art. 33 Abs. 3 EPGÜ. Bereits der Wortlaut des Art. 33 Abs. 3 a EPGÜ, der sich nur auf Nichtigkeitswiderklagen bezieht, spricht dagegen. Es bleibt lediglich die Wahl, das Patentverletzungsverfahren auszusetzen oder aber es auch an die Zentralkammer zur gemeinsamen Verhandlung abzugeben.

Der damit bestehenden Gefahr zweier getrennter Verfahren an unterschiedlichen Orten kann der Patentinhaber entgehen, indem er von einer Erhebung der Patentverletzungsklage bei einer Regional- oder Lokalkammer absieht. Stattdessen kann er gem. Art. 33 Abs. 5 EPGÜ die Patentverletzungsklage – in Kenntnis der anhängigen Patentnichtigkeitsklage – direkt bei der Zentralkammer anhängig machen.

Mit seiner vorherigen Nichtigkeitsklage könnte der vermeintliche Patentverletzer dann nur erreichen, dass statt einer Regional- oder Lokalkammer die Zentralkammer über das gesamte Verfahren entscheidet. Besonders attraktiv ist die vorauseilende und kostenauslösenden Nichtigkeitsklage – wie sie derzeit noch zum Zwecke des Forum-Shoppings praktiziert wird – dann nicht mehr.

C. Örtliche Zuständigkeit der sachlich zuständigen Lokal- und Regionalkammern nach Art. 33 EPGÜ

Sobald die sachliche Zuständigkeit der Lokal- und Regionalkammer feststeht, stellt sich die Frage nach der Verteilung der Verfahren unter den vorhandenen Kammern. Es ist also auch die örtliche Zuständigkeit der mitgliedstaatsbezogenen Kammern zu klären. Diese ist ebenfalls in Art. 33 Abs. 1 EPGÜ geregelt.

Die örtliche Zuständigkeit der einzelnen Lokal- und Regionalkammern bestimmt sich nach dem Ort, an dem die Verletzung tatsächlich eingetreten ist, oder dem Ort, an dem sie einzutreten droht (Art. 33 Abs. 1 a EPGÜ). Alternativ kommt eine Klage am Wohnsitz des Beklagten bzw. bei mehreren Beklagten dem Wohnsitz eines Beklagten (Art. 33 Abs. 1 b EPGÜ) in Betracht. Handelt es sich bei dem Beklagten nicht um eine natürliche Person, sondern um ein Unternehmen, dann richtet sich die Zuständigkeit nach dem Hauptsitz des Unternehmens. Wenn das Unternehmen keinen Hauptsitz auf dem Gebiet der Mitgliedstaaten hat, dann wird die Zuständigkeit in den Vertragsstaaten begründet, in welchen das Unternehmen einen Geschäftssitz hat (Art. 33 Abs. 1 b EPGÜ). Liegen weder Wohn-, Haupt- noch Geschäftssitz der beklagten Partei in einem am EPGÜ teilnehmenden Vertragsstaat, dann richtet sich die örtliche Zuständigkeit der Lokal- und Regionalkammern nach Art. 33 Abs. 1 a EPGÜ. Dann kann wahlweise aber auch Klage bei der Zentralkammer erhoben werden (Art. 33 Abs. 1 S. 2 EPGÜ). Entsprechendes gilt, wenn keine örtlich zuständige Lokal- oder Regionalkammer existiert, bei der eine Klage eingereicht werden könnte (Art. 33 Abs. 1 S. 4 EPGÜ).

Die örtliche Zuständigkeit der Lokal- und Regionalkammern kann sich nach dem Vorgesagten entweder nach dem Verletzungsgerichtsstand oder aber nach dem Wohnsitzgerichtsstand des Beklagten bestimmen und ist damit im Vergleich zu der internationalen als auch der sachlichen Zuständigkeit relativ simpel ausgestaltet.

I. Verletzungsgerichtsstand gemäß Art. 33 Abs. 1 a EPGÜ

Für das Europäische Bündelpatent wird die bereits vorhandene Gerichtsbarkeit der Vertragsstaaten auf das neue Gericht überführt. Es ändert sich daher für dieses nur der zuständige Instanzenzug. Es kann weiterhin nur in seinem auf den jeweiligen Vertragsstaat beschränkten Geltungsbereich verletzt werden, so dass statt des für den Vertragsstaat zuständigen innerstaatlichen Gerichts nunmehr die für den Vertragsstaat zuständige Lokal- oder Regionalkammer zuständig wird. Die Vertragsstaaten bilden damit im System des Einheitlichen Patentgerichts gewissermaßen die Gerichtsbezirke[720].

Für das Einheitspatent gestaltet sich die Bestimmung des Verletzungsortes schwieriger. Trotz des für das Einheitspatent einheitlichen Geltungsbereichs ist es daher zur Bestimmung der örtlich zuständigen Kammer notwendig, den Verletzungsort i.S.d. Art. 33 Abs. 1 a EPGÜ zu eruieren.

Ein Einheitspatent ist im Gegensatz zum Bündelpatent aufgrund seines einheitlichen Schutzbereichs gleichzeitig in allen Vertragsstaaten verletzt[721]. Wäre der Ort entscheidend, in dem die Verletzung eingetreten ist, würde dies zu einer örtlichen Zuständigkeit der Kammern aller Vertragsmitgliedstaaten führen. Eine Allzuständigkeit würde zu einer freien Auswahl der örtlich zuständigen Kammer, also zur Ausweitung des Forum-Shoppings, führen[722]. Eine Konzentration der Patentstreitigkeiten auf bestimmte mitgliedstaatsbezogene Kammern könnte die unerwünschte Folge sein. Art. 33 Abs. 1 a EPGÜ hätte bei einer solchen Auslegung aber keinen eigenen Regelungsgehalt. Eine Allzuständigkeit widerspräche dem Wortlaut des Art. 33 Abs. 1 a EPGÜ, der die Örtlichkeit konkretisiert und von einem Vertragsmitgliedstaat spricht, in dessen Gebiet die tatsächliche oder drohende Verletzung erfolgt ist. Art. 33 Abs. 1 a EPGÜ ist daher nicht dahingehend auszulegen, dass die Kammer zuständig ist, in deren Bezirk die Verletzung als Erfolg eingetreten ist. Zur näheren Bestimmung der örtlich zuständigen Kammer kann hier nur der Ort der konkreten Verletzungshandlung herangezogen werden[723].

II. Wohnsitz-/Sitzgerichtsstand gemäß Art. 33 Abs. 1 b EPGÜ

Wenn der Beklagte seinen Wohnsitz bzw. Sitz in einem der Vertragsstaaten genommen hat, dann ist die für diesen Vertragsstaat zuständige mitgliedstaatsbezogene Kammer für einen Patentrechtsstreit zuständig. Auch hier richtet sich die Zuständigkeit nach den Gerichtsbezirken der lokalen und regionalen Kammern des Einheitlichen Patentgerichts. Am Wohnsitz-/Sitzgerichtsstand können alle Klagen erhoben werden, für die die mitgliedstaatsbezogenen Kammern zuständig sind. Wenn der Beklagte nicht in einem Vertragsstaat ansässig ist, dient als Auffanggericht die Zentralkammer.

---

[720] Siehe oben, S. 152.
[721] Siehe oben, S. 99 ff.
[722] *Schöer*, GRUR Int. 2013, 1102, 1103.
[723] Siehe oben, S. 28 zur Internationalen Zuständigkeit eines Unionsmarkengerichts am Handlungsort; so wohl auch *Fuchs*, S. 181.

III. Fazit

Die Bestimmung der örtlichen Zuständigkeit der mitgliedstaatsbezogenen Kammern richtet sich sowohl in Patentstreitigkeiten um das Bündel- als auch das Einheitspatent entweder nach den in deren Gerichtsbezirke fallenden Verletzungshandlung oder aber nach dem Wohnsitz bzw. Sitz des Beklagten. Die Territorien der Vertragsstaaten bilden dabei die einzelnen Gerichtsbezirke der lokalen oder regionalen Kammern. Sollte der Beklagte keinen Wohnsitz in einem Vertragsstaat haben, ist die Zentralkammer zur Entscheidung über den Patentstreit berufen.

§ 7 Schlussbetrachtung

1. Der grenzüberschreitende Schutz von Erfindungen durch die Erteilung von Patenten hat sich seit dem ersten erteilten Patent im 15. Jahrhundert nur sehr langsam, unstet und geprägt von mannigfaltigen Rückschlägen weiterentwickelt[724].

Während für andere Immaterialgüter in der EU durch unmittelbare EU-Verordnungen bereits Gemeinschaftsrechtsgüter mit einem einheitlichen Geltungsbereich geschaffen wurden[725], entstand für das Patent auch mit der Einführung des Europäischen Patents durch das EPÜ als „nur" völkerrechtlicher Vertrag kein einheitliches Rechtsgut. Auch das Europäische Patent blieb bislang territorial begrenzt und endete aufgrund seines Charakters als Bündelpatent an den Landesgrenzen des jeweiligen Benennungsstaates. Ein einheitliches materielles Patentrecht, wie es etwa durch die GemeinschaftsmarkenVO für die Unionsmarke geschaffen wurde, existiert auf dem Gebiet des Patentrechts nicht[726].

2. Ebenso – und durch die materielle Rechtslage bedingt – ist die Gerichtsbarkeit bezüglich der Durchsetzung Europäischer Patente bislang auf die jeweiligen EPÜ-Staaten begrenzt. Anders als bei den bereits geschaffenen Unionsrechtsgütern, die durch eine europäische Behörde erteilt werden, ist eine unmittelbare Gerichtsbarkeit des EuGH ausgeschlossen. Die Gerichtsbarkeit über Europäische Patente ist bislang allein den Vertragsstaaten des EPÜ überlassen. Das EPÜ enthält bezüglich der Gerichtsbarkeit keine Vorgaben[727].

Die Gerichtsbarkeit bezüglich der Gemeinschaftsgüter wird indes in den betreffenden Verordnungen überwiegend auf besonders bezeichnete nationale Gerichte verteilt, die ihre Aufgabe dann als Unionsgerichte wahrnehmen[728].

3. Aufgrund des bislang nationalen Charakters des Europäischen Patents ist die Gerichtsbarkeit in den verschieden Vertragsstaaten sehr unterschiedlich ausgestaltet. Insbesondere der Nichtigkeitseinwand in einem Patentverletzungsprozess hat über ein klares Trennungsprinzip in Deutschland, einem Einheitsprinzip in Frankreich und England, und einer Mischform in der Schweiz verschie-

---

[724] Siehe oben, S. 5 ff.
[725] Siehe oben, S. 20 ff.
[726] Siehe oben, S. 12 ff.
[727] Siehe oben, S. 46 ff.
[728] Siehe oben, S. 20 ff.

denartige Behandlungen durch die Ausgestaltung unterschiedlicher Gerichtsstrukturen erfahren[729].

4. Die fehlenden einheitlichen materiellen und verfahrensrechtlichen Regelungen führen bislang zu einer fehlenden einheitlichen Rechtsprechung. Die unabhängigen Gerichtsbarkeiten der jeweiligen Nationen und die Bestimmung der internationalen Zuständigkeit nach den Regelungen der EuGVVO begünstigen das Forum-Shopping in Patentstreitigkeiten betreffend Europäischer Patente[730]. Dieser Zustand soll nun durch das EPGÜ zur Schaffung des Einheitlichen Patentgerichts nicht nur für das Bündelpatent, sondern insbesondere auch für das durch die EU-PatVO neu geschaffene Einheitspatent überwunden werden[731].

5. Auch für das Einheitspatent wird kein einheitliches materielles Patentrecht geschaffen. Das Einheitspatent ist ein Patent, für das lediglich das Recht eines Mitgliedstaates im gesamten internationalen Geltungsbereich gelten soll[732].

6. Die Anordnung der Geltung des Rechts eines teilnehmenden EU-Mitgliedstaates führt durch die primäre Orientierung an dem Recht des Ortes des Sitzes des Patentinhabers zur Eröffnung der Möglichkeit des „Law-Shoppings" durch eine bewusste Sitzwahl der Unternehmensstandorte. Das „Law-Shopping" wird durch eine Umsetzung der Art. 25 ff. EPGÜ in materielles nationales Patentrecht nicht verhindert. Das in Art. 25 ff. EPGÜ nicht geregelte Patentrecht bleibt weiterhin den nationalen Rechtsordnungen und den nationalen Gesetzgebern überlassen[733].

7. Auch für Europäische Bündelpatente sollen die Art. 25 ff. EPGÜ Geltung erlangen[734]. Ein Europäisches Patent kann damit nicht mehr dieselbe Wirkung haben und denselben Vorschriften unterliegen wie ein nationales Patent des Staates, für dessen Territorium es erteilt wurde, vgl. Art. 2 Abs. 2 EPÜ. Das setzte voraus, dass die Art. 25 ff. EPGÜ auch für nationale Patente in innerstaatliches Recht umgewandelt würden. Entsprechende nationale Bestrebungen sind derzeit nicht erkennbar[735].

8. Art. 25 ff. EPGÜ werden auch für bereits bestehende Europäische Patente nach deren Umsetzung in nationales Recht in den Vertragsstaaten des EPGÜ unmittelbare Wirkung entfalten. Insoweit könnte es zu Konkurrenzen zwischen

---

[729] Siehe oben, S. 51 ff.
[730] Siehe oben, S. 92 ff.
[731] Siehe oben, S. 16 ff., 116 f.
[732] Siehe oben, S. 99 ff.
[733] Siehe oben, S. 101 ff.
[734] Siehe oben, S. 113 ff.
[735] Siehe oben, S. 111.

den Vertragsstaaten des EPGÜ und den Nicht-Vertragsstaaten kommen, soweit ein Europäisches Patent mit Geltungsbereich in diesen Vertragsstaaten betroffen ist. Während in einem Vertragsstaat das nationale, gemäß Art. 25 ff. EPGÜ vereinheitlichte materielle Recht anzuwenden ist, wird im Nichtvertragsstaat das genuin nationale Patentrecht Anwendung finden. Letztlich ist dies jedoch die Fortsetzung der bereits im EPÜ-System angelegten Konkurrenz der nationalen Rechtsordnungen der EPÜ-Vertragsstaaten[736].

9. Die Durchsetzung des Bündel- und des Einheitspatents soll durch die neue Gerichtsbarkeit des Einheitlichen Patentgerichts gewährleistet werden. Aus Sicht des Grundgesetzes handelt es sich beim Einheitlichen Patentgericht nicht um ein nationales Gericht, sondern um eine zwischenstaatliche Einrichtung i.S.d. Art. 24 Abs. 1 GG, an der Deutschland beteiligt ist, die aber selbst keine supranationale Organisation ist. Als zwischenstaatliche Einrichtung i.S.d. Art. 24 Abs. 1 GG ist das Einheitliche Patentgericht nicht an das Grundgesetz gebunden. Es muss nur dem vom Grundgesetz geforderten Mindeststandard genügen[737].

10. Die Gerichtsbarkeit des Einheitliches Patentgerichts verfügt über zwei Instanzen. In der ersten Instanz wird diese auf mitgliedstaatsbezogene Kammern (Lokal- und Regionalkammern) und auf die Zentralkammer aufgeteilt.

Die Zusammensetzung der Spruchkörper des Einheitlichen Patentgerichts ist bislang kaum vorhersehbar und teilweise von dem Willen der Parteien oder des Gerichts abhängig. Die Besetzung der Spruchkörper der Lokalkammern ist von der Anzahl der anhängigen Verfahren abhängig. Die Besetzung einer Regionalkammer ist unklar, sobald mehr als zwei Staaten an der Regionalkammer beteiligt sind. Art. 6 Abs. 2 EPGÜ trifft eine Besetzungsregelung nur für den Fall, dass sich zwei Vertragsstaaten in einer Regionalkammer zusammenschließen[738]. Auch die Zuweisung eines konkreten technischen Richters zu den mitgliedstaatsbezogenen Kammern erfolgt von Fall zu Fall und ist nicht vorhersehbar. Lediglich die Frage nach dem „Ob" der Zuweisung ist für die Parteien steuerbar[739].

11. Beim Einheitlichen Patentgericht handelt es sich aus europarechtlicher Sicht, um ein „Gericht eines Mitgliedstaates" i.S.d. Art. 267 AEUV[740]. In Patentstreitsachen um EU-Patente kann daher gemäß Art. 71 b EuGVVO die in-

---

[736] Siehe oben, S. 113 ff.
[737] Siehe oben, S. 130 ff.
[738] Siehe oben, S. 137 ff.
[739] Siehe oben, S. 140.
[740] Siehe oben, S. 119 ff.

ternationale Zuständigkeit der Gerichte eines teilnehmenden Mitgliedstaats auf das Einheitliche Patentgericht übergeleitet werden. Soweit ein Mitgliedstaat nicht am EPGÜ teilnimmt, verbleibt es bei seiner internationalen Zuständigkeit. Bezüglich der rein nationalen Patente bleibt es bei den allgemeinen Regeln der EuGVVO[741].

12. Für das Europäische Bündelpatent wird Art. 24 Nr. 4 EuGVVO i.V.m Art. 71 b Nr. 1 EuGVVO zu keiner tiefgreifenden Veränderung führen. Art. 24 Nr. 4 EuGVVO wird weiterhin die Zuständigkeit der nationalen Gerichte begründen, in denen das Europäische Patent Geltung erlangen soll. Von diesen Staaten wird dann die Zuständigkeit auf das Einheitliche Patentgericht übergeleitet, wenn der Staat auch Vertragsstaat des EPGÜ ist. Auch hinsichtlich des Einheitspatents bleibt die Fiktionswirkung der Anmeldung der Registereintragung entscheidend für die Bestimmung der Zuständigkeit nach Art. 24 Nr. 4 EuGVVO. Damit wird Art. 24 Nr. 4 EuGVVO in Bezug auf Einheitspatente erheblich an Bedeutung verlieren, da die Nichtigkeit des Patents letztlich von jedem Gericht der an der Verstärkten Zusammenarbeit teilnehmenden Mitgliedstaaten gemäß Art. 24 Nr. 4 EuGVVO festgestellt bzw. geprüft werden kann, wenn diese auch Vertragsstaaten des EPGÜ sind. Auch dann findet eine Überleitung an das Einheitliche Patentgericht statt[742].

13. Die internationale Zuständigkeit des Einheitlichen Patentgerichts kann weder prorogiert noch derogiert werden. Die internationale Zuständigkeit des Einheitlichen Patentgerichts ist im Anwendungsbereich des EPGÜ zwingend[743]. Eine Zuständigkeitsbegründung des Einheitlichen Patentgerichts auf einem anderen Rechtsgebiet ist zwar nach Art. 25 EuGVVO zulässig, sie scheitert aber an Art. 71 b Nr. 1 EuGVVO[744]. Die internationale Zuständigkeit des Einheitlichen Patentgerichts kann auch nicht kraft rügeloser Einlassung gemäß Art. 26 EuGVVO begründet werden[745].

14. Art. 71 b Nr. 1 EuGVVO i.V.m. Art. 71 b Nr. 2 S. 1 EuGVVO führt auch im Verhältnis zu Drittstaaten dazu, dass Europäische Patentstreitigkeiten unabhängig von ihrer Art immer vor dem Einheitlichen Patentgericht anhängig gemacht werden können. Patentstreitigkeiten um Europäische Patente werden damit – unabhängig vom Wohnsitz des Beklagten – am Einheitlichen Patentgericht konzentriert[746]. Gegenüber Drittstaatenangehörigen wird die Attraktivität

---

[741] Siehe oben, S. 146 ff.
[742] Siehe oben, S. 155 ff.
[743] Siehe oben, S. 157 ff.
[744] Siehe oben, S. 158 f.
[745] Siehe oben, S. 161.
[746] Siehe oben, S. 163 ff.

der Wahl des Einheitlichen Patentgerichts als zuständiges Gericht durch die Erweiterung der Kognitionsbefugnis auf außerhalb der Union entstandene Schäden gemäß Art. 71 b Nr. 3 EuGVVO gesteigert[747].

15. Das Einheitliche Patentgericht soll nach dem Willen des Verordnungsgebers im einstweiligen Rechtsschutzverfahren um Europäische Patente selbst dann zuständig sein, wenn in der Hauptsache nur die internationale Zuständigkeit eines Drittstaatengerichts in Betracht kommt. Es wird eine umfassende internationale Zuständigkeit des Einheitlichen Patentgerichts für den einstweiligen Rechtsschutz geschaffen[748].

16. Während einer Übergangszeit wird eine umfassende parallele internationale Zuständigkeit des Einheitlichen Patentgerichts bezüglich klassischer europäischer Patente bestehen. Der Begriff der Patentverletzungs- und Nichtigkeitsklagen i.S.d. Art. 83 Abs. 1 EPGÜ ist weit zu verstehen und umfasst alle in Art. 32 EPGÜ genannten Patentstreitsachen[749]. Die internationale Zuständigkeit des Einheitlichen Patentgerichts in Rechtsstreitigkeiten über klassische Europäische Bündelpatente kann aber gemäß Art. 83 Abs. 3 EPGÜ während des Übergangszeitraums von mindestens sieben Jahren für den gesamten Zeitraum des Bestands des Patents endgültig ausgeschlossen werden[750].

17. Die Wahl des Klägers bezüglich des international zuständigen Gerichts gemäß Art. 83 Abs. 1 EPGÜ entscheidet auch über das materiell anzuwendende Recht. Die Opt-Out-Möglichkeit des Klägers bzw. des Patentinhabers nach Art. 83 EPGÜ ermöglicht diesem folglich nicht nur das Forum-Shopping, sondern auch das erweiterte „Law-Shopping"[751].

18. Im Falle der Anhängigkeit eines Verfahrens vor dem Einheitlichen Patentgericht und vor einem weiteren Gericht eines Mitgliedstaates oder aber eines Drittstaats kommen die Art. 29 ff. EuGVVO zur Anwendung. Das später angerufene Gericht hat das Verfahren bei identischem Streitgegenstand von Amts wegen gemäß Art. 29 Abs. 3 EuGVVO auszusetzen. Stehen die Verfahren lediglich im Zusammenhang, dann steht die Aussetzung im Ermessen des später angerufenen Gerichts, Art. 30 Abs. 1 EuGVVO. Im Übrigen sieht Art. 30 Abs. 2 EuGVVO statt der Aussetzung auch die fragwürdige Möglichkeit der Klageabweisung wegen Unzulässigkeit vor, wenn auch das Erstgericht für die zweite Klage international zuständig ist und eine Verbindung der Verfahren

---

[747] Siehe oben, S. 165 ff.
[748] Siehe oben, S. 171 ff.
[749] Siehe oben, S. 173 ff.
[750] Siehe oben, S. 178 f.
[751] Siehe oben, S. 178 f.

nach dem Recht des Erstgerichts zulässig wäre. Von der grundsätzlichen Vermutung der internationalen Zuständigkeit des zuerst angerufenen Gerichts wird in Art. 31 Abs. 2 EuGVVO eine Ausnahme gemacht. Besteht eine Vereinbarung über einen ausschließlichen Gerichtsstand, dann hat das prorogierte Gericht zunächst über seine Zuständigkeit zu entscheiden[752].

19. Bezüglich Europäischer Bündelpatente, die u.a. für Staaten erteilt wurden, die zwar EPÜ-, aber nicht EPGÜ-Vertragsstaaten sind, können Patentstreitigkeiten sowohl vor dem Einheitlichen Patentgericht als auch vor den nationalen Gerichten geführt werden. Die internationale Zuständigkeit ist nach dem im konkreten Rechtsstreit betroffenen nationalen Teil des Bündelpatents zu bestimmen[753].

20. Die Abgrenzung der internationalen Zuständigkeit des Einheitlichen Patentgerichts zu seiner sachlichen Zuständigkeit im Verhältnis zu den mitgliedstaatlichen Gerichten der Vertragsstaaten in Art. 32 EPGÜ ist misslungen. Zur Auflösung dieser Unklarheit ist eine Streichung des Art. 32 Abs. 2 EPGÜ wünschenswert[754].

21. Ob es im Rahmen der sachlichen Zuständigkeit des Einheitlichen Patentgerichts zu einer Trennung der Patentstreitigkeiten und Aufteilung auf verschiedene Kammern des Einheitlichen Patentgerichts kommen wird, hängt maßgeblich von dem Willen der mit dem konkreten Patentrechtsstreit befassten Richter ab. Es ist zu erwarten, dass die diesbezügliche Praxis entscheidend von der „Nationalität" der entscheidenden Kammer abhängen wird. Die Richter werden sich zunächst an den ihnen bekannten nationalen Rechtstraditionen orientieren. Die vordergründige Aufrechterhaltung des Trennungsprinzips ist vor dem Hintergrund der mannigfachen Verbindungsmöglichkeiten wenig nützlich. Aufgrund der unterschiedlichen Zusammensetzung der Richterbank in den verschiedenen Spruchkörpern in derselben Art von Patentstreitigkeiten ist die Trennung auch nicht nachvollziehbar[755].

22. Die örtliche Zuständigkeit der Kammern des Einheitlichen Patentgerichts wird entweder nach dem Verletzungsort oder aber nach dem Wohnsitz des Beklagten bestimmt. Für das Europäische Bündelpatent ist damit der Verletzungsort zwar nicht mehr für die Bestimmung der internationalen Zuständigkeit, aber für die Bestimmung der zuständigen Kammer des Einheitlichen Patentgerichts weiterhin relevant.

---

[752] Siehe oben, S. 180 ff.
[753] Siehe oben, S. 147 ff, 185 ff.
[754] Siehe oben, S. 189 ff.
[755] Siehe oben, S. 192 ff.

Für das Einheitspatent, welches im Falle einer Verletzung überall im Vertragsraum verletzt ist, ist eine Allzuständigkeit jeder mitgliedstaatsbezogenen Kammer abzulehnen. Der dadurch bedingten Gefahr der Konzentration von Patentstreitigkeiten auf bestimmte Kammern des Einheitlichen Patentgerichts kann nur begegnet werden, indem der Begriff des „Ortes der Verletzung" des Art. 33 Abs. 1 a EPGÜ einschränkend dahingehend ausgelegt wird, dass nur der Ort der aktiven Verletzungshandlung umfasst ist. Für die Bestimmung der örtlichen Zuständigkeit der mitgliedstaatsbezogenen Kammern ist auf den Handlungsort der Verletzungshandlung abzustellen.

Kommt weder eine Bestimmung nach dem Ort der Verletzungshandlung noch nach dem Wohnsitz in Betracht, ist die Zentralkammer auch örtlich zuständig[756].

23. Die durch die Schaffung des Einheitlichen Patentgerichts neu geschaffene Patentgerichtsbarkeit überwindet aufgrund des einheitlichen Rechtswegs die bisherigen Probleme des Forum-Shoppings und der fehlenden Einheitlichkeit der Rechtsprechung.

24. Dennoch werden durch die Integration des Einheitlichen Patentgerichts in die nationalen Gerichtsbarkeiten nicht nur verfassungsrechtliche, sondern insbesondere im Verhältnis zu den einzelstaatlichen Gerichten der teilnehmenden und auch nicht teilnehmenden EPÜ-Staaten neue prozessuale Probleme geschaffen:

Die Verortung der materiellrechtlichen Regelungen sowohl hinsichtlich des Europäischen Einheits- als auch hinsichtlich des Bündelpatents im EPGÜ ist unglücklich. Das Europäische Bündelpatent ist damit im Widerspruch zum Wortlaut des EPÜ im Kern kein rein nationales Patent mehr[757].

Es verbleibt auch bezüglich des Einheitspatents bei der Anwendung materiellen nationalen Rechts, das lediglich in seinem Wirkungskreis auf alle teilnehmenden EPÜ-/EU-Staaten erweitert wird. Dies eröffnet die Möglichkeit des Law-Shoppings[758]. Diesen Umstand hat das Einheitspatent aber letztlich mit den anderen bereits bestehenden Gemeinschaftsgütern gemein. Auch dort ist das materielle Recht nur teilweise in den betreffenden EU-Verordnungen geregelt[759].

Die Regelungen zur internationalen Zuständigkeit des Einheitlichen Patentgerichts sind aufgrund der Anlehnung an die bisherige Aufteilung der internatio-

---

[756] Siehe oben, S. 204 ff.
[757] Siehe oben, S. 113 ff.
[758] Siehe oben, S. 101 ff.
[759] Siehe oben, S. 20 ff.

nalen Zuständigkeit weitgehend klar und gelungen. Jedoch ist die Aufteilung der sachlichen Zuständigkeit des Einheitlichen Patentgerichts nach Klagearten zwischen den einzelnen Kammerarten künstlich und nicht zweckmäßig[760].

25. Es hat lange gedauert, einen grenzüberschreitenden Schutz von Erfindungen in Europa zu erreichen und diesen Schutz einer einheitlichen Gerichtsbarkeit anzuvertrauen. Das neue System überwindet die bisherigen Probleme bei der Durchsetzung eines Europäischen Bündelpatents. Die Einheitlichkeit der Rechtsprechung wird durch einen einheitlichen Instanzenzug gewährleistet. Das Forum-Shopping zwischen den nationalen Gerichten der EPÜ-Staaten findet ein Ende.

Die gefundene Lösung ist aufgrund der aufgezeigten Mängel dennoch enttäuschend. Schon die Wahl von zwei EU-Verordnungen (EU-PatVO, EU-PatÜVO) und einem völkerrechtlichen Vertrag (EPGÜ) als Fundament für die Einführung eines Einheitspatents und eines neuen Gerichtssystems ist unnötig kompliziert. Zu bedauern ist, dass man sich nicht am Vorbild der bereits bestehenden Unionsrechtsgütern und deren Durchsetzung orientiert hat. Den bereits erfahrenen nationalen Gerichten und dem Gerichtshof der Europäischen Union hätte ein entsprechender Vertrauensvorschuss gebührt.

Die Verquickung mit dem EPÜ und dem Europäischen Bündelpatent führt zu einem kaum mehr miteinander in Einklang zu bringendem Wirrwarr[761], welches auf die Anwender abschreckend wirken dürfte. Der tiefe Eingriff in das bereits bestehende System des Europäischen Bündelpatents und die diesbezügliche Gerichtsbarkeit führt zu einer erheblichen Rechtsunsicherheit. Diese wäre durch eine losgelöste Regelung allein des Einheitspatents vermeidbar gewesen.

So ist gut zu überlegen, ob das vorliegende wackelige Konstrukt tatsächlich in die Tat umgesetzt werden soll. Denn nach Einführung des Einheitlichen Patentgerichts wird eine „Wiedereinsetzung in den vorigen Stand" nicht mehr möglich sein. Es ist davon auszugehen, dass die Nutzerkreise allein aufgrund der Existenz des Einheitspatents und des Einheitlichen Patentgerichts mit der gefundenen Kompromisslösung umgehen und sich damit abfinden werden. Die Schwächen des Systems werden dann nur mit der Zeit abzustellen sein. Letztlich bleibt nur zu akzeptieren, dass eine vorteilhaftere und auch klar strukturierte Lösung der derzeit bestehenden Probleme in der EU trotz der bisherigen Anstrengungen immer noch nicht erreichbar war.

---

[760] Siehe oben, S. 192 ff.
[761] A.A. Fuchs, S. 275.

Literaturverzeichnis

Adolphsen, Jens, Europäisches und internationales Zivilprozessrecht in Patentsachen, 2. Auflage, Köln, München 2009

Adolphsen, Jens, Europäisches Zivilverfahrensrecht, Berlin, Heidelberg 2015 (zitiert als: *Adolphsen,* EuZVR)

Adolphsen, Jens, Renationalisierung von Patentstreitigkeiten in Europa, IPRax 2007, 15-21

Ahrens, Claus, Gewerblicher Rechtsschutz, Tübingen 2008

Amort, Matthias, Zur Vorlageberechtigung des Europäischen Patentgerichts: Rechtsschutzlücke und ihre Schließung, EuR 2017, 56-79

Basler Kommentar, Internationales Privatrecht, hrsg. von *Honsell, Heinrich; Vogt, Nedim Peter; Schnyder, Anton K.; Berti, Stephen V.,* 3. Auflage, Basel 2013 (zitiert als: *Bearbeiter,* in: BSK IPRG)

Beck'scher Online-Großkommentar Rom II-VO, hrsg von *Budzikiewicz, Christine; Weller, Marc-Philippe; Wurmnest, Wolfgang;* Stand: 01.12.2016, München (zitiert als: *Bearbeiter,* in: BeckOGK Rom II-VO)

Beck'scher Online-Kommentar Grundgesetz, hrsg. von *Epping, Volker; Hillgruber, Christian,* 39. Edition, Stand: 15.11.2018, München (zitiert als: *Bearbeiter,* in: BeckOK GG)

Beck'scher Online-Kommentar Markenrecht, hrsg. von *Kur, Annette; von Bomhard, Verena; Albrecht, Friedrich,* 16. Edition, Stand: 14.01.2019, München (zitiert als: *Bearbeiter,* in: BeckOK MarkenR)

Beck'scher Online-Kommentar Patentrecht, hrsg. von *Fitzner, Uwe; Lutz, Raimund; Bodewig,* Theo, 11. Edition, Stand: 25.01.2019, München (zitiert als: *Bearbeiter,* in: BeckOK PatentR)

Beck'scher Online-Kommentar UMV, hrsg. von *Büscher, Wolfgang; Kochendörfer, Mathias,* 11. Edition, Stand: 23.11.2018, München (zitiert als: *Bearbeiter,* in: BeckOK UMV)

Beck'scher Online-Kommentar VwGO, hrsg. von *Posser, Herbert; Wolff Heinrich Amadeus,* 48. Edition, Stand: 01.01.2019, München (zitiert als: *Bearbeiter,* in: BeckOK VwGO)

Beck'scher Online-Kommentar ZPO, hrsg. von *Vorwek, Volkert; Wolf, Christian,* 31. Edition, Stand: 01.12.2018, München (zitiert als: *Bearbeiter,* in: BeckOK ZPO)

Benkard, Georg, Europäisches Patentübereinkommen, 3. Auflage, München 2019 (zitiert als: *Bearbeiter,* in: Benkard EPÜ)

Benkard, Georg, Patentgesetz, Gebrauchsmustergesetz, Patentkostengesetz, 11. Auflage, München 2015 (zitiert als: *Bearbeiter,* in: Benkard PatG)

Berlit, Wolfgang, Markenrecht, 11. Auflage, München 2019

Bertschinger, Christoph; Münch, Peter; Geiser, Thomas, Schweizerisches und Europäisches Patentrecht, Basel 2002 (zitiert als: *Bearbeiter,* in: Bertschinger/Münch/Geiser)

Broß, Siegfried; Lamping, Matthias, Das Störpotenzial des rechtsstaatlich-demokratischen Ordnungsrahmens am Beispiel der europäischen Patentgerichtsbarkeit, GRUR Int. 2018, 907-911

Bumiller, Ursula, Durchsetzung der Gemeinschaftsmarke in der Europäischen Union, München 1997

Busse, Rudolf; Keukenschrijver, Alfred, Patentgesetz, Kommentar, 8. Auflage, Berlin 2016 (zitiert als: *Bearbeiter,* in: Busse/Keukenschrijver)

Calliess, Christian; Ruffert, Matthias, EUV/AEUV – Das Verfassungsrecht der Europäischen Union mit Europäischer Grundrechtecharta, Kommentar, 5. Auflage, München 2016 (zitiert als: *Bearbeiter,* in: Calliess/Ruffert)

Cornish, William; Llewelyn, David; Aplin, Tanya, Intellectual Property: Patents, Copyright, Trade Marks and allied rights, 8th Edition, London 2013 (zitiert als: *Cornish/Llewelyn/Aplin*)

Domej, Tanja, Die Neufassung der EuGVVO – Quantensprünge im europäischen Zivilprozessrecht, RabelsZ 78 (2014), 508-550

Dybdahl-Müller, Lise, Europäisches Patentrecht, 3. Auflage, Köln 2009

Eck, Matthias, Europäisches Einheitspatent und Einheitspatentgericht – Grund zum Feiern? GRUR Int. 2014, 114-119

Eichmann, Helmut; von Falckenstein, Roland; Kühne, Marcus, Designgesetz, Gesetz über den rechtlichen Schutz von Design, 5. Auflage, München 2015 (zitiert als: *Bearbeiter*, in: Eichmann/v. Fackelstein/Kühne)

Eisenführ, Günther; Schennen, Detlef, Unionsmarkenverordnung, Kommentar, 5. Auflage, Köln 2017 (zitiert als: *Bearbeiter*, in: Eisenführ/Schennen*)*

Europäische Patentamt, Leitfaden zum Einheitspatent, 1. Auflage 2017, abrufbar unter:
http://documents.epo.org/projects/babylon/eponet.nsf/0/C3ED1E790D5E75E0C125818000325A9B/$File/Unitary_Patent_guide_de.pdf, zuletzt aufgerufen am 27.08.2019

Europäisches Patentamt, Nationales Recht zum EPÜ, 19. Auflage 2018, abrufbar unter:
http://documents.epo.org/projects/babylon/eponet.nsf/0/1790181BAB948C98C12583690052CE79/$File/National_law_relating_to_the_EPC_19th_edition_de.pdf, zuletzt aufgerufen am 27.08.2019

Fayaz, Nilab, Sanktionen wegen der Verletzung von Gemeinschaftsmarken: Welche Gerichte sind zuständig und welches Recht ist anzuwenden? (1. Teil), GRUR Int. 2001, 459-469

Fressonet, Pierre, Die Entwicklung der nationalen und europäischen Patentanmeldungen aus französischer Sicht, GRUR Int. 1983, 1-11

Fezer, Karl-Heinz, Markenrecht, Kommentar zum Markengesetz, zur Pariser Verbandsübereinkunft und zum Madrider Markenabkommen, Dokumentation des nationalen, europäischen und internationalen Kennzeichenrechts, 4. Auflage, München 2009

Fuchs, Sebastian, Das Europäische Patent im Wandel. Ein Rechtsvergleich des EP-Systems und des EU-Patentsystems, Berlin 2016

Gaster, Jens, Das Gutachten des EuGH zum Entwurf eines Übereinkommens zur Schaffung eines Europäischen Patentgerichts. Ein weiterer Stolperstein auf dem Wege zu einem einheitlichen Patentsystem in Europa, EuZW 2011, 394-399

Geimer, Reinhold, Internationales Zivilprozessrecht, 7. Auflage, Köln 2015 (zitiert als: *Geimer*, IZPR)

Geimer, Reinhold; Schütze, Rolf A., Europäisches Zivilverfahrensrecht, Kommentar zur EuGVVO, EuEheVO, EuZustellungsVO, zum Lugano-Übereinkommen und zum nationalen Kompetenz- und Anerkennungsrecht, 3. Auflage, München 2010 (zitiert als: *Bearbeiter*, in: Geimer/Schütze)

Gick-Komondy, Alexandra, Schweizerische Patentgerichtsbarkeit. Im Vergleich mit der europäischen Entwicklung, Zürich 2010

Götting, Horst-Peter, Gewerblicher Rechtsschutz. Patent-, Gebrauchsmuster-, Design- und Markenrecht; ein Studienbuch, 10. Auflage, München 2014

Götting, Horst-Peter; Meyer, Justus; Vormbrock, Ulf, Gewerblicher Rechtsschutz und Wettbewerbsrecht, Praxishandbuch, 1. Auflage, Baden-Baden 2011 (zitiert als: *Bearbeiter*, in: Götting/Meyer/Vormbrock)

Grabitz, Eberhard; Hilf, Meinhard; Nettesheim, Martin, Das Recht der Europäischen Union, Band III EUV/AEUV, 65. Auflage, München 2018 (zitiert als: *Bearbeiter*, in: Grabitz/Hilf/ Nettesheim)

Grohmann, Uwe, Die Reform der EuGVVO, ZIP 2015, 16-20

Gruber, Joachim, Das Einheitliche Patentgericht: vorlagebefugt kraft eines völkerrechtlichen Vertrags?, GRUR Int. 2015, 323-326

Gruber, Stephan; Zumbusch, Ludwig von; Haberl, Andreas; Oldekop, Axel, Europäisches und internationales Patentrecht. Einführung zum Europäischen Patentübereinkommen (EPÜ) und Patent Cooperation Treaty (PCT). 7. Auflage, München, Basel 2012 (zitiert als: *Gruber/Zumbusch/Haberl/Oldekop*)

Haberl, Andreas; Schallmoser, Konstantin, Einheitliches Patentgericht startet im Dezember 2017 – Vorläufige Anwendung ab Mai 2017 geplant, GRUR-Prax 2017, 70-71

Haberl, Andreas; Schallmoser, Konstantin, Aktueller Stand zum EPGÜ: Weitere Hürden wurden genommen – Bei positiver Entwicklung voraussichtlicher Start Anfang/Mitte 2019, GRUR-Prax 2018, 341-343

Haedicke, Maximilian, Patentrecht, 4. Auflage, Köln 2018

Haedicke, Maximilian, Rechtsfindung, Rechtsfortbildung und Rechtskontrolle im Einheitlichen Patentsystem, GRUR Int. 2013, 609-617

Haertel, Kurt, Das neue europäische Patentsystem, sein gegenwärtiger Stand und seine Bedeutung, GRUR Int. 1978, 423-427

Hamann, Jan-Robert, Territoriale Begrenzung und Ausschließlichkeit von Lizenzen. Eine Analyse am Beispiel des gemeinschaftlichen Sortenschutzes, 1. Auflage, Baden-Baden 2000

Hartmann, Malte, Die Gemeinschaftsmarke im Verletzungsverfahren, Frankfurt am Main 2008

HM Courts and Tribunals Service, The Intellectual Property Enterprise Court Guide, Juli 2019, abrufbar unter: https://assets.publishing.service.gov.uk/government/uploads/system/uploads/attachment_data/file/823201/intellectual-property-enterprise-guide.pdf, zuletzt aufgerufen am 27.08.2019

HM Courts and Tribunals Service, The Patents Court Guide, April 2019; abrufbar unter: https://www.judiciary.uk/wp-content/uploads/2019/04/Patents-Court-Guide-April-2019.pdf, zuletzt aufgerufen am 27.08.2019

Hölder, Niels, Grenzüberschreitende Durchsetzung Europäischer Patente, Berlin 2004

Hömig, Dieter; Wolff, Heinrich Amadeus, Nomos Handkommentar, Grundgesetz für die Bundesrepublik Deutschland, 12. Auflage, Baden-Baden 2018 (zitiert als: *Bearbeiter*, in: NomosKomm-GG)

Hootz, Carolin Nina, Durchsetzung von Persönlichkeits- und Immaterialgüterrechten bei grenzüberschreitenden Verletzungen in Europa, Frankfurt am Main 2004

Hüttermann, Aloys, Einheitspatent und Einheitliches Patentgericht, 1. Auflage, Köln 2017

Hufen, Friedhelm, Staatsrecht II, Grundrechte, 7. Auflage, München 2018

Ingerl, Reinhard; Rohnke, Christian, Markengesetz, Gesetz über den Schutz von Marken und sonstigen Kennzeichen, 3. Auflage, München 2010 (zitiert als: *Bearbeiter*, in: Ingerl/Rohnke)

Jauernig, Othmar; Lent, Friedrich; Heß, Burkhard, Zivilprozessrecht. Ein Studienbuch, 30. Auflage, München 2011 (zitiert als: *Jauernig/Lent/Heß*)

Kieninger, Eva, Internationale Zuständigkeit bei der Verletzung ausländischer Immaterialgüterrechte: Common Law auf dem Prüfstand des EuGVÜ. Zugleich Anmerkung zu Pearce v. Ove Arup Partnership Ltd. and others (Chancery Division) und Coin Controls Ltd. v. Suzo International (UK) Ltd and others (Chancery Division), GRUR Int. 1998, 280-290

Klett, Alexander R.; Sonntag, Matthias; Wilske, Stephan, Intellectual Property Law in Germany, München 2008, (zitiert als: *Klett/Sonntag/Wilske*)

Knaak, Roland, Die Durchsetzung der Rechte aus der Gemeinschaftsmarke, GRUR 2001, 21-29

Knaak, Roland, Grundzüge des Gemeinschaftsmarkenrechts und Unterschiede zum nationalen Markenrecht, GRUR Int. 2001, 665-673

Kolonko, Nadine, Justizgrundrechte in Verfahren vor dem Einheitlichen Europäischen Patentgericht, 1. Auflage, Münster 2017

Kraßer, Rudolf; Ann, Christoph, Patentrecht. Lehrbuch zum deutschen und europäischen Patent- und Gebrauchsmusterrecht, 7. Auflage, München 2016 (zitiert als: *Kraßer/Ann*)

Krieger, Albrecht, Wann endlich kommt das Gemeinschaftspatent? Zwei Brüder als Kämpfer für den Schutz des geistigen Eigentums in Deutschland, in Europa und in der Welt, GRUR 1998, 256-267

Kropholler, Jan; von Hein, Jan, Europäisches Zivilprozessrecht: EuGVO, Lugano-Übereinkommen, EuVTO, EuMVVO, EuGFVO, 9. Auflage, Frankfurt am Main 2011

Kubis, Sebastian, Internationale Zuständigkeit bei Persönlichkeits- und Immaterialgüterrechtsverletzungen, Bielefeld 1999

Kubis, Sebastian, Patentverletzungen im europäischen Prozessrecht – Ausschließliche Zuständigkeit kraft Einrede?, Mitt. 2007, 220-224

Kubis Die Verletzung unionsweiter Schutzrechte in grenzüberschreitenden „Lieferketten", ZGE 2017, 471-490

Kurz, Peter, Weltgeschichte des Erfindungsschutzes. Erfinder und Patente im Spiegel der Zeiten: Festschrift zum 100jährigen Jubiläum des Gesetzes betreffend die Patentanwälte vom 21. Mai 1900, Köln 2000

Kurzkommentar ZPO, Schweizerische Zivilprozessordnung, hrsg. von *Oberhammer, Paul; Domej, Tanja; Haas, Ulrich,* 2. Auflage, Basel 2014 (zitiert als: *Bearbeiter,* in: KuKomm CH-ZPO)

Lang, Johannes, Der Patentverletzungsprozess in Frankreich. Mitt. 2000, 319-328

Laubinger, Tina, Die internationale Zuständigkeit der Gerichte für Patentstreitsachen in Europa, Konstanz 2005

Leistner, Matthias; Simon, Phillip, Auswirkungen des Brexit auf das europäische Patentsystem, GRUR Int. 2017, 825-835

Leßmann, Herbert; Würtenberger, Gert, Deutsches und europäisches Sortenschutzrecht, Handbuch, 2. Auflage, Baden-Baden 2009 (zitiert als: *Leßmann/Würtenberger*)

Liedl, Klaus R., Vorschläge zum Gemeinschaftspatent und zur Streitregelung europäischer Patente, Hamburg 2007

Linhart, Karin, Internationales Einheitsrecht und einheitliche Auslegung, Tübingen, 2005

Linke, Hartmut; Hau, Wolfgang, Internationales Zivilverfahrensrecht, 7. Auflage, Köln 2018

Loewenheim, Ulrich, Handbuch des Urheberrechts, 2. Auflage, Frankfurt am Main 2010 (zitiert als: *Bearbeiter*, in: Loewenheim)

Luginbühl, Stefan, Uniform interpretation of european patent law with special view on the creation of a common patent court, Utrecht 2009 (zitiert als: *Luginbühl*, Uniform interpretation of european patent law)

Luginbühl, Stefan, European Patent Law – Towards a Uniform Interpretation, Cheltenham u.a. 2011 (zitiert als: *Luginbühl*, European Patent Law)

Luginbühl, Stefan; Stauder, Dieter, Die Anwendung der revidierten Zuständigkeitsregeln nach der Brüssel I-Verordnung auf Klagen in Patentsachen, GRUR Int. 2014, 885-892

Lund, Nils, Der Rückgriff auf das nationale Recht zur europäisch-autonomen Auslegung normativer Tatbestandsmerkmale in der EuGVVO, IPRax 2014, 140-145

Lunze, Anja, Rechtsfolgen des Fortfalls des Patents. Eine Untersuchung des deutschen, französischen und US-amerikanischen Rechts, Baden-Baden 2006

Mangini, Vito, Die rechtliche Regelung des Verletzungs- und Nichtigkeitsverfahrens in Patentsachen in den Vertragsstaaten des Münchener Patentübereinkommens, GRUR Int. 1983, 226-233

Mankowski, Peter, Die neuen Regeln über gemeinsame Gerichte in Art. 71a-71d Brüssel Ia-VO, GPR 2014, 330-342

Manssen, Gerrit, Staatsrecht II, Grundrechte, 15. Auflage, München 2018

Maunz, Theodor; Dürig, Günter, Grundgesetz, Kommentar, Band IV, Art. 23-53 a, 85. Ergänzungslieferung, Stand: November 2018, München (zitiert als: *Bearbeiter*, in: Maunz/Dürig)

McGuire, Mary-Rose; Tochtermann, Lea, Lizenzverträge im IZVR und IPR, GRUR-Prax 2016, 427-429

Meier-Beck, Peter, Quo vadis, iudicium unitarium? GRUR 2014, 144-147

Merkle, Julia, Die Schaffung eines Einheitlichen Patentgerichts, Das EPGÜ und die Zuständigkeit der Gerichte in der Übergangszeit, Wiesbaden 2018

Mes, Peter, Der Anspruch auf das Patent – ein Rechtsschutzanspruch? GRUR 2001, 584-588

Mes, Peter, Patentgesetz, Gebrauchsmustergesetz, 4. Auflage, München 2015

Micsunescu, Somi Constanze, Der Amtsermittlungsgrundsatz im Patentprozessrecht. Überlegungen zur Reform des Patentnichtigkeitsverfahrens, Tübingen 2010

Müller-Stoy, Tilmann; Paschold, Florian, Europäisches Patent mit einheitlicher Wirkung als Recht des Vermögens, GRUR Int. 2014, 646-657

Münchener Anwaltshandbuch, Gewerblicher Rechtsschutz, hrsg. von *Hasselblatt, Gordian*, 5. Auflage, München 2017 (zitiert als: *Bearbeiter*, in: MünchAnwH)

Münchener Kommentar zur Zivilprozessordnung. Mit Gerichtsverfassungsgesetz und Nebengesetzen, hrsg. von *Krüger, Wolfgang; Rauscher, Thomas*,
Band 1, §§ 1-354, 5. Auflage, München 2016,
Band 2, §§ 355-945b, 5. Auflage, München 2016,
Band 3, §§ 946-1117, EGZPO, GVG, EGGVG, UKlaG, Internationales und Europäisches Zivilprozessrecht, 5. Auflage, München 2017
(zitiert als: *Bearbeiter*, in: MünchKomm ZPO)

Münchener Kommentar zum BGB, hrsg. von *Säcker, Franz Jürgen; Rixecker, Roland; Oetker, Hartmut; Limperg, Bettina,* Band 12, Internationales Privatrecht II, Internationales Wirtschaftsrecht, Einführungsgesetz zum Bürgerlichen Gesetzbuch (Art. 50-253), 7. Auflage, München 2018 (zitiert als: *Bearbeiter*, in: MünchKomm BGB)

Munzinger, Peter J.A.; Taub, Florian, Weniger ist Mehr – oder: Deutscher Sonderweg bei Gemeinschaftsgerichten? GRUR 2006, 33-37

Musielak, Hans-Joachim; Voit, Wolfgang, Zivilprozessordnung mit Gerichtsverfassungs- gesetz, 16. Auflage, München 2019 (zitiert als: *Bearbeiter*, in: Musielak/Voit)

Nagel, Heinrich; Gottwald, Peter, Internationales Zivilprozessrecht, 7. Auflage, Köln 2013

Nieder, Michael, Vindikation europäischer Patente unter Geltung der EPatVO, GRUR 2015, 936-940

Osterrieth, Christian, Patentrecht, 5. Auflage, München 2015

Otto, Martin, Perspektiven der Patentrechtsgeschichte, in: Geschichte des deutschen Patentrechts, Tübingen 2015, S. 1-11

Pagenberg, Jochen, Die EU-Patentrechtsreform – zurück auf Los? GRUR 2012, 582-589

Pagenberg, Jochen, Die Zukunft nationaler Patentgerichte im System einer künftigen europäischen Patentgerichtsbarkeit, GRUR 2009, 314-318

Perrot, Roger, Institutions judiciaires, 14. Auflage, Paris 2017

Pierson, Matthias; Ahrens, Thomas; Fischer, Karsten, Recht des geistigen Eigentums. Gewerblicher Rechtsschutz, Urheberrecht, Wettbewerbsrecht, 4. Auflage, München 2018 (zitiert als: *Bearbeiter*, in: Pierson/Ahrens/Fischer)

Pitz, Johann, Die Entwicklung der Nichtigkeitsklage vom patentamtlichen Verwaltungs- verfahren zum zivilprozessualen Folgeverfahren gegen europäische Patente, GRUR 1995, 231-241

Pohl, Miriam, Die Neufassung der EuGVVO – im Spannungsfeld zwischen Vertrauen und Kontrolle, IPRax 2013, 109-114

Rauscher, Thomas, Europäisches Zivilprozess- und Kollisionsrecht, EuZPR/EuIPR, Kommentar, Band I, Brüssel Ia-VO, 4. Auflage, Köln 2016 (zitiert als: *Bearbeiter*, in: Rauscher)

Reimann, Thomas, Einige vorsichtige Gedanken eines Beklagten in einem Patentverletzungsprozess, in: Festschrift für Ulf Doepner zum 65. Geburtstag, München 2008, S. 163-171

Rogge, Rüdiger, Zur Aussetzung in Patentverletzungsprozessen, GRUR Int. 1996, 386-390

Romandini, Roberto; Hilty, Reto; Lamping, Matthias, Stellungnahme zum Referentenentwurf eines Gesetzes zur Anpassung patentrechtlicher Vorschriften auf Grund der europäischen Patentreform, GRUR Int. 2016, 554-559

Rosenberg, Leo; Schwab, Karl Heinz; Gottwald, Peter, Zivilprozessrecht, 18. Auflage, München 2018 (zitiert als: *Rosenberg/Schwab/Gottwald*)

Rüefli, Anna, Fachrichterbeteiligung im Lichte der Justiz- und Verfahrensgarantien unter besonderer Berücksichtigung ausgewählter Gerichte des Bundes und der Kantone Aargau, Basel-Stadt, Bern, Luzern, St. Gallen, Waadt und Zürich, SZJ 2018, 522-553

Saenger, Ingo, Nomos Handkommentar, Zivilprozessordnung, Familienverfahren, Gerichtsverfassung, Europäisches Verfahrensrecht, 7. Auflage, Münster 2017 (zitiert als: *Bearbeiter*, in: NomosKomm-ZPO)

Schacht, Hubertus, Neues zum internationalen Gerichtsstand der Streitgenossenschaft bei Patentverletzungen – Besprechung zu EuGH, Urt. v. 12.7.2012 – C-616/10 – Solvay, GRUR 2012, 1110-1113

Schack, Haimo, Internationales Zivilverfahrensrecht mit internationalem Insolvenz- und Schiedsverfahrensrecht. Ein Studienbuch, 7. Auflage, München 2017

Schack, Haimo, Die grenzüberschreitende Durchsetzung gemeinschaftsweiter Schutzrechte, in: Festschrift für Rolf Stürner zum 70. Geburtstag, 2. Teilband, Internationales, Europäisches und ausländisches Recht, Tübingen 2013, S. 1337-1355

Schade, Hans, Geprüfte und nicht geprüfte Patente, GRUR 1971, 535-541

Schadendorf, Sarah, Anmerkung zum EuGH-Urteil vom 14.06.2011, Rs. C-196/09 – Paul Miles u.a. v. Europäische Schulen, EuZW 2011, 672-674

Schaper, Eike, Durchsetzung der Gemeinschaftsmarke. Internationale Zuständigkeit, anwendbares Recht und Rechtsfolgen bei Verletzung, Köln 2006

Schauwecker, Marko, Zur internationalen Zuständigkeit bei Patentverletzungsklagen – Der Fall Voda v. Cordis im Lichte europäischer und internationaler Entwicklungen, GRUR Int. 2008, 96-105

Schauwecker, Marko, Extraterritoriale Patentverletzungsjurisdiktion, Köln 2009

Schlosser, Peter; Hess, Burkhard, EU-Zivilprozessrecht. EuGVVO, EuVTVO, EuMahnVO, EuBagVO, HZÜ, EuZVO, HBÜ, EuBVO, EuKtPVO; Kommentar, 4. Auflage, München 2015

Schmidt-Bleibtreu, Bruno; Klein, Franz, GG Kommentar zum Grundgesetz, 14. Auflage, Köln 2018 (zitiert als: *Bearbeiter*, in Schmidt-Bleibtreu/Klein)

Schneider, Michael, Die Patentgerichtsbarkeit in Europa, 2003 Köln

Schoberth, Andreas, Die Gerichtsbarkeit bei Gemeinschaftsimmaterialgütern, Baden-Baden 2008

Schramm, Carl, Der Patentverletzungsprozess. Patent- und Prozessrecht, 7. Auflage, Köln 2013 (zitiert als: *Bearbeiter*, in: Schramm)

Schricker, Gerhard; Loewenheim, Ulrich, Urheberrecht, Kommentar, 5. Auflage, München 2017 (zitiert als: *Bearbeiter*, in: Schricker/Loewenheim)

Schröer, Benjamin, Einheitspatentgericht – Überlegungen zum Forum-Shopping im Rahmen der alternativen Zuständigkeit nach Art. 83 Abs. 1 EPGÜ, GRUR Int. 2013,1102-1109

Schulte, Rainer, Patentgesetz mit Europäischem Patentübereinkommen, Kommentar auf der Grundlage der deutschen und europäischen Rechtsprechung, 10. Auflage, Köln 2017 (zitiert als: *Bearbeiter*, in: Schulte)

Schwarze, Jürgen; Becker, Ulrich, Hatje, Armin; Schoo, Johann; Hatje, Armin, Nomos EU-Kommentar, 4. Auflage, Baden-Baden 2019 (zitiert als: *Bearbeiter*, in: NomosKomm-EU)

Singer, Margarete; Stauder, Dieter, Europäisches Patentübereinkommen, Kommentar, 7. Auflage, Köln 2016, (zitiert als: *Bearbeiter*, in: Singer/Stauder)

Staudinger, Ansgar; Steinrötter, Björn, Das neue Zuständigkeitsregime bei zivilrechtlichen Auslandssachverhalten – Die Brüssel Ia-VO, JuS 2015, 1-8

Steven, Fritz, Prüfung von Patentanmeldungen in Frankreich? GRUR 1948, 235-236

Stein, Friedrich; Jonas, Martin, Kommentar zur Zivilprozessordnung, hrsg. von *Bork, Reinhard; Roth, Herbert,* Band 1, Einleitung, §§ 1-77, 23. Auflage, Tübingen 2016 (zitiert als: *Bearbeiter*, in: Stein/Jonas)

Stieger, Werner, Die Zuständigkeit der Schweizer Gerichte für Prozesse über und im Zusammenhang mit Patenten ab 2011, sic! 2011, 3-22

Stieger, Werner, Prozessieren über Immaterialgüterrechte in der Schweiz: Ein Quantensprung steht bevor, GRUR Int. 2010, 574-588

Streinz, Rudolf, Vertrag über die Europäische Union, Vertrag über die Arbeitsweise der Europäischen Union, Charta der Grundrechte der Europäischen Union, Kommentar, 3. Auflage, München 2018 (zitiert als: *Bearbeiter*, in: Streinz)

Stürner, Michael, Gerichtsstands- und Erfüllungsortvereinbarungen im europäischen Zivilprozessrecht, GPR 2013, 305-315

Sujecki, Bartosz, Torpedoklagen im europäischen Binnenmarkt – zgl. Anmerkung zu BGH, Beschluss vom 01. Februar 2011, KZR 8/10, GRUR Int. 2012, 18-23

Sujecki, Bartosz, EuGVVO: Deliktsgerichtsstand für negative Feststellungsklagen („Torpedoklagen"), EuZW 2012, 950-953

Telg genannt Kortmann, Katharina, Die Neuordnung der europäischen Patentgerichtsbarkeit. Entwicklungen und Perspektiven der Streitregelung auf dem Gebiet des europäischen Patentrechts, Hamburg 2004

Thiem, Tankred, Patentgericht und Europäisches Patent mit einheitlicher Wirkung: Ist die Einigung nur aufgeschoben? GRUR-Prax 2012, 182-185

Tilmann, Winfried, Gemeinschaftsmarke und Internationales Privatrecht, GRUR Int. 2001, 673-677

Tilmann, Winfried, Das Europäische Patentgericht nach dem Gutachten 1/09, GRUR Int. 2011, 499-500

Tilmann, Winfried, Glücklich im Hafen: das Einheitspatent, GRUR 2015, 527-532

Tilmann, Winfried, Das europäische Patentsystem – Stopp vor dem Ziel? GRUR 2017, 1177-182

Treichel, Pierre, Die Sanktionen der Patentverletzung und ihre gerichtliche Durchsetzung im deutschen und französischen Recht, Köln 2001

Troller, Kamen, Grundzüge des schweizerischen Immaterialgüterrechts, 2. Auflage, Basel, Genf, München 2005

Ullrich, Gerhard, Internationale Gerichte bzw. Beschwerdeausschüsse und das Vorlageverfahren an den EuGH nach Art. 267 AEUV, EuR 2010, 573-580

van Hees, Anne; Braitmayer, Sven-Erik, Verfahrensrecht in Patentsachen, 4. Auflage, Köln 2010

Véron, Pierre, Der Patentverletzungsprozess in Frankreich. Ein Vergleich mit der Rechtslage in Deutschland, Mitt. 2002, 386-403

Vissel, Horst, Die Ahndung der mittelbaren Verletzung Europäischer Patente nach dem Inkrafttreten des EPGÜ, GRUR 2015, 619-623

Vissel, Horst, History repeating – A court decision to trigger a European patent law reform? GRUR Int. 2019, 25-28

Völzmann-Stickelbrock, Barbara, The British exit from the EU – Legal consequences for European intellectual property rights, in: Legal Implications of Brexit, Hagen 2018, S. 229-243

von Hein, Jan, Die Neufassung der Europäischen Gerichtsstands- und Vollstreckungsverordnung (EuGVVO), RIW 2013, 97-111 *von Mangoldt, Herrmann; Klein, Friedrich; Starck, Christian*, Grundgesetz, Band 2, Art. 20-82, 7. Auflage, München 2018, (zitiert als: *Bearbeiter*, in: von Mangoldt/Klein/Starck)

von Mühlendahl, Alexander; Ohlgart, Dietrich Conrad; Bomhard, Verena von, Die Gemeinschaftsmarke, München, Bern 1998 (zitiert als: *Von Mühlendahl/Ohlgart/Bomhard*)

Walter, Gerhard, Internationales Zivilprozessrecht der Schweiz. Ein Lehrbuch, 5. Auflage, Bern, Stuttgart, Wien 2012

Winkler, Gabriele, Gemeinschaftsrechtlicher Sortenschutz: Eine Erfolgsgeschichte mit Wermutstropfen, in: Festschrift 50 Jahre Bundespatentgericht, Köln 2011, S. 1099-1117

Winkler, Martin, Die internationale Zuständigkeit für Patentverletzungsstreitigkeiten, Frankfurt am Main 2011 (zitiert als: *Winkler, M.*)

Wohlmuth, Johannes, Geprüftes Schweizer Patent – ein Wettbewerbsvorteil für die Schweiz? sic! 2015, 684-691

Wollenschläger, Peter, Nehmen die Erfolgsaussichten der Zwangsvollstreckung Einfluß auf die Auslegung des Vermögensbegriffs in § 23 ZPO? IPRax 2001, 320-322

Yan, Marlen, Das materielle Recht im Einheitlichen Europäischen Patentsystem und dessen Anwendung durch das Einheitliche Patentgericht, Baden-Baden 2017

Zellweger, Jakob, Patentzivilprozessrecht, ZZZ 2013, 276-320

Zöller, Richard, Zivilprozessordnung mit FamFG (§§ 1-185, 200-270, 433-484) und Gerichtsverfassungsgesetz, den Einführungsgesetzen, mit Internationalem Zivilprozessrecht, EU-Verordnungen, Kostenanmerkungen, Kommentar, 32. Auflage, Köln 2018 (zitiert als: *Bearbeiter*, in: Zöller)

Europäisches und internationales Integrationsrecht
hrsg. von Prof. Dr. Thomas Bruha und Prof. Dr. Stefan Oeter (Universität Hamburg)

Tim Holzki
Die Europäisierung des Verwaltungsorganisationsrechts
Eine rechtsvergleichende Untersuchung nationaler Regelungen in Deutschland, Frankreich und Großbritannien
Die Europäisierung des Rechts hat sich in der jüngeren Vergangenheit als durchaus beliebter Forschungsgegenstand innerhalb der Rechtswissenschaften erwiesen. Interessanterweise ist das Verwaltungsorganisationsrecht jedoch bisher von derartigen Analysen ausgespart worden. Diese Lücke versucht die vorliegende Untersuchung zu schließen, indem sie nationale verwaltungsorganisationsrechtliche und rechtskulturelle Determinanten in den Vergleichsstaaten identifiziert und ihren Einfluss auf die Mechanismen der Umsetzung ausgewählter europäischer Rechtsakte herausarbeitet.
Bd. 22, 2019, 320 S., 49,90 €, br., ISBN 978-3-643-14333-4

Matthias Földeak
Die Europäisierung des mitgliedstaatlichen Verfassungsrechts am Beispiel der Slowakischen Republik
Wie sehr sind die Verfassungen der EU-Mitgliedstaaten vom europäischen Integrationsprozess geprägt und welchen Beitrag können sie in Bezug auf diesen leisten? Diese Fragen behandelt vorliegendes Werk am Beispiel der Slowakischen Republik, deren Verfassung im Gegensatz zu denen der übrigen Mitgliedstaaten der sog. Visegrád-Gruppe Polen, Tschechien und Ungarn in der europarechtlichen Wissenschaft bislang kaum Aufmerksamkeit erfahren hat. Untersucht werden die zahlreichen EU-rechtlichen Bezüge der slowakischen Verfassung, die im mitgliedstaatlichen Vergleich als betont integrationsfreundlich eingestuft werden kann.
Bd. 21, 2016, 236 S., 34,90 €, br., ISBN 978-3-643-13560-5

Verena Pianka
Konkurrenzen und Konflikte beim Rechtsschutz im europäischen Mehrebenensystem
Zum Verhältnis von Gerichtshof der Europäischen Union, Europäischem Gerichtshof für Menschenrechte und Bundesverfassungsgericht
Bd. 20, 2016, 326 S., 49,90 €, br., ISBN 978-3-643-13175-1

Emily Reimer-Jaß
Rechte auf Nahrung im universellen Völkerrecht
Bd. 19, 2016, 260 S., 39,90 €, br., ISBN 978-3-643-13132-4

Paul Kortländer
Die Verbindlichkeit der völkerrechtlichen Altverträge der Mitgliedstaaten für die EU
Eine Untersuchung am Beispiel der Asylpolitik
Bd. 18, 2013, 352 S., 29,90 €, br., ISBN 978-3-643-11997-1

Hilke Berlin
Kinder- und Jugendrechte in der Schweiz
Eine Untersuchung unter besonderer Berücksichtigung der neuen Bundesverfassung
Bd. 17, 2011, 224 S., 24,90 €, br., ISBN 978-3-643-11108-1